贾志刚 著

# 贾志刚说孙子兵法

广西师范大学出版社
·桂林·

贾志刚说孙子兵法
JIA ZHIGANG SHUO SUNZI BINGFA

**图书在版编目（CIP）数据**

贾志刚说孙子兵法 / 贾志刚著. -- 桂林：广西师范大学出版社，2025.5. -- ISBN 978-7-5598-8032-1

Ⅰ.E892.25-49

中国国家版本馆 CIP 数据核字第 2025DH9437 号

广西师范大学出版社出版发行

（广西桂林市五里店路 9 号　邮政编码：541004　）

　网址：http://www.bbtpress.com

出版人：黄轩庄

全国新华书店经销

广西广大印务有限责任公司印刷

（桂林市临桂区秧塘工业园西城大道北侧广西师范大学出版社集团有限公司创意产业园内　邮政编码：541199）

开本：889 mm×1 194 mm　1/32

印张：9.25　　　　　字数：263 千

2025 年 5 月第 1 版　　2025 年 5 月第 1 次印刷

定价：58.00 元

如发现印装质量问题，影响阅读，请与出版社发行部门联系调换。

# 前　言

很多人认为,《道德经》《论语》《孙子兵法》是中国的三大经典著作,其中影响最大的,无疑是《孙子兵法》。我曾在美国著名的连锁书店巴诺书店(Barnes & Noble),看到了《孙子兵法》的十三个英文版本。《孙子兵法》几乎出现在所有可能的品类柜台上,经典书籍、流行书籍、军事书籍、东方文化等。我怀疑,除了《圣经》,书店里版本最多的就是《孙子兵法》了。

《孙子兵法》的英文书名是"THE ART OF WAR",翻译成中文就是"战争的艺术",由此可见这本书在西方人心中的分量。只要你跟人说"THE ART OF WAR",他们就知道你说的是《孙子兵法》,而不是想跟他讨论有关战争的艺术。

遗憾的是,与《论语》一样,对《孙子兵法》的解读历来也是一塌糊涂。中文版尚且如此,英文版更糟糕。

我们知道,任何思想都有其来源。牛顿、爱因斯坦、卢梭、孟德斯鸠等,都是通过学习前人的知识,辅以观察、思考与推理,最终产生了自己的思想。同样,孙子的军事思想也是有来源的。

相对来说,我们较少看到有人探讨《孙子兵法》军事思想的来源,但孙子的军事思想不是凭空出现的,本书便对此进行详细解读。

# 目　录

## 第一部分　《孙子兵法》起源

孙子军事思想的来源 / 3
孙子是谁的孙子？/ 4
至善不战 / 7
战争的成本 / 14
管子的伟大论断 / 16
战争的准备 / 18
敌我的比较 / 21
上兵伐谋 / 24
围卫救宋 / 27
曹国的启示 / 30
上兵伐谋　其次伐交 / 32
退避三舍 / 34
城濮之战 / 37

战争教科书 / 42
楚庄王造势 / 49
比耐心 / 53
邲之战 / 57
乱军引胜 / 60
鄢陵之战 / 66
间谍的作用 / 69
不战而屈人之兵 / 72
晋秦战争 / 75
吴越战争 / 76
孙子练兵 / 79
击败楚国 / 80
《孙子兵法》的历史 / 83

## 第二部分　《孙子兵法》原文解读

始计篇第一 / 87
作战篇第二 / 106
谋攻篇第三 / 119
军形篇第四 / 141
兵势篇第五 / 152
虚实篇第六 / 165
军争篇第七 / 185

九变篇第八 / 204
行军篇第九 / 216
地形篇第十 / 243
九地篇第十一 / 254
火攻篇第十二 / 277
用间篇第十三 / 282

第一部分

# 《孙子兵法》起源

## 孙子军事思想的来源

我们先大致地介绍一下《孙子兵法》这本书的情况。

《孙子兵法》是孙子写的,孙子姓孙,名叫什么其实不知道。《史记》中称他为孙武,但这么称呼不是因为武是他的名,而是因为他的谥号是武子。孙武子,简称孙武。

《孙子兵法》成书于春秋末期,是孙子写来献给吴王阖闾的。

《孙子兵法》并不是中国最早的兵书,却是最著名、影响力最大的,当然,也是水准最高的。

此后的两千五百多年里,《孙子兵法》一直是将帅们的必读书,注解《孙子兵法》的人也多如牛毛。有人将曹操、杜牧、梅尧臣等人的注解合在一起,就有了《十一家注孙子》,算是对《孙子兵法》最权威的注解了。

到了宋朝,宋神宗勘定了"武经七书",配发给基层军官学习,《孙子兵法》排在第一。

《孙子兵法》很久以前就流传到了欧洲。据说,拿破仑兵败滑铁卢,被流放到小岛之后看到《孙子兵法》的法文版,于是感慨说:"早看此书,何至于此?"

我对这个传说表示怀疑。《孙子兵法》的英文版水平一般,法文版恐怕也不怎么样。

又有人说读《孙子兵法》是美国西点军校的必修课,后来也被证实是假的。不过,《孙子兵法》确实是西点军校的选修课本。

不夸张地说,放眼全世界,《孙子兵法》也是兵法书中首屈一指的存在。可以说是:一直被模仿,从未被超越。

现在，我要解决这个问题——孙子的军事思想从哪里来？

或许有人会质疑我为什么能解决这个问题，理由很简单：我写了七本《说春秋》，对孙子生活的时代，以及孙子之前的时代了如指掌。

如同其他思想家的思想一样，孙子的军事思想也并非来自单一的事件或者人物，而是源自对前人思想的总结和经典战例的分析，来自他对当时战事的观察和思考。

我将孙子的军事思想分为三个部分：一、国家战略；二、军事战略；三、军事战术。

国家战略高于军事战略，因此是《孙子兵法》中最有深意的部分。孙子关于国家战略的论述主要来自齐国传奇人物管仲。关于这一点，我们很快就会进行论述。

春秋时期的战争，主要是晋国和楚国的争霸战。晋楚之间的战争体现了当时战争的最高水准，而晋国的军事思想高于楚国。至于孙子生活的齐国，虽然经济文化很发达，但是战争水准并不高。因此，孙子在军事战略方面的思想主要来自晋楚争霸的若干场战争。

孙子军事战术的思想主要有三个来源：第一，依然是晋楚之间的战争；第二，是他的父亲孙书的军事实践经验；第三，是他对吴国和越国之间战争的总结。

在整部《孙子兵法》中，孙子只提到了一个国家，并且提到了两次，就是越国。这说明《孙子兵法》以越国为假想敌。当时吴国和越国之间频繁发生战争，而吴国处于下风，孙子为了得到吴王的重用，是做了很多功课来研究吴越战争的。

在讲解管子如何在国家战略层面影响孙子之前，先解决一个问题：孙子到底是谁的孙子？

## 孙子是谁的孙子？

我曾经听一位研究者讲《孙子兵法》，说孙子到底姓什么呢？姓姬、姓陈、姓田？说了半天，他的结论是：鸡蛋好吃，难道还要知道是哪只母鸡下的？爱姓啥姓啥，不用去探究。

这个说法是错的。

先来看看历史上关于这个问题的两种说法。一种说法认为孙子是孙林父的后代，而孙林父是卫国国君卫康叔的后代，卫康叔是周文王的儿子。因此，孙子原本姓姬。另一种说法最早见于《新唐书》，说孙子是齐国陈书的孙子，因为齐国内乱而逃亡去了吴国。而陈书曾因为伐莒有功被齐国国君赐姓孙，所以，孙子这一代改姓孙。按照这个说法，孙子本姓陈。这也是后来流行的说法。但第二种说法明显是错的。也就是说，孙子不姓陈，姓姬。

现在我们用最简洁明了的办法来证明第二种说法的错误。

首先，春秋时代还没有国君赐姓这一说，就算赐姓，也应该是赐国姓姜才对。

在中国的历史记载中，最早赐姓的是黄帝。那时候人们还没有姓，黄帝便给一些人赐姓。

之后，直到汉高祖刘邦才又开始了赐姓，譬如当年鸿门宴救了他性命的项伯，就被赐姓刘了。

其次，在时间上讲不通。

按照《左传》中鲁昭公十九年（前523年）关于孙书的记载："孙书伐莒，下纪鄣。"《新唐书》显然就是把孙书当成了陈书。没错，孙书是孙子的父亲，不是陈书。

孙子是在鲁昭公三十年（前512年）成为吴国大将的，从鲁昭公十九年到鲁昭公三十年，这十一年的时间里齐国没有发生任何动乱，孙子怎么会"因乱奔吴"呢？

而且，陈家此时在齐国权倾朝野，正在拓展宗族，招募人才，拉拢人心，积极准备篡夺君位。在这样的情况下，如果孙子是陈书的孙子，怎么可能远离家族，南下吴国呢？

鲁哀公十一年（前484年），齐国与吴鲁联军交战，《左传》有这样的记载——陈僖子谓其弟书："尔死，我必得志。"陈书曰："此行也，吾闻鼓而已,不闻金矣。"……大败齐师。获……陈书、东郭书,革车八百乘,甲首三千,以献于公。

这个时候孙子已经在吴国当将军二十八年了,少说也有五十岁了。如果陈书是孙子的爷爷,岂不是九十岁以上了?这时候他不可能还在打仗。

所以,孙子与陈书没有任何关系。

周武王灭商之后,将自己的同母弟弟康叔封在了卫国,到春秋时期,因卫康叔的后人叫公子惠孙,其子孙就以孙为姓。孙良夫担任了卫国上卿,也就是宰相。他的儿子孙林父后来与卫国国君闹翻,占领了戚这个地方。为了避免与卫国国君发生军事冲突,孙林父率领族人逃往齐国。

孙林父的儿子孙蒯、孙子孙书都在齐国担任大夫,从年龄上推算,孙子就是孙书的儿子。

为什么要把这些交代清楚呢?

因为自晋文公称霸之后,晋国和卫国就是铁杆盟友。从孙良夫开始,孙家和晋国的上层保持了非常铁的关系。后来孙林父占据戚地和卫国国君对抗,也是因为有晋国的权臣们撑腰。

因为这一层关系,孙家的人频繁与晋国来往,也就有机会拿到晋国战争的第一手材料。

孙子在齐国出生长大,他在齐国是无法拿到晋楚战争的一手材料的。可是因为他的家族关系,家里本身就有晋楚战争的材料,甚至还有他的爷爷和父亲对晋楚战争的研究结果。甚至,我们不排除孙子曾经亲身前往晋国、郑国等地进行实地考察的可能性。

那么,为什么孙子要离开齐国前往吴国呢?这并不难解释。因为在当时的齐国,政治形势非常复杂,陈家极力培植家族势力,拉拢人心,准备篡夺国君的位置。而国君方面自然也不甘心束手待毙,也在暗中组织自己的力量。在这样的情况下,孙家作为外来户的地位是非常尴尬的,不站队或者站错队,都有可能遭遇灭顶之灾。

所以，孙子决定离开这个是非之地，到吴国去开辟自己的事业，也就顺理成章了。

## 至善不战

至善不战，即最高明的战争就是不使用战争。这是管子说的。

当然，读过《孙子兵法》的人一定会想起书中类似的一句话：不战而屈人之兵，善之善者也。这是《孙子兵法》中关于国家战略的核心思想。

但孙子与管子相比，其思想高度还是差了一截。所以，我们对照着《孙子兵法》中的相关内容，一起来看看管子是怎样"至善不战"的。

管子的智慧历来都是受人认可的。《三国志》中，诸葛亮常自比于管仲、乐毅。清末民初的大学问家梁启超在《管子评传》中罗列了西方最伟大的思想家、政治家和军事家，譬如卢梭、孟德斯鸠、华盛顿、拿破仑等，把他们与管子对照，最后的结论是：管子比他们都强，管子才是古今中外最了不起的政治家。

管子是春秋中早期人，姬姓，管氏，名夷吾，字仲，是春秋第一霸齐桓公的上卿，也就是后来的相国。在管子的操纵下，齐国成为当时最强大最富裕的国家，但齐国在军事上真正出兵的情况并不多。真正与他国兵戎相见的战争，只发生过两次，齐军都是轻松获胜。用孔子的话说就是"九合诸侯，不以兵车"。

能够以这样的方式取得统治天下的霸权，就是"至善不战""不战而屈人之兵"。

那他是怎么做到这一点的呢？

首先，最重要的一点，是管子具有"至善不战"的理念。这个理念是怎么来的呢？

在人类历史上，如果将民族从经济角度来划分，可分为三类：第一类，游牧民族；第二类，农业民族；第三类，商业民族。游牧民族逐水草而居，只需要牛羊和草原，钟情于财富，对人口和土地没有兴趣。农业民族对土地和人口的喜爱十分狂热,因此他们热衷于占领别人的土地进行扩张。商业民族区别于此二者,他们感兴趣的是交换。而交换需要规则和秩序,因此,商业民族不喜欢土地扩张,也不喜欢战争。

齐国是一个以商业为主的国家,管子是个商人出身的政治家,在他的身上有着商人显著的特点:凡事计算投入产出,亏本的事不干;讨价还价,最终达成妥协。

因此,管子首先会计算战争的成本,比较开战的损失与战胜之后的所得。土地和人民不是他想要的,那么抢到的财富能够抵得上成本和损失吗?管子很容易就由此得出了"至善不战"的结论。若不战,怎么解决问题?唯有谈判,妥协。有的问题谈判不能解决,怎么办?那就用最小的代价去打不得不进行的战争。

原则如此,具体怎样实施呢?

要说明管子是如何至善不战的,最好的办法就是说一说管子担任齐国上卿期间所发动的战争。

既然至善不战,为何还要发动战争?发动战争不等于进行战争,其目的是维护或者建立秩序。若不消灭对方就无法维持秩序,那就应该毫不迟疑。所有这些,都是为了齐国的商业利益。

来说说这几场战争。

管子担任齐国上卿之后,一共发动了四次战争。我们逐一介绍和分析。

第一次是攻打鲁国。

鲁国和齐国世为姻亲,是世代友好的邻国。为什么要攻打鲁国呢?因为两国刚刚进行过一次战争,即长勺之战。鲁国曹刿对此次战争有过一番著名的评论,并活用了"一鼓作气,再而衰,三而竭"的原则,齐国因此战败。

其时齐桓公刚继位,管仲刚担任首席执政官,齐国需要迅速树立自己的国际形象,重整国际秩序,就必须在鲁国身上把面子找回来,把威信树立起来。因此,这是一场必须要打的战争。连续三次战斗,齐国保持全胜,鲁国因此求和。目的达到了,管子于是答应了鲁国的求和,鲁国重新成为齐国坚定的盟友。

用围棋术语来说,齐鲁之战就是"拔花",必拔不可。小小一子,牵动全局。

第二次战争是攻打宋国。此前齐国召开诸侯盟会,宋国在开到一半的时候溜走了,导致盟会的效果大打折扣。所以,攻打宋国也一样是为了树立国际威信。

这两场战争的差异在于:第一,齐国并没有被宋国击败过,因此不需要击败宋国。第二,宋国以守城著称,攻城作战必然导致齐军损失巨大。所以,这场战争以吓唬为目的,并不准备真正交锋。

齐军包围宋国首都睢阳之后,管子派出宁戚为使者,一通忽悠,吓得宋国人急忙求和。双方达成一致,宋国加入齐国同盟。目的达到了,战争当然可以停止了。

顺便说说中国古代的一种战术,叫作"引而不发,跃如也",意思是把弓箭拉满但是不射出去,保持震慑但是不轻易行动。这种做法就是在心理上给对方持续的压力,最终让对方屈服。

在很多情况下,这是一个非常实用的方法。譬如面对一条恶狗,你手里抓着一块石头,做出扔出去的架势,狗就不敢向前。可是如果你真的扔出去了却打不到它,它就会上来咬你了。

齐军攻打宋国就是如此,一旦攻城,就算失败了。架势做足,不要出击。

第三次战争是应燕国的请求讨伐北狄的三个国家。这一次,管子是下决心要打到底的。这对齐国有什么好处呢?这要简单回顾一下。

齐桓公即位不久时,北狄就南下入侵卫国和邢国,这两个国家向齐国求救,但管子担心齐国的力量不够,贸然出兵可能会导致齐军损失惨重,因此故意拖延时间。卫国和邢国因此被北狄横扫。齐国并未营救卫国和邢国,只是在北狄撤军之后帮助卫国重建都城。

从那时候起,管子就意识到,北狄是游牧民族,他们随时可能侵入中原地区进行抢掠和破坏,严重影响国际秩序和商业安全,他们本身也不具备任何的商业价值。要建立安定的国际秩序,就必须彻底铲除北狄。其时齐国实力强大了许多,又有燕国的求助和配合,正是一举解除北方威胁的好时机。这是一场必须要打且以歼灭对方为目的的战争。

战争开始后,齐军以迅雷不及掩耳之势从河北南部打起,一路上摧枯拉朽,穷追不舍,甚至追到了辽宁南部和蒙古大漠,最终灭了三个北狄国家。由此可见其策划的周详和行动的坚决迅速。

但是,管子对北狄的土地和人民没有兴趣,他们并不是管子商业版图中的组成部分。所以,管子将这里的土地和人民送给了燕国。中原诸国的北方威胁得到缓解。

管子发动的第四次战争是最重要的,这场战争决定了齐国能否称霸,秩序能否建立。

这次战争的目标是南方的强国——楚国,管仲为此集结了八国军队。为什么要攻打楚国呢?因为楚国长期对中原国家发动战争,极大地破坏了国际秩序和各国的社会秩序以及经济发展,解除楚国的威胁是必需的。

但是,楚国不同于北狄,它的实力太过强大,其国力和军力甚至超过齐国,楚国也是齐国商人的市场。所以,管子一开始的目标就是以战逼和,意图通过威胁的手段迫使楚国人求和,从而解决威胁。

管子首先集结了包括齐国在内的八个国家的军队,找了一个借口攻打楚国的附庸国蔡国,故意泄露了要攻打楚国的消息,以便蔡国国君去向楚国通报。八国军队进入楚国境内不远,楚国已经派出使者等待,要求和谈。

战?还是不战?如果一定要战,其结果就是双方死伤惨重,战争将进入拉锯和持久状态。即便八国军队获胜,今后楚国也会频繁侵扰中原国家。如果八国战败,那就更糟糕了。所以,和谈实际上是最佳甚至可以说是唯一的方法。

从协议文本上看,并没有达成所谓"文本平衡",楚国单方面答应向周天子称臣,进贡十车祭祀用的茅草,同时承诺今后不再侵扰中原诸国。但是,楚国从另一方面找回了面子:仅派了一个级别不高的大夫与各国国君签约。

事实证明,管子是对的,自从和约签订之后,直到管子去世,楚国再也没侵扰中原诸国,天下的秩序一直保持得很好,齐国的商业获得极大的发展。

还是借用围棋的术语,管子攻打楚国不过是借攻打对方大龙而围地,之后华丽转身,收获颇丰。

四次战争,四种手段,四个结果,管子告诉我们一个道理:战争只是手段,不是目的。能妥协的一定要妥协,不能妥协的一定要掌握时机全力以赴,一举歼灭之。

到这里,我们来看一看《管子·幼官图》:至善不战,其次一之。

最好的战争是不要有战争,一定要有的话,最好一次解决问题。管子的四次战争,两次属于"不战",两次属于"一之"。

《孙子兵法·谋攻篇》则写道:

夫用兵之法,全国为上,破国次之;全军为上,破军次之;全旅为上,破旅次之;全卒为上,破卒次之;全伍为上,破伍次之。是故百战百胜,非善之善者也;不战而屈人之兵,善之善者也。

孙子的"不战而屈人之兵,善之善者也"和管子的"至善不战"是相对应的,二者的区别将在之后说明。

《孙子兵法·作战篇》说:"故兵贵胜,不贵久。"这句话和管子的"其次一之"也是相对应的,都表明战争要尽快结束,不要久拖或者重复。

我们且来看看最著名的一次盟会——葵丘之盟的内容:不准筑堤坝壅塞水流,不准阻碍粮食流通,不准更换太子,不准以妾代妻,不准妇女参与国家大事。

这些内容,有的是各国在经济上互相协作的要求,有的是维护宗法统治秩序的需要,都是过去若干年来诸侯攻伐和内乱的主要原因。当然,盟约还强调了自由贸易。

正是管子不间断的提醒和警告使得诸侯们小心翼翼地遵守规则。在齐桓公称霸期间,不仅国际战争很少,各诸侯国国内的自相残杀也几乎绝迹。把战争和动乱扼杀在摇篮里,这应该算是至善不战的最高境界了吧?

所以,规则是应该常常拿出来重温的,不要嫌麻烦,因为这可以避免更大的麻烦。

从成本核算的角度来说,即使没有作战,只要出动了军队,就会产生大量的消耗。因此,更好的至善不战是根本不动用军队。

管子的盟会多半是不出动军队的,这样就节省了大量的成本。但是,管子还有另外的一种方式来实现至善不战,就是贸易战。

齐国的北面有一个小国叫作代国,代国的山里有狐狸,管仲派人去高价收购狐狸皮,一段时间后被代国知道了。这时,管仲开始派人去收购狐白——就是狐狸腋窝那一小撮白毛——说要是凑够一张皮的话,齐国就出天价收购。

代国国君知道后高兴坏了,动员全国人民进山里捉狐狸,都不种地了。一年下来,不仅没凑够一张皮,反而导致国家空虚,被令支侵略,抵挡不住只好投靠了齐国,成了齐国的属国。

类似的故事在《管子》中还有几则,未必真实,但思路可见一斑。

《孙子兵法·谋攻篇》中,也有类似的记载:

故善用兵者,屈人之兵而非战也,拔人之城而非攻也,毁人之国而非久也,必以全争于天下,故兵不顿,而利可全,此谋攻之法也。

不过孙子没有描述具体的操作。

再说说管子的金融思想。

临淄北郭有个人,挖地的时候挖出来一只龟。管子听说之后,第二天派出十乘车的使团前往,花费一百两黄金,用金制大盘把那只龟装好后,一路敲锣打鼓"请"回来,说那只龟是东海海神的儿子。之后,神龟被供奉在大台上,受到每天杀四头牛的祭祀,号称御神用宝。

四年之后,齐国出兵攻打孤竹,打听到丁家粮食够大军吃五个月。于是,管仲去找丁家,说把御神用宝抵押给他,换他的粮食。丁家受宠若惊,收了那只龟回家供着,而齐军出征孤竹的粮食问题就这么解决了。

什么叫金融?这就是了。如今炒股票、炒白酒、炒普洱等,都是这个套路。这些东西之所以适合炒作,是因为"寿命"长。

不管怎样,管子擅长贸易战,还有金融概念,他能够做到至善不战也就毫不奇怪了。

我们再来看看孙子。

作为"兵圣",孙子崇尚"不战而屈人之兵"。可是,孙子却从来没有能够做到这一点,为什么呢?

从孙子的身世来看,他和他的家族都没有经商的经历,所以对于商业的认识明显不如管仲透彻。除在认知上与管子的差距外,还有其他的客观理由吗?有的。

孙子所处的环境决定了他很难去实施"不战而屈人之兵"的理论。孙子从齐国来到吴国,吴国是一个野蛮落后的农业国家,这决定了吴国更注重土地、人民和财富,而不是像齐国那样注重秩序的维持。

《管子·幼官》中写道:

至善之为兵也,非地是求也,罚人是君。

意思是最高水平的用兵,不是为了占领别国的土地,也不是为了统治别国的人民。

我们再来看看前述《孙子兵法·谋攻篇》中的那段话:

夫用兵之法，全国为上，破国次之；全军为上，破军次之；全旅为上，破旅次之；全卒为上，破卒次之；全伍为上，破伍次之。是故百战百胜，非善之善者也；不战而屈人之兵，善之善者也。

我们会发现，孙子用兵的目的还是为了占领，他"不战而屈人之兵"的主要目的是为了尽可能多地占领对方的土地、人民和财富，而管子的"至善不战"是为了减少自己的损失。

因此，孙子的妥协性就远小于管子，战争的可能性就远大于管子。

具体地说，管子是要对方遵守秩序，这在很多情况下并不会大幅度地损害对方的利益，因此很容易达成共识，避免战争。而孙子是要对方的土地、人民和财富，这恐怕就很难不遇到反抗了。

所以，从某种意义上讲，"不战而屈人之兵"取决于社会形态。商业为主的国家更适合也更倾向于采取这样的方式，农业为主的国家次之，游牧民族则根本不会考虑。

孙子所在的吴国根本无所谓商业，吴王好杀成性，骁勇善战，当时的执政官伍子胥和伯嚭都一门心思要向楚国报仇。在这样的背景下，即便孙子有心要"不战而屈人之兵"，也是无法实施的。正是因为孙子无法在吴国实现自己的最高战略理想，在吴楚之战结束后，他便失望地离开了吴国政坛，去隐居了。

## 战争的成本

如前所述，管子会计算战争成本。在这一点上，孙子继承了管子的思想。

对于管子来说，战争与做生意在本质上是一样的，或者说战争就是生意的一种，就是讨价还价的工具。因此，政治账和经济账必须提前算明白，坚决不做赔本的买卖。

任何战争，都有失败的风险。如何把这种风险和损失降到最低，这是要考虑的。战争胜利并不意味着在经济上就是划算的。有句话说"大炮一响,黄金万两",可见战争的准备耗时耗力耗材。而且,战争会产生伤亡,人命的价值无法估量,仅仅从经济角度来说,我们将损失劳动力,付出抚恤金,还要负担孤儿寡母的生活费用。如果我们占领了对方的土地,那就还需继续支付占领的费用,可能还会遇上抵抗。总之,胜利不一定带来利益,却有可能背上包袱。

管子对战争的成本了如指掌。可惜的是,我们找不到他的详细计算公式,不过管子有一个大致的描述。在《管子·参患》中,管子这样说:"故凡用兵之计,三惊当一至,三至当一军,三军当一战。故一期之师,十年之蓄积殚;一战之费,累代之功尽。"意思是说,凡用兵的计划,三次警备等于一次出征,三次出征等于一次围敌,三次围敌等于一次交战。因此,一次出兵的费用,要消耗十年的积蓄;一次战争的费用,要用光几代的积累。

对此,孙子也作了估算,并且体现在《孙子兵法·作战篇》里:

凡用兵之法,驰车千驷,革车千乘,带甲十万,千里馈粮。则内外之费,宾客之用,胶漆之材,车甲之奉,日费千金,然后十万之师举矣。

国之贫于师者远输。远输则百姓贫。近师者贵卖,贵卖则百姓财竭,财竭则急于丘役。力屈中原、内虚于家,百姓之费,十去其七;公家之费,破军罢马,甲胄矢弓,戟盾矛橹,丘牛大车,十去其六。

《孙子兵法·用间篇》:

凡兴师十万,出征千里,百姓之费,公家之奉,日费千金;内外骚动,怠于道路,不得操事者,七十万家。

基本上,出兵十万,每天大约耗费一千两黄金,这还不包括开战的损失。百姓七成的财力和国家六成的财力都耗费在此,大约七十万户家庭要在后方提供援助。

战争的耗费和风险如此之大，有没有办法降低呢？答案是肯定的。

《管子·兵法》中说："故举兵之日而境内贫，战不必胜，胜则多死，得地而国败。此四者，用兵之祸者也。"就是说，一发动战争就使国内贫穷，打起仗来没有必胜的把握，打了胜仗却死亡甚多，得了土地而伤了国家元气。这四种情况都是用兵之祸。

那么，如何避免呢？《管子·兵法》给出了答案："举兵之日而境内不贫者，计数得也。战而必胜者，法度审也。胜而不死者，教器备利，而敌不敢校也。得地而国不败者，因其民。"意思是：发动战争而国内不贫，是因为筹算得当。战而必胜，是因为法度严明。打了胜仗且伤亡极少，是因为训练和武器都好，敌人不敢抗拒。得了土地而不伤本国元气，是因为顺应了被征服国的人民。

筹算得当是指筹算军费。首先要算出需要多少军费，想办法把费用分摊出去，让纳税人和政府少掏钱。分摊给谁呢？前述"御神用宝"就是一个办法。

## 管子的伟大论断

战争，很多时候并不仅仅是两个国家之间的事情。于是，就有了两个问题：第一，盟友的选择，换言之，也就是谁会成为自己的敌人；第二，参战的时机。

以第二次世界大战为例。"二战"是一群国家在战斗，那么，加入哪一个阵营？什么时候加入？这都是实际的问题。

春秋时期也是这样，当时的大国有四五个，中等国家一大堆，怎样选择盟友和敌人？是主动出击还是等待时机？这些都是需要深思熟虑的。这些问题在《孙子兵法》中并没有讨论，这主要是因为孙子没有遇到这样的问题，他在当时的地位也使得他不可能去考虑这些。

与之相反的是，管子对这些问题有非常出色的论断。《管子·霸言》中说：

霸王之形，德义胜之，智谋胜之，兵战胜之，地形胜之，动作胜之，故王之。夫善用国者，因其大国之重，以其势小之；因强国之权，以其势弱之；因重国之形，以其势轻之。强国众，合强以攻弱，以图霸。强国少，合小以攻大，以图王。强国众，而言王势者，愚人之智也；强国少，而施霸道者，败事之谋也。夫神圣，视天下之形，知动静之时；视先后之称，知祸福之门。强国众，先举者危，后举者利。强国少，先举者王，后举者亡。战国众，后举可以霸；战国少，先举可以王。

大国要称霸，就必须在几个方面强于对手。大国首先要懂得运用威势让小国服从，而不是动辄动武。要让小国惧怕，但是又不要逼得他们拼命。

所以，国与国之间是不平等的。大国必须对小国保持压力，这样对双方都好。强国多的话，联合强国攻打弱国。强国少的话，联合弱国攻打强国。譬如，在强国只有齐国和楚国时，齐国组织了八方诸侯国攻打楚国。

强国多的话，先动手的危险。强国少的话，后动手的遭殃。参战国家多的话，后加入的称霸。参战国家少的话，先动手的称霸。

以"二战"为例。"二战"之前，世界上有英国、法国、德国、苏联、日本、美国等强国，实力相差不大。以军事力量而言，美国算是其中比较落后的。

管子说：强国多的话，先动手的危险。日本和德国率先动手，挑起了"二战"，之后法国、英国和苏联被卷入，包括中国在内的军事实力不够强大的几十个国家参战。

为什么先动手的危险呢？因为这会迫使其他的强国联合起来。原本极度对立的苏联和美国、英国迅速成为盟友，大多数参战国家都加入了同盟国的阵营。

管子说：参战国家多的话，后加入的称霸。美国是最后一个加入战争的强国，在日本偷袭珍珠港之前，美国并没有参战，只是在经济上援助英国、苏联和中国。美国参战时，欧洲战场正陷入胶着，亚洲太平洋战场上,日本人的战线拉长,几乎要绷断。此时的参战大国已经是强弩之末。于是,美国在诺曼底和北非登陆,击败德国,在中途岛大败日本舰队,后来又攻打日本本土。

美国人的战斗力真的有这么强吗?不是,是因为德国和日本都已经"三而竭"了。战后,美国成为霸主。布雷顿森林会议之后,美国全方位领导了世界。

德国人的失败同样印证了管子的理论:开战之初,德国和苏联瓜分了波兰,这符合管子所说的"强国多的话,联合强国攻打弱国"。如果德国一直按照这样的路线进行下去,逐步蚕食中欧,之后再挑拨英美法与苏联交战,待双方两败俱伤再加入战争,德国就真有可能实现无限扩张了。

## 战争的准备

到上一章为止,我们讲完了《孙子兵法》中的国家战略,坦率地说,实际上是孙子继承了管子的国家战略。

从这一章开始,我们将了解《孙子兵法》的战争策略。

请注意,如同我们用管子的故事来介绍《孙子兵法》的国家战略一样,我们仍然会用别人的故事来介绍《孙子兵法》的战争策略,《孙子兵法》原本就是总结了前人的战争经验而来的。

前面我们说过,春秋时期的战争主要是晋楚之间的争霸战,这些战争规模庞大、影响深远,并且记载非常翔实,这是孙子最好的参考资料,因此《孙子兵法》的主要军事思想都来自晋国和楚国之间的战争。

晋国和楚国之间大大小小的战争大致有十几场,但是决定性的只有三场,那就是城濮之战、邲之战和鄢陵之战,这三场战争截然不同,但是留给后人的经验教训都非常丰富,对孙子的启发也很大。

我们结合《孙子兵法》,一起来看第一场战争——城濮之战。我认为,这场战争可以称得上人类战争史上的教科书。可以这样说:没有城濮之战,就没有《孙子兵法》。

公元前 632 年,距离现在有两千六百多年了,那时正是春秋的中期。周天子在名义上是天下之主,实际上相当于一个小诸侯,基本失去了号召力,不过,中原诸国还算尊重周天子。

当时最强大的国家是楚国,楚国的控制范围大致在今湖北、湖南北部和河南南部,无论地域广度还是人口数量都远超其他国家。楚国原本也是周天子分封的诸侯,但随着自身的强大开始称王,不承认周天子的地位。在齐桓公称霸时期,楚国曾经表示尊周天子为老大。齐桓公去世后,楚国不再尊重周天子,频频进军中原,中原国家不是对手,纷纷臣服。

楚国当时执政的是楚成王,楚国的令尹叫斗成,字得臣,史称成得臣,也是著名的将军,率领楚军打过很多胜仗。

当时的天下有上百个国家,中原一带的主要国家有十多个,称得上大国的有晋国、秦国和齐国,但是国力都不如楚国。而中小国家有郑国、卫国、鲁国、宋国、曹国、陈国、蔡国等,这些国家都已经臣服于楚国,纷纷与楚成王联姻。

晋国开国君主唐叔虞是周武王的小儿子,很小的时候就被封到了晋国,在今天的山西南部。晋国的历代国君和楚国一样好战,吞并了很多北方蛮族和周朝的诸侯国。到这个时候,晋国的势力范围主要是山西大部和河南的西北部以及陕西的东北部。可以说,晋国的军事实力仅次于楚国。

晋国的国君晋文公其时登基四年。

晋文公曾以公子重耳的身份在外流亡十九年,去了所有中原的重要国家。一个有趣的现象是,重耳在所有同宗的国家,也就是姬姓国家中,譬如卫国、曹国、郑国,都没有受到友好接待;可是在非同宗的国家譬如齐国、宋国,却受到了热情的欢迎。

重耳的性格豪爽大度,当时晋国很多年轻精英跟随他流亡,他的流亡团队非常出色。

五年前,重耳流亡到了楚国,楚成王给了他最高的礼遇:按照王的规格接待了他,非常欣赏重耳和他的团队。在一次宴会上,楚成王问重耳:"我对你这样够意思,如果有一天你回到了晋国,成为晋国的国君,你将怎样报答我？"重耳想了想说："天下最好的东西都在楚国，最漂亮的女人也在楚国，我实在不知道晋国有什么可以献给您的。如果您一定要问我有什么报答您的，那我只能说，如果有一天两国不幸交兵，我愿意退避三舍。"

春秋时期，一舍是三十里，"退避三舍"就是后撤九十里，以此向楚成王表达敬意。

楚成王听完哈哈大笑，他料到了两国将来会有交手，不过一个贵族的骄傲让他丝毫没有杀掉重耳以绝后患的想法。

在楚国停留了半年之后，重耳和他的团队去了秦国，在秦国的帮助下回到了晋国，杀死了晋怀公。重耳登上了国君的宝座，就是晋文公。

晋文公是一个有雄心壮志的人。登基一年之后，就准备对外用兵，与楚国争夺霸权。晋文公的舅舅、他的头号谋臣狐偃劝他说："民未知义，盍纳天子以示之义？"百姓还不懂得大义，何不把周天子护送回去，以此显示大义呢？

原来，周王室此前发生了内乱，王子带赶走了周襄王。于是晋文公就派军队护送周襄王返回周的首都，平定了王子带的叛乱。

晋文公问狐偃："现在可以了吗？"

狐偃说："民未知信，盍伐原以示之信？"百姓还没有看到你的诚信，你应该讨伐原这个地方来树立自己的信用。

原本来是周天子的地盘，周天子因为感谢晋文公，把原送给了晋国。可是，原地的军民不愿意被归并到晋国，一致拒绝晋国的接收。晋文公下令晋军出动，包围原地，却不进攻，他派人告诉原地的军民：我只准备了三天的军粮。三天之后，如果你们还不投降，证明你们真的不愿意被归并到晋国，我们就撤。没有人相信晋文公的话，到嘴边的肉谁会放弃呢？

三天之后，晋文公信守承诺，下令撤军。这下，所有人都傻眼了。原地的百姓追出来，请求归入晋国。

晋文公问："现在可以了吗？"

狐偃说："民未知礼，盍大蒐，备师尚礼以示之。"百姓还不懂得规则、军队的礼仪,你可以搞一次大型的阅兵仪式来展示给百姓。

于是,晋文公进行了一次规模空前的大阅兵,展示了晋军的纪律严明,士气高昂。

晋文公问:"现在怎么样?"

狐偃说:"可以了。"

晋国百姓知道晋文公是个正义、守信、治军严谨的人。与此同时,晋文公登基三年,对百姓十分爱护,国内经济迅速发展,百姓也愿意为国家效力。晋国完成了战争的准备。

我们简单总结一下,除了经济稳定、物资充足之外,还需要做到三点,才能考虑用兵:第一,领导层要建立正义的形象,让百姓愿意为国家而战;第二,领导层要建立公信力,让百姓愿意听从命令;第三,要让百姓懂得秩序、遵守秩序,这样才能军纪严明,令行禁止。

就在晋国完成了战争准备的时候,战争找上门来了。

原来,楚国已经让绝大多数的国家臣服,仅有四个国家例外,那就是东方强国齐国、西方强国秦国、北方强国晋国,以及本身虽然不强,但是非常倔强的宋国。

为了称霸天下,这年秋收之后,楚成王和令尹成得臣率领扈从国陈国、蔡国、郑国和许国出兵讨伐宋国,包围了宋国的都城睢阳。宋国一边据守城市,一边向晋国求援。

从当时的形势看,唯一可能救宋国的就是晋国了。那么,救,还是不救?

## 敌我的比较

接到宋国的求救,晋文公立即召开御前会议,讨论此事。

"报施救患,取威定霸,于是乎在矣。"大夫先轸发言,认为这是向宋国报恩的机会,也是帮助他国脱离危难的行为,可以借这个机会树立威信,成就霸业。

为什么说这是报恩？当初晋文公流亡，在去楚国之前先去了宋国，宋国国君宋襄公热情地接待了他们，临行还赠送车马。

先轸的观点得到几乎所有人的赞同，要成就霸业，就必须在国际事务中承担责任，就必须直面楚国。

"可是，楚军的战斗力太强，我们能与他们抗衡吗？"晋文公说出了自己的顾虑。

"我们不妨来分析一下这个问题。我认为决定一支军队强弱的因素主要有五个：第一是哪一方的国君更亲民，百姓士兵是不是愿意为他卖命；第二是哪一方占有天时的优势；第三是哪一方占有地利的优势；第四是哪一方的主帅更加贤能；第五是哪一方的军法更为严明。从这五个方面去分析，就能知道我们是不是能够抗衡楚国人了。"这个时候，还是狐偃考虑得比较周到。

于是，大家开始一一对照起来。

首先是两国国君的对照，楚成王不用说，是君主中的佼佼者。不过，大家认为晋文公并不比他差，甚至晋文公比楚成王更加大度，回到晋国之后，他赦免了所有当年追杀他的人，就是当年的敌人也都愿意为他效力。

其次是天时方面，此时正是冬天，显然北方的晋国人比南方的楚国人更适应严寒。

再说地利方面，楚国多山，楚军的山地作战经验丰富，但宋国多是平原，更适合晋军的发挥。

说到主将的时候，那些曾经跟随晋文公流亡楚国的人知道成得臣对待部下很苛刻，刚愎自用，就算他是个经验丰富的老将，也并不可怕。

军法方面，楚军的战斗纪律与中原军队相比没有任何优势，这是公认的。

五个方面对照下来，大家信心大增，晋文公决定出兵救宋国。

这一段故事，《孙子兵法·始计篇》中这样写道：

故经之以五事，校之以计，而索其情：一曰道，二曰天，三曰地，四曰将，五曰法。道者，令民与上同意，故可以与之死，可以与之生，而不畏危。天者，阴阳、寒暑、时制也。地者，远近、险易、广狭、死生也。将者，智、信、仁、勇、严也。法者，曲制、官道、主用也。凡此五者，将莫不闻，知之者胜，不知之者不胜。

故校之以计，而索其情，曰：主孰有道？将孰有能？天地孰得？法令孰行？兵众孰强？士卒孰练？赏罚孰明？吾以此知胜负矣。

在决定是否进行战争之前，知己知彼是非常必要的。

三国时期，曹操与袁绍决战北方，当时曹操人少，缺乏信心。这个时候，有两个人先后给他进行了一番对照，曹操因此下定决心，一举战胜了袁绍。

第一个人是郭嘉，他从十个方面进行了对照。一、袁绍烦琐的礼节太多，您顺应自然，不拘泥于繁文缛节，这是道胜于他。二、袁绍以反叛汉室的动机出兵，而您则以复兴汉室的名义征战，这是义胜于他。三、东汉的灭亡，主要就在于对下级管理的宽松。袁绍的管理制度就过于宽松，不能产生震慑力，而您以严治政，全军上下都依法行事，这是管理上胜于他。四、袁绍表面宽宏大量实则内心多疑，对所用之人也多有怀疑，重用的只有亲戚朋友，而您用人表面看来平易简单，但内心明察秋毫，用人从不怀疑，不管亲疏远近，只要有才就大胆使用他，这是度量上胜过他。五、袁绍善于思考却很难做决定，优柔寡断贻误战机，而您决策果断，执行高效，应变能力强，这是谋略胜过他。六、袁绍世代公卿，喜欢用高谈阔论显示自己的高贵，因此投靠他的多为会吹捧装裱自己的人，而您诚心对待别人，不贪图虚荣，自己厉行节俭为下属做出表率，对待有功之人却从不吝啬，因此忠诚、正直、有远见、有真才实干的人都愿意投奔您，这是道德选择上胜过他。七、袁绍对见到的饥寒之人非常怜悯，对看不到的却考虑不到，而您不拘小节，在大事上却毫不疏忽，忧国忧民，对天下的饥寒贫民都施以恩惠，没有疏漏，因此声望远远超过袁绍，这是仁德上胜过他。八、袁绍的大臣争权夺势，谗言四起惑乱视听，而您用道义教导下级，不让这种钩心斗角互相夺势的事情发生，这是您明智上胜过他。九、袁绍是非不分赏罚不明,而您对于认为是对的事就以赏赐来推行它,错误的事就依法处罚来纠正它,这是管理文化上胜于他。十、袁绍喜欢虚张声势,并不懂得兵法的要领,而您打仗可以以少胜多,用兵如神,我军士兵都信任您,敌人都惧怕您,这是武略上胜于他。

这番对照精辟而全面,非常有说服力。曹操于是果断出兵。两军首次交锋,曹军获胜,但是随后在官渡僵持,袁军人多粮足,曹军粮草将尽,曹操萌生了撤军的念头,这个时候,贾诩又给他进行一番对照,他对曹操说:"曹公你的明智胜过袁绍,勇气胜过袁绍,用人也胜过袁绍,决策机变更胜过袁绍。不能在半年内平定,只是为了万无一失而已。如果您下了决心的话,那么顷刻之间就可击溃敌人。"

曹操决定立即出击,袁绍主力被歼,本人急病而死。曹操除去了北方唯一能与他抗衡的劲敌。这就是官渡之战。

由此可见,在战前如果能够对两军的实力做一个正确的比较对照,不仅可以增强信心,还能制定正确的作战方案。

## 上兵伐谋

出兵之前,首先要确定三军的主帅和副帅。晋国的三军分为中军、上军、下军,排序则是中军元帅、中军副帅、上军元帅、上军副帅、下军元帅、下军副帅。晋国实行军政一体的制度,因此三军元帅和副帅就将是今后的内阁人选,合称为六卿,中军元帅则是首相。

晋文公首先任命自己的老师赵衰为中军元帅,出乎意料的是,赵衰拒绝了。

"不可,我不适合。郤縠是最合适的人选。他这个人,人品正,学识广,不贪功,他最合适。"其实,赵衰还有一层意思没有说出来。晋文公流亡期间有二十多人跟随,当他成为晋国国君时,这些人也就构成了晋国主要的管理团队,晋国原先的大家族就有些被边缘化的担心和不满,其中最大的家族就是郤氏。赵衰主动把中军元帅让给郤縠,就是为了安抚和拉拢原有的名门大族,让整个晋国齐心协力与楚国争夺霸权。

晋文公同意了他的建议,任命郤縠为中军元帅,郤溱为中军副帅;任命流亡团队中的狐毛、狐偃两个舅舅为上军元帅和上军副帅;任命栾枝为下军元帅,栾家也是晋国大族,并且栾枝在晋文公流亡期间一直与他保持联系,在晋文公回国的过程中充当了内应;下军副帅的位置给了赵衰,但是赵衰再次拒绝并推荐了先轸。先轸也属于流亡团队,年轻且能力强。赵衰则出任司马,这是一个军法官,虽然级别低于三军元帅和副帅,但是非常重要。

赵衰两次主动让贤,照顾到各方利益,被任命者都是众望所归,整个晋国军队士气高涨,上下一心。

《孙子兵法·谋攻篇》写道:"上下同欲者胜。"

按照周朝时期的规矩,国家的重大人事任命和重大事项的决策都要在祖庙进行,一来是要告诉祖先,二来是要祈求祖先的保佑。三军主帅的任命仪式也不例外。

郤縠、郤溱被任命为中军主帅和副帅,两人十分感动。任命仪式之后,郤縠就在晋国祖庙内召开了出兵救宋的第一次会议。

郤縠大致介绍了当前的国际形势和楚军的情况:楚军这一次是主力全出,下定决心一定要拿下宋国。

郤縠客观地认为,楚军作战凶猛而且经验丰富:"楚军的实力强于我们,所以,我们必须要联合秦国和齐国,才能对抗楚国。"大家都表示认可。郤縠接下来的意见是等待秦军一同前往睢阳,在睢阳与齐军汇合,共同对付楚军。

对此,先轸提出了不同意见:"秦国军队的战术纪律比较差,而齐军不久前刚被楚军击败。并且,秦国和齐国是与晋国实力相当的国家,未必肯听从我们的指挥。因此,秦国和齐国只能在声势上支持我们,我们不要对他们抱太大期望。"

先轸的分析非常有道理,于是郤縠决定由晋国单独出兵。

下一步,就是确定出兵的路线了。

郤縠摊开地图,用手在上面比画着:"晋国与宋国并不接壤,我们只有两条道路可以前往。一是走南线,经过郑国进入宋国。一是走北线,通过卫国和曹国进入宋国。目前,郑国、卫国和曹国都是楚国的盟国,都会给我们设置障碍。两条路线各有利弊,南线比较近,但是郑国的战斗力比较强。北线稍远,但是卫国和曹国的战斗力比较差。大家来看看走哪一条路线更好?"

大家一时都没有说话,似乎比较难以取舍。终于,狐偃出声道:"我们直接出兵睢阳的话,有两大不利条件。首先,楚王对我们有恩,我们如今为了宋国而主动攻打楚军,在道义上就处于下风了。其次,楚军实力本来就比我们要强,如果他们再以逸待劳,我们还有多少胜算呢?"

狐偃又提出了解决方案:曹国最近新投靠了楚国,而卫国刚刚和楚国联姻。我们如果出兵讨伐卫国和曹国,楚国一定会来救他们。于是,宋国之围自然就解了。

"万一楚国不救卫国呢?"郤縠问。

"楚国是霸主,他们一定会救。"狐偃说,以他对楚成王和成得臣的了解,他们绝不会不救的。

"如果他们来救,我们该怎么应对?"

"是战是和,就取决于我们了。如果形势有利,我们以逸待劳,就可以一战。如果没有把握,我们就撤。"

"如果我们撤了,楚国人再包围睢阳呢?"

"在楚军北上救卫国的时候,宋国人就会抓住机会补充粮草,修缮城墙,完善防守,防守只会更强。如果楚国人再包围睢阳,我们就再攻打卫国和曹国。"

"可是,如果我们攻打卫国而不救援宋国的话,他们能坚守多长时间呢?"

对于这个问题,狐偃没有回答,而是看了看先轸。

"元帅,先轸曾经随主公流亡宋国和楚国,对这两个国家的军力有些了解。宋军战斗力比较差,但是守城能力超强,城墙也很牢固。楚军战斗力超强,但是攻城能力一般,攻城器械落后。这次宋国的使者告诉我,睢阳城内有足够一年的粮食储备。这样看来,宋国守城半年不是问题。"

先轸的分析非常有道理,得到了大家的赞同。

这样的一个救援宋国的方案,既能够以逸待劳,又不用承担主动攻打楚国的道义上的负担。

狐偃的方案最终得到一致赞同。

当然,邀请秦国和齐国共同出兵也是必需的,这样可以造成得道多助的感觉,在气势上压倒楚国人。

在出兵之前,充分分析形势,了解敌我的情况,提出不同的方案,最后选择一个最好的去执行。

《孙子兵法·谋攻篇》中有这样四个字:"上兵伐谋。"

## 围卫救宋

确定了战略方针,晋国三军首先向东行进,目标是卫国。晋军抵达五鹿之后,向卫国提出借路讨伐曹国。

讨伐曹国的理由是什么呢?晋国找了一个听起来很合理的理由。原来,当年晋文公流亡的时候路过曹国,曹国国君接待还算热情,可是不知从哪里听说晋文公的肋骨不是一条一条,而是平板一块。出于好奇,曹国国君偷看了晋文公洗澡,还被晋文公发现了。这是一个很大的羞辱。

但卫国和曹国是盟国,都受楚国保护,卫国拒绝借路。

于是,晋国也有了攻打卫国的理由,迅速攻占了五鹿。但有一件事情令晋军始料未及:中军元帅郤縠突发疾病,在军中病故。在赵衰和狐偃的一致推荐下,元帅之职由先轸暂代。晋文公再次提出任命赵衰为下军副帅,赵衰再一次推辞,推荐了胥臣。

先轸担任中军元帅令多数人大吃一惊。不过晋文公下令,先轸有绝对的指挥权,就是自己也不能干预,再加上赵衰和狐偃的鼎力支持,先轸迅速建立了威信。

按照既定计划,先轸下令晋军进抵卫国首都楚丘。此时,齐国军队也赶到了,他们是应晋国的邀请来帮助晋军攻打卫国的。眼看两个大国在城外结盟,卫国国君慌了手脚,急忙派使者向晋国求和。

先轸对卫国使者说:"告诉你们国君,准备战斗吧。"

先轸很清楚,如果晋国答应了卫国的求和,卫国自然也就不会向楚国求援,那么楚国来救卫国的必要性和迫切性就大大降低。所以,不能答应,还要摆出一副随时进攻的架势,而且不能真攻下来。万一不小心真给攻下来了,那就等于卫国已经投降,楚国来救卫国的迫切性也就不那么强了。

卫国国君当然不知道晋国人的算盘,他害怕了,于是连夜出逃到卫国与曹国交界的一座小城,并同时向楚国求救。

晋国把球踢给了楚国,等待着楚军北上来救卫国。

对于这一段,《孙子兵法·虚实篇》中做出了这样的总结:

凡先处战地而待敌者佚,后处战地而趋战者劳,故善战者,致人而不致于人。能使敌人自至者,利之也;能使敌人不得至者,害之也,故敌佚能劳之,饱能饥之,安能动之。

即先到达战斗地点等待敌人的,体能上占据优势。后到达的,体能上处于劣势(在冷兵器时代,这点很重要)。能够让敌人主动前来的,是利诱他们。能让敌人不能到达预定地点的,是以各种方法阻碍的结果。只要掌握了这样的方法,就能让敌人劳顿、饥饿、奔走。

晋国按照既定的计划进行着。楚军依然攻不下宋国首都睢阳,也已经知道了晋国会前来救援宋国。可是,晋国人并没有来,反而是卫国人来求救了。

楚成王感觉有些难办。如果救卫国,就要放弃对宋国的包围,宋国人可以趁机补充粮草,修补城墙,士气会提升,楚国回头再来包围睢阳的可能性就微乎其微了。也就是说,救卫国,就等于包围睢阳失败。不救卫国呢?卫国是新加入楚国阵营的,并且与楚国结婚姻之好,楚国有责任救援。何况双方签署了互相救援的同盟国协议,如果连卫国都无法保护,今后谁还会跟楚国混,楚国还怎么当霸主?

楚成王和成得臣商量了很长时间,既不想放弃睢阳,也不能对卫国坐视不管,怎么办呢?围棋里有句俗话:长考出臭棋。也就是说,对一个招数思考的时间太长了,最后很有可能会选择最糟糕的招法。楚成王和成得臣就是这样,最后他们做出了一个愚蠢的决定:兵分两路。楚成王亲自率领一半楚军北上救卫国,成得臣则率领剩下的楚军继续攻打睢阳。

这里要说一说楚军的构成。

楚军和晋军一样分为三军:左、中、右。中军由成得臣指挥,军队构成是楚王的直属部队东宫卫队、成得臣的家族部队即斗家的家族部队。斗家的家族部队是楚军精英中的精英,战斗力最强,人数也比东宫卫队要多很多。楚军的左军又叫西广,由斗勃指挥,由申、息两地的士兵构成,也就是来自如今河南西南部的士兵。楚军的右军又叫东广,由斗宜申指挥,军队构成没有留下记载,应该是来自荆州和襄阳的士兵,也就是荆襄军。

这些就是楚军的主力,也是家底,不仅中军实力强横,左右两军也都非常能打。

此外,郑国、许国、陈国、蔡国此次都随同楚军出征,但基本上没有战斗力。

这次分兵,楚成王带走的是自己的东宫卫队、右军以及郑国和许国的部队,等于带走了小半的主力,大半留给了成得臣。

对于楚军的分兵,晋国人非常高兴,这比他们最初的设想还要理想。如果整支楚军北上,晋军并没有取胜的把握。如今只有半支,晋军的胜算就大大增加了,一旦击败楚成王,成得臣也就只能撤军了。

所以,晋国人以逸待劳,等着楚军。

"大鱼就要上钩了。"有人说。

"事情不会这样顺利。"狐偃断言,他知道远没有到放松的时候。

狐偃说对了,楚成王并没有上钩。

原本对于分兵的事情,楚成王就有些犹豫,实际上他更倾向于撤军。尽管没有和晋国交过手,但是他绝对相信晋国人远比他们所遇到的任何对手都要强。

楚国一半的主力就足以对付晋国人吗?楚成王非常清楚,自己率领的部队中其实也就是右军真正具有战斗力,自己的东宫部队尽管都是精锐,但人数不多,郑国和许国的军队根本指望不上。

楚成王派出的间谍回来报告说晋国人对楚丘是围而不攻,甚至一次攻城也没有过。楚成王越想越觉得不对劲。按理要穿过曹国,才能进入卫国,但在进入曹国之前,楚成王就谨慎地停了下来。

其实这样也好,楚成王在北面阻挡晋军,成得臣在南面攻打睢阳。不过,晋国不会让楚国舒舒服服攻打睢阳的。

## 曹国的启示

眼看着鱼儿不肯咬钩,先轸便有了第二步行动:下令继续刺激对手。先轸留下齐国军队包围楚丘,晋国军队则挥师南下,攻打曹国,继续向楚国施压。

曹国是一个比卫国和宋国都要小的国家,夹在宋国和卫国之间。先轸派出将军勃鞮率领三百人作为先头部队进入曹国,负责侦察。勃鞮来到曹国都城陶丘,只见城门大开,就认为曹国弃城逃跑,率领三百晋军杀进城,结果中了埋伏,属下被乱箭射死。曹国扒光了这些晋国士兵的衣服,把他们吊在城墙上。

先轸的计划被打乱。他想围而不打,迫使曹国向楚国求援。可是现在,三百名晋国士兵被杀,尸体受到侮辱,如果他还不攻打曹国,晋军的士气将会一落千丈,后面的仗就没法打了。

先轸是很不喜欢攻城的。一来攻城必然带来大的伤亡,二来攻城必须要置备器械,耗费时日。

首日的攻城点到为止。曹国是小国,他们一向很重视守城的演练,陶丘规模不大，但是城墙高且厚，晋国尽管兵多，可是在这样的小城面前派不上用场。

晋国的六位元帅开始讨论。狐偃建议派人去挖曹国祖先的坟墓："他们羞辱我们士兵的尸体，我们为什么不羞辱他们祖先的尸骨呢？"

挖祖坟这个缺德事派给了下军元帅栾枝，下军的士兵开进了曹国的祖坟，骂骂咧咧撸袖子伸胳膊准备开挖。

先轸的想法是，如果己方做出架势来曹国人就服软的话，那就不挖了。如果曹国人还不在乎的话，那就算真挖也没有用，也就不用挖了。所以，做做样子而已，不用担心道义上的问题。

曹共公得知消息急忙派人前往晋军军营，要求谈判。

晋国人的这一招，在《孙子兵法》中便是："能使敌人不得至者，害之也。"你不是躲在城里不出来吗？挖你祖坟，迫使你出来。

曹国人加班加点，制作了三百副棺材，装上晋军士兵的尸体，在约定的时间打开城门。晋国人在城外不远的地方接收，要求每一辆车都停下接受检查是否装着尸体。前面的车慢下来、停下来，后面的车涌上来，造成堵塞，城门被堵住。早就埋伏好的晋军精锐突然出现了，直奔城门杀去。

晋军就这么攻进了城里，活捉了曹共公，占领了陶丘。

这看上去并不是一个多么伟大的胜利，但它给了晋军主帅先轸一个启示：为了胜利，可以不去考虑战争道德。这个启示将改变人类战争的模式，而先轸在这个启示下做出的改变给了孙子同样的启示。

从商周直到春秋的战争被称为贵族战争。战争的主要参与者是贵族，按照贵族的思维进行。那时候的战争讲规则、讲道义、讲尊严、讲诚信。基本程序是这样的：首先约战，约战的用词很客气。双方在约定的时间和地点布阵，布阵完毕，擂鼓冲锋交战。战败一方直接离开战场，战胜一方不追赶。战争以分出胜负为目的，而不是以歼灭对方为目的。埋伏、偷袭都被认为是违背战争规则和道德的。

但是，《孙子兵法》第一次明确地突破了贵族战争的原则，提出了"兵者诡道""兵以诈立"等战争理念。孙子的这种理念从城濮之战来,而城濮之战的做法又从晋国与曹国的战争中来。

先轸下令捉拿曹国君臣,没收了曹国三百名卿大夫的财产,这基本上等于夺取了曹国一半以上的财产,也就地解决了军粮的问题。

战争中粮食的运输是一个非常大的问题,解决这个问题的最好方式就是从敌人那里获得粮食。《孙子兵法·作战篇》说:

善用兵者,役不再籍,粮不三载,取用于国,因粮于敌,故军食可足也。……故智将务食于敌,食敌一钟,当吾二十钟;䓤秆一石,当吾二十石。故杀敌者,怒也;取敌之利者,货也。

## 上兵伐谋　其次伐交

晋军中又发生了一个意外。

魏犨和颠颉两员猛将酒后纵火,造成全城骚动。军法官赵衰经过调查,下令依照军法,将颠颉斩首,魏犨免去军职。魏犨和颠颉都是晋文公流亡团队的成员,他们违反军令尚且不能逃脱,何况别人?

与此同时,晋军占领曹国首都并生擒曹共公的消息传到楚军军营,成得臣更加恼火,加紧攻城。

晋文公有些担心睢阳会失守,向先轸提出:"宋国人大概快支撑不住了,咱们要不要挥师南下,与楚军决战?""主公,沉住气。咱们急,楚国人更急。"先轸坚决不动摇。他做了最坏的打算,即便睢阳被攻陷,晋军也绝不能南下。要击败楚国,就必须以逸待劳。

战争,有的时候比的是耐心,比的是承受力。作为一个主将,既要懂得应变,又要懂得坚持。要掌握其中的尺度,真的不是一件容易的事,即便精通兵法,如果不具备主将的气质,也是不行的。

先轸决定进一步刺激楚国人。此前,晋国邀请秦国和齐国共同出兵对抗楚国,两国并不愿意,只答应派兵协助晋军,没有同意对抗楚国。先轸让宋国人直接向秦国和齐国求援,按照当时的惯例,秦国和齐国即便不出兵救援,也会向楚国提出撤军的请求。楚国肯定不会同意,这必然会激怒秦国和齐国,他们就会加入晋国一方,共同打击楚国。

一切都如先轸所料。秦国和齐国派出使者帮助宋国向楚国求情,希望楚国撤军,被成得臣一口拒绝。秦齐愤而向楚国宣战,出兵支援晋国。

从历史经验看,因为组织和指挥上的局限,多国联军的力量实际上并不会增强多少,有的时候还会产生混乱。所以,齐、秦、晋联军的战力并没有提升。

那么,是不是秦齐两军的加入就没有意义呢?当然不是。秦齐两军的加入主要在心理上造成了影响。对于楚军来说,他们会觉得被三个大国联合起来攻打,是不是说明自己不正义?对于晋军来说,秦军和齐军的加入当然会提升士气和信心。

人多势众,就是这个意思。

孙子得出这样的结论:"上兵伐谋,其次伐交。"(《孙子兵法·谋攻篇》)

先轸下令把卫国和曹国的一部分土地割给宋国,并派人通知楚成王和成得臣。割地的决定让成得臣暴跳如雷,被彻底激怒。

楚成王此前一直在观望,对于他来说有些进退两难。继续北上肯定是不行的,就这么撤回睢阳又会在成得臣面前丢面子,似乎自己是个胆小鬼。但面对晋国人的不断刺激,楚成王越来越感觉到形势不妙。这样下去,不知道晋国人还会做什么,而晋秦齐三大国联合的形势看来也已经不可避免。终于,楚成王做出了一个决定:直接撤回楚国。

楚成王并没有回到郢都,而是驻扎在边界,然后要求成得臣撤军。

楚成王给成得臣的命令是这样写的:"不要跟晋国人对抗了,晋文公在外流亡十九年,经历了无数的艰难险阻,最终还是回到了晋国当上国君,这说明上天是眷顾他的。《军志》上说:见好就收。又说:知难而退。

还说:有高尚德行的人是不可战胜的。这三条,都是在说晋国人啊。啥也别说了,撤吧。"

这就是一封认栽的信。

知难而退、艰难险阻这两个成语就出自这里。

成得臣拒绝撤军。这又是为什么呢?

楚国历史上有一个当政者将自己的王位传给了一个儿子,将军权传给了另一个儿子,后者叫作若敖。之后,若敖家族世袭了楚国的令尹职务,也就是相国,同时掌管军队。而若敖家族自己的军队实力超群,甚至超过楚王能够调动的军队。可以说,单从军事实力来讲,若敖家族强于楚王。若敖家族姓斗,成得臣就是若敖家族的后代,现任的令尹。

成得臣派了自己的副将斗越椒去向楚成王汇报:"我不能撤。倒不是我想要立什么功劳,而是我要用胜利让那些在大王面前进谗言、畏敌如虎的小人看一看。"

成得臣不肯撤,楚成王非常生气,又没有办法。

## 退避三舍

成得臣虽然拒绝了撤军,但是也不想太不给楚成王面子。他想了一个办法:派使者宛春前往晋国军营,提出一个和平建议——楚国解除对宋国的包围,晋国同时撤离曹国和卫国,恢复两国国君的地位。

这等于双方回到战前的状态。尽管楚国还是丢了一点面子,总还说得过去。

成得臣认为晋国人一定会接受这个建议,如果晋国人不接受的话,就是晋国一定要进行战争了。那样的话,道义就在楚国人这边了。

晋国元帅先轸答应了这个条件:"楚国人的这个建议等于挽救了宋国、卫国和曹国三个国家,并且避免了战争。如果我们拒绝他们,就等于我们亲手葬送了这三个国家,是我们坚持要让战争持续,在道义上我们就输了。所以,我们不能拒绝。"

道义可能无关实力,但有关士气。于是,先轸扣留了宛春作为双方执行协议的人质,命令后者的副手回去复命。

　　成得臣得到晋国人的回复之后非常高兴,他很得意地派自己的儿子成大心去向楚成王报告。如果楚军以这样的方式撤军的话,远比无条件撤军要好得多。

　　成大心带来的好消息并没有让楚成王感到高兴——晋国人这样爽快地答应了,一定有什么阴谋。

　　果然,卫国和曹国的使者跟脚就到了,当然,他们是被晋国派来的。

　　"大王,我们郑重宣布与楚国断绝外交关系,从今以后,我们就跟晋国混了。"卫国和曹国的使者都是来断交的。

　　"看看你爹,闹来闹去,竹篮打水一场空。"楚成王对成大心说。不错,晋国人是恢复了卫国和曹国两国国君的地位,可也让这两国成了晋国的保护国。

　　成得臣整来整去,不仅没得到宋国,还把卫国和曹国送给了晋国。这个亏吃得太大了。

　　成得臣恼羞成怒,决定挥师北上,和晋国人决一死战。

　　先轸的一系列操作,都是在做一件事情:激怒对手。

　　对此,《孙子兵法·始计篇》中写道:"兵者,诡道也……怒而挠之。"这就是说,在对手发怒的时候火上浇油,让他的怒火无处发泄,他就会失去理智,做出错误的决策。

　　楚成王拦不住成得臣,为了避免败得太惨,他将东宫部队,也就是自己亲自指挥的部队派去增援。

　　这样,除楚军左军被楚成王带走外,成得臣现在率领着楚军的中军、右军以及陈国和蔡国的军队北上。可以说,成得臣率领的是略高于三分之二的楚军主力。

　　如果楚军是全军北上,晋国人会在战与不战之间犹豫,因为楚军的实力确实强大。但是,如今楚军只有三分之二的主力北上,如果在这样的情况下都不敢与他们决战,那么凭什么与楚国人争霸呢?晋军三军元帅一致认为,这是一个战胜楚国人的天赐良机。对于先轸和晋国人来说,一切都在按计划进行着,节奏恰到好处。

决战的时刻就要到来,前面的一切铺陈都是为了这最后的决战。

一方面,晋国人在战略上是自信的;另一方面,晋国人在战术上有些紧张。

中军元帅先轸召开会议,商讨如何应战。

狐偃:"先别说怎样战斗,退九十里再说。"

有人表示质疑:"为什么?楚军远道而来,已经是强弩之末,我们正好以逸待劳,击败他们。"

狐偃:"大家不记得当初咱们在楚国的时候了?没有楚王的帮助,就没有咱们的今天。虽说这是两国相争,信用还是要讲的,既然我们的国君说过了要退避三舍,就要信守承诺。"

有人说:"可是,当初主公是承诺给楚王的,如今我们面对的是成得臣,我们的国君怎么能避让对方的臣子呢?"

狐偃坚持:"打仗,关键在于理的曲直,有理的一方士气高昂,无理的一方士气低落。不退,是我们无理;退了,如果他们不追,我们有什么损失呢?如果他们追上来,那就是他们无理了。何况,楚军一向精悍,如今算不上疲惫,再拖他们九十里,我们更有把握。"

先轸看看大家,再看看晋文公,一拍桌子,下令:"后撤九十里。"

楚军对此大感意外,绝大多数人都觉得晋国这样守承诺,如果再追下去,就是楚国的不对了。斗勃、斗宜申和成大心都劝说成得臣撤军,如今晋国人先撤,楚国撤军也算有面子。成得臣不顾将士们的反对,率领楚军继续北上九十里,誓与晋国决战。

后撤九十里,晋军来到了卫国的城濮,在此等待楚军。

楚军从宋国一路行军,比晋军晚到一天,在体力上已经吃亏不小。在士气上,晋国三军将士一致认为:国君已经避让了他们九十里,他们却依然不依不饶,太给脸不要脸了,打他们!

成得臣派斗勃来下战书:"我们请求与晋君您的战士进行游戏,请您站在车上观赏,得臣我也在对面陪着您看。"

语气很客气,但是也充满了轻视和傲慢。

晋文公派下军元帅栾枝前往楚军大营回复战书,写道:"寡君我明白你的意思了。楚王的恩惠我不敢忘怀,所以一直不敢挑战贵军。您来了,我们退避三舍,要是楚王来了,我们怎么敢作战呢?既然您不肯放过我们,我只好麻烦您通知你们的兄弟,准备好战车,为你们的国君而战吧。明天早上,不见不散。"

晋文公的回信客气且谦恭,但是并不畏缩。战争中,退让不等于畏惧,很可能是引诱别人进坑。

## 城濮之战

春秋时期,还没有骑兵,战争中通常会采用车战。

每一乘战车用四匹马,战车上会安排三个人,最前面是驾驶马车的人,称为御;后面靠右的是一名勇士,持长戟,擅长近战,称为车右;后面靠左的手持弓箭,负责远距离攻击,称为射。

在春秋时期的战争记载中,介绍主将的时候,通常会将他的御和车右一并介绍出来。主将在战车上处于射的位置。

每乘战车配备七十二名步兵,随战车冲锋。因此,《左传》中记载战争时,只记载双方战车的数量,战车数乘七十五,就能算出总的兵力了。

春秋时期的军队建制则是这样的:每一万二千五百人为一军,军的统帅为卿;一军有五师,每师二千五百人,师的统帅为中大夫;每师有五旅,每旅五百人,旅的统帅为下大夫;每旅有五卒,每卒一百人,卒长为上士;一卒有四两,每两二十五人,两的头目叫司马(司马后来成为军中执法官的名称),军衔为中士;每两有五伍,每伍五人,头目为伍长。

这样的军队编制一直为后世所沿用。

周朝分封诸侯时,每个诸侯的军队编制是有限制的。

诸侯军队的编制依照爵位高低和国家大小确定,最多有三军,譬如齐国和鲁国都是三军编制,也就是说最多拥有三万七千五百人的军队。因为这两个国家不仅爵位高,而且代替周天子维护东方的秩序。一般的小国就只有一军的编制,比如楚国和晋国,也就是中央承认的正规军只有一万二千五百人。

随着时间推移,一些国家强大起来,军队的数量也就增加了。

那么,周天子的军队编制是多少呢?

周天子共有六军,也就是中央军,六军中有一支特殊的部队,属于王室直属护卫部队。这个军由周天子亲自指挥,比其他的军多一个师,所以这个军又称为王六师,共是一万五千人。不过,到了春秋时期,王室的人力财力都不足,早已经无法支撑六军,再从三军减到二军,最后连一军也凑不齐了。

先轸知道,如果光靠以逸待劳就能取胜,那就太天真了。所有的被入侵者相对于入侵者都是以逸待劳,结果呢?先轸召集了元帅会议,具体布置第二天的战斗安排。

楚军的配置是很清楚的,成得臣率领的队伍是左军,以及若敖、东宫和陈蔡两国的军队。左军是楚军的锐卒主力,由斗勃指挥。那么成得臣一定会把陈蔡两国的军队作为右军,安排斗宜申指挥。问题是,陈蔡两国就是豆腐军,这一点成得臣不会不知道,所以,成得臣一定会把东宫部队也分派到右军负责监军,而中军就只剩下若敖的部队。

很明显,楚军的实力左重右轻。中军虽然只有若敖的部队,但这是楚军精锐,并不容易对付。

按照常规布阵,晋国的布阵应当是,上军对楚军的左军,中军对楚军的中军,下军对楚军的右军。如果是这样,晋军下军将会取胜,上军则很可能战败,中军大致相当。

先轸开始布置战术:"胥臣元帅听令……"请注意,胥臣只是下军副帅。

决战当天的凌晨,晋文公一晚上没有睡好,他真的没有把握。快天亮的时候终于睡着了,还做了一个噩梦,被噩梦惊醒后就再也睡不着了。

早上起来,晋文公把自己的噩梦说给了狐偃听:"我梦见我和楚王摔跤,结果他把我压在身下,还咬我的头,这是不是个坏兆头啊?"日有所思,夜有所梦,实际上,晋文公是觉得心里没底。

"好兆头啊。"狐偃当然知道晋文公的梦是怎么回事,不过这个时候需要的是信心。"主公仰面朝天,证明得到了天的照顾。而楚王面朝下,正是跪地认罪啊。就凭这个,我们一定能战胜楚国人。"

"是吗?"晋文公将信将疑。

"我什么时候说错过?当年流亡到卫国的时候,大家饿得要死,你亲自去要饭,结果一个老农民给了你一把土,你很生气,我告诉你这是上天要把土地给你,预示着你将会夺回晋国,结果呢?是不是很准?"狐偃说。他必须要让晋文公有信心。

"哦,好像是啊。"晋文公点点头,露出了笑容。

"如果战胜了楚国,我们就将是霸主。就算我们战败了,晋国表里山河,有黄河天险,有高原山峦,难道还怕楚国人入侵吗?"狐偃进一步打气,解除晋文公的后顾之忧。

相比较而言,楚军主帅成得臣信心满满:"今日必无晋矣!"意思是今天一定要消灭晋国军队。

晋、楚两军分别布阵:楚军的布阵如同先轸所预料的,没有一点不同。先轸笑了笑,他已经看到了战斗的结果。晋军方面,胥臣打着下军元帅栾枝的旗号,率领半支下军对阵楚国的右军。先轸率领着半支中军对阵成得臣的中军。狐偃和狐毛率领着上军对阵楚国的左军。栾枝率领着半支下军在上军阵地后面很远处的一片树林后埋伏。郤溱则率领晋军精锐——公族部队埋伏在中军后面。

一切妥当。

先来说晋国的下军和楚国的右军之间的战斗。

晋国下军实际上只有整支下军的一半,而楚军不仅有陈国和蔡国的部队,还有东宫的部队。因此人数上是楚军明显占据优势,大致是晋军的两倍。

列阵完毕之后,晋军下军的战士突然取出事先准备好的虎皮,迅速披在头排战车的战马身上。之后,晋军下军擂鼓,楚军右军随即擂鼓。双方冲锋,披着虎皮的晋军战马向前奔去。

陈国和蔡国都是小国,平时基本不打仗,这两国的战马同样也是没有上过战场的,见到对方的虎皮,吓得四下逃窜;士兵原本也是被迫跟着楚军,既不想打仗也不敢拼命,此刻也直接掉头就跑。陈蔡两国的军队瞬间崩溃,四下逃散的士兵和战马冲乱了楚国东宫部队,整个乱成了一锅粥。胥臣的下军趁机冲过来,杀得他们丢盔弃甲。

《左传》如此记载:"陈、蔡奔,楚右师溃。"一个"奔"字,无比传神。什么是奔?就是没命一般逃跑,根本不回头。楚军右军败得一塌糊涂。

再来看晋军上军和楚军左军的战斗。

列阵完毕,楚军左军擂鼓。晋军没有擂鼓,掉转车头,转身就跑,很快,消失在一片山坡之下。

斗勃担心这是晋国人的诡计,不敢追过去。这时,右军惨败的消息传来了。再看远方,尘土飞扬,晋军已经跑得很远了。斗勃下令追击。一来,右军失败了,左军要把面子挣回来。二来,晋军已经跑得够远,不会是什么埋伏了。

《左传》说"楚师驰之"。一个"驰"字,把楚国人以轻快的步伐全速追击晋国人的场景表现得淋漓尽致。

晋军上军在下坡之后就在两边埋伏起来,直到看见楚国人追过去也没有出来。

斗勃的队伍眼看就要追到尘土大起的地方,那是一片树林后面,眼前一片狼藉,盔甲兵器丢了一地。楚军士兵随即哄抢,整个队形立即混乱起来。

一路晋军从侧面杀来,这是晋军最凶悍的部队,直接将楚军拦腰斩断,一分为二。

随后,树林后拖着树枝、扬起尘土的栾枝的下军冲杀过来,狐毛、狐偃则率领晋军从背后杀来。

三路晋军主力以两倍的兵力将楚军左军分成两段进行围歼,就算是楚军英勇,这个时候也只能是挨宰的羔羊了。《左传》记载:"楚左师溃。"

最后来看看双方中军的对垒。

成得臣始终没有擂鼓进攻,因为他认为自己在人数上吃亏。先轸也没有擂鼓,他知道自己的人数还不如对方。双方就这么看着。

等到两边的战斗都见了分晓,成得臣知道完了,只能下令撤离。

如果晋军在这个时候发起攻击,楚军中军一定战败。但是,先轸知道,成得臣的中军是战斗力最强的一支部队,他们会战斗到最后一刻,绝不会投降。也就是说,即便歼灭了楚军,晋军的损失也会相当惊人。从另一个角度说,不对楚军赶尽杀绝,也算是回报楚成王当年的厚待。

成得臣的中军毫发无损,左右两军的主帅斗勃和斗宜申也都保住了性命,这也算是不幸中的万幸。楚军不可能再去围攻睢阳,甚至不敢再进入宋国,只能灰溜溜地绕道郑国回楚国。到了楚国边境的连谷,成得臣下令停止前进。按照规矩,战败的将军必须要接受楚王的处罚,得到楚王的批准后才能回国。

成得臣派了成大心去见楚成王,请求处罚。

楚成王并没有直接回答处罚的问题,只说了一句:"令尹要是回来的话,有脸去见申息两地的父老吗?"楚军的左军主要是来自申息两地的战士,此次十死八九。

成大心没有再问,作为贵族,不需要国君的惩罚,自己知道应该怎么做。他回到连谷,将楚成王的话转达给了父亲。

成得臣挥剑自杀。作为左右两军的元帅,斗勃和斗宜申也选择自杀,后被赦。

城濮之战后,晋国雄霸中原,晋文公成为春秋第二任霸主。

下一章我们会结合《孙子兵法》复盘城濮之战。

## 战争教科书

城濮之战堪称人类战争史上的教科书，是人类历史上最为经典的一场战争之一。城濮之战奠定了《孙子兵法》的战争思想。

在城濮之战前，晋国人已经做了三年的战争准备。

当宋国人前来求救时，晋国并没有急于出兵，而是做了一个精心的谋划，之后，确定了一个基本的原则：迫使楚军北上，以逸待劳，击败楚国。

在这个原则的基础上，晋国人有坚持有变化，从头到尾掌握着战争的主动权。他们并没有直接前往睢阳为宋国解围，而是攻打卫国、占领曹国、割让卫国和曹国的土地给宋国、让卫国和曹国与楚国断交。所有这些，都是为了迫使楚军北上，解除对宋国的包围。

与此同时，晋国联合秦国和齐国，让宋国向秦国和齐国求援，秦国和齐国在被楚国拒绝之后加入联军。由此给楚国造成心理压力，迫使他们北上。

晋国人不仅不主动攻打楚国，对于楚国的请求还予以积极回应，甚至主动退避三舍。这在道义上占据上风，提升了本方士兵的士气。

在最后的决战中，晋国人充分了解楚军的构成和战斗力分布，针对楚军的特点，制定了三点战术：左路以精兵击溃对方的薄弱环节；右路集中优势兵力，歼灭对方的主力部队；中路不与对方精锐进行消耗战。最终，晋军以最小的损耗击败了实力比自己强大的对手。

整个战事，晋国知己知彼，奇正结合，虚实结合，目标明确。这场战争对当时的格局和历史的走向具有重大的影响，晋国成功地遏制了楚国北上的势头，从此形成了晋国和楚国南北对峙、百年争霸的格局。

晋国为什么取得胜利？

对晋国来说，这是一场完美的胜利，是一场还没有开始就已经结束的战争。晋国是凭什么做到这一点的呢？是战争开始前的谋略。正确的谋略带来胜利，错误的谋略带来失败，而没有谋略就只能碰运气。这就像下围棋，晋国人看到了十步，楚国人只看到了两步。

这就是《孙子兵法·始计篇》中说的：

夫未战而庙算胜者，得算多也；未战而庙算不胜者，得算少也。多算胜，少算不胜，而况于无算乎！吾以此观之，胜负见矣。

晋国的胜利，首先体现在谋略上，一个正确的谋略奠定了胜利的基础。同时，晋国更注重外交手段，每一次的使者出动都有着具体的目标，都在为总的目标而服务。在外交层面上，晋国成功地得到了秦国和齐国的支持，而楚国不懂得使用恰当的外交技巧，将秦国和齐国推到了对立面。外交上的胜利在士气上的影响是很大的，谋略和外交都做好了，才可以进行军队间的战斗。

尽管楚国和晋国比宋国和曹国强大得多，但是一旦攻城，都显得力不从心。事实上，在有记载的整个春秋时期，攻城成功的案例并不多。尤其是各国的都城，防守都非常好。无论攻城是否成功，进攻方一定是耗时耗力、伤亡惨重的。因此，除非万不得已，应该避免攻城作战。这也是《孙子兵法·谋攻篇》中说的：

故上兵伐谋，其次伐交，其次伐兵，其下攻城。

对照晋军和楚军，我们可以很清晰地看到双方的区别。晋军很清楚自己直接前往宋国与楚军决战没有胜算，所以坚决不南下；而成得臣没有认识到北上挑战晋军凶多吉少，坚持北上决战。在用兵上，先轸更清楚怎样安排和分配，打破了常规，发挥了最高的效率；而成得臣固执死板，在排兵布阵上一成不变并且无视陈蔡两国军队的战斗力缺陷，导致右军速败以及左军被围歼；晋军从国君晋文公到中军元帅先轸到各军元帅，齐心合力，互相支持；楚军楚成王与成得臣意见相左，成得臣与两员副将也未能意见一致。晋国做了充分的准备和铺垫，掌握着节奏；而楚军一直被牵着鼻子走。晋军先轸能力超强，老资格的赵衰和狐偃竭力辅助，国君晋文公对先轸的指挥完全不加干预；而成得臣固执地不执行楚成王的命令，表面强硬和信心十足，实际上这也将他逼上了不得不取胜的窘境，心理压力非常大。

针对这种情景，《孙子兵法·谋攻篇》这样说：

> 故知胜有五：知可以战与不可以战者胜；识众寡之用者胜；上下同欲者胜；以虞待不虞者胜；将能而君不御者胜。此五者，知胜之道也。

晋文公和狐偃、先轸等人在楚国足足待了半年，与楚国君臣很熟悉，对楚国的军事也很了解。从当初晋文公对楚成王所说的"退避三舍"来看，当年在楚国的时候，狐偃和先轸等人就已经意识到今后与楚国会有一战，就在悄悄地搜集楚国的资料了。相反，楚国人对晋国并不了解，尤其是骄傲的成得臣，根本就不愿意去了解对方。

这样的战争，即使再打两次，依然会是同样的结局。《孙子兵法·谋攻篇》中这样说：

> 知彼知己者，百战不殆；不知彼而知己，一胜一负；不知彼，不知己，每战必殆。

城濮之战前，楚军打遍天下无敌手，是何等的威风？成得臣身为楚军主帅，必然也不是等闲之辈。他不懂得以逸待劳的道理吗？他懂，他只是过于自信了。如果他理性一些，听从了楚成王的命令，撤军了呢？那是不是晋国人的计策就失败了？未必。楚军撤军，就等于晋国救宋成功。

那如果宋国人的防守出了问题，睢阳不幸被楚国人攻破了呢？是不是这样就是晋国人的失败呢？也未必。就算晋国没能救宋国，也拿下了卫国和曹国。从这个角度说，晋国是净收入了两个国家，而楚国是净失去一个国家。而且,光脚的不怕穿鞋的,楚国是霸主,晋国成功阻断了楚国的霸业,这不是晋国的胜利吗?

那么,如果楚成王不分兵不撤退,整支楚军北上与晋军决战呢?晋国还能取得胜利吗?

我们不妨对这个假设进行推演。即便是楚成王率领整支楚军北上,胜算依然在晋军的手中:首先,晋军是以逸待劳;其次,楚军出兵超过了三个月,他们的后勤补给将出现问题,而晋军可以在曹国和卫国得到就地补充;第三,晋军可攻可守,他们可以等到楚军粮草用尽,不得不撤退的时候尾随追击;第四,就算是双方决战,也是先轸的战术水准更高,并且齐军和秦军的战斗力大大高于楚军所率领的蔡军和陈军。

对晋军来说最糟糕的结果,无非是没能与楚军决战,只能等待楚军自己撤去。

所以,晋国人的策略保证了自己不会被击败。而能否击败楚国人,取决于自己对形势的判断。战争就像下棋,每一步都走对了,就能保证不被击败。在不被击败的情况下,一旦对方出现错误,自己就可以击败他们。所以,即便是先轸这样的春秋战神,也不能保证每一战都击败对手。

这告诉我们一个道理:一个真正的军事家,并不会追求每一战都取得胜利,而是要保证自己不会被击败,再抓住机会击败对手。这就是《孙子兵法·军形篇》中说的:

昔之善战者,先为不可胜,以待敌之可胜。不可胜在己,可胜在敌。故善战者,能为不可胜,不能使敌之必可胜。故曰:胜可知,而不可为。

故善战者,立于不败之地,而不失敌之败也。是故胜兵先胜而后求战,败兵先战而后求胜。

城濮之战是春秋时期规模最大的战争之一,从组织上来说,这场战争对双方的指挥者都是一个挑战。如何有效组织和调动自己的队伍,使之成为有机的一体呢？军法严明。楚晋两军的军法都很严格。出征宋国之前，成得臣在训练军队的时候就曾经鞭打四名犯错误的士兵；而晋国军中，赵衰杀了违背军令的将军魏犨、颠颉，其震慑力更强。

那么，面对数量众多的敌军，怎样应对呢？这就要弄清他们的强弱特点，然后用适当的战术和部队去对付他们。在这一点上，晋国人做得非常完美。那么，在具体的战斗中，先轸比成得臣高明在哪里呢？双方都是按照春秋的战争规则布阵的，而且都是三军阵势。表面上，没有区别。可是，在常规布阵的表面背后，先轸做出了成得臣看不到的变化。如果说按常规布阵是正兵的话，后面的变化就是奇兵了。两军相遇，实力旗鼓相当，比的就是如何出奇了：

凡治众如治寡，分数是也；斗众如斗寡，形名是也；三军之众，可使必受敌而无败者，奇正是也；兵之所加，如以碫投卵者，虚实是也。

凡战者，以正合，以奇胜。故善出奇者，无穷如天地，不竭如江海。

终而复始，日月是也。死而更生，四时是也。声不过五，五声之变，不可胜听也；色不过五，五色之变，不可胜观也；味不过五，五味之变，不可胜尝也；战势不过奇正，奇正之变，不可胜穷也。奇正相生，如循环之无端，孰能穷之哉！

——《孙子兵法·军势篇》

前面我们说过，春秋时期的战争是贵族战争，讲战争规则和道德，只有正兵没有奇兵。所谓的奇兵，就是从城濮之战中先轸的安排开始的，下军胥臣使用虎皮就属于奇兵，上中下三军以诈败埋伏的方式歼灭楚军左军，同样是奇兵。

受到先轸的启发，孙子认同了奇兵的作战方式。在《孙子兵法》中就有这样两段：

兵者，诡道也。故能而示之不能，用而示之不用，近而示之远，远而示之近；利而诱之，乱而取之，实而备之，强而避之，怒而挠之，卑而骄之，佚而劳之,亲而离之。攻其无备,出其不意。此兵家之胜,不可先传也。

——《孙子兵法·始计篇》

故兵以诈立,以利动,以分和为变者也。

——《孙子兵法·军争篇》

城濮之战的伟大之处不仅仅在于为《孙子兵法》提供了写作的素材,还为后世的战争策略提供了百试不爽的样板。

晋国人在一开始确定的原则就是以逸待劳。以逸待劳有两种形式:第一种是原地不动,等待对方前来;第二种是双方前往某地决战,可是一方先赶到,便能以逸待劳地等着对方。

城濮之战,晋国人一开始是准备采用第一种形式,最后则是采用了第二种。

这里关键的问题是,当晋国人先赶到卫国之后,凭什么楚国人就要前来与你决战呢?按照晋国人的分析,楚国人围攻宋国,其最终的目的无非就是称霸。那么,如果有什么事情会不利于楚国人的称霸进程,他们就一定不会坐视不管。所以,攻打曹国和卫国这两个新近投靠楚国的国家,就将打击楚国的霸主形象,迫使他们不得不前来救援。这就是《孙子兵法·虚实篇》中提到的:

凡先处战地而待敌者佚,后处战地而趋战者劳,故善战者,致人而不致于人。能使敌人自至者,利之也;能使敌人不得至者,害之也,故敌佚能劳之,饱能饥之,安能动之。出其所不趋,趋其所不意……行千里而不劳者,行于无人之地也……故我欲战,敌虽高垒深沟,不得不与我战者,攻其所必救也。

不论是伐谋、伐交,还是以逸待劳,最终都还是要落实在具体的战斗中。而整个战斗,最具有决定意义的,是晋军对于楚国左军的围歼。对于楚国来说,战败其实并不可怕,左军的覆灭才是致命的,这使得他们在心理和实力上都受到沉重的打击,在一定时期内都无法与晋国争霸了。

晋军之所以能够围歼楚军左军,在于集中了优势兵力。那么,如何才能集中优势兵力而不使敌人发觉呢?如何才能诱使敌人进入包围圈呢?需要伪装、示弱、利诱等。

故善动敌者,形之,敌必从之;予之,敌必取之。以利动之,以卒待之。

——《孙子兵法·兵势篇》

城濮之战晋国能够取胜,与此前狐偃对晋国的治理是分不开的。

当初狐偃对晋文公说"民未知义""民未知信""民未知礼",晋文公由此做了四件事:富民,以及让百姓懂得道义、懂得诚信、懂得礼法。这就使得百姓愿意为国家战斗,懂得怎样去战斗。

卒未亲附而罚之,则不服,不服则难用也。卒已亲附而罚不行,则不可用。故令之以文,齐之以武,是谓必取。令素行以教其民,则民服;令素不行以教其民,则民不服。令素行者,与众相得也。

——《孙子兵法·行军篇》

晋文公毫无疑问是一个英明的君主,但楚成王难道是昏庸无能的人吗?当然不是。按理说,楚成王的战争经验远远多过晋文公,他甚至也预料到了战争的结局,从个人能力和魅力来说,他绝不在晋文公之下,为什么他的军队会失败呢?因为楚成王没有撤换成得臣。

即便一个主帅很有能力,如果将领不听从命令,主帅的战略无法贯彻,军队的战斗力也必然大打折扣,如何能取胜呢?所以,对于不能按照既定谋略来执行的将军,一定要果断撤换。这一点《孙子兵法·始计篇》也说过:

将听吾计,用之必胜,留之;将不听吾计,用之必败,去之。

那么反过来,晋国能够取胜的一个关键因素就是晋文公任命了一个合适的主帅先轸。先轸年轻资历浅,但是晋文公给了他支持,他的军令和谋略能够充分执行与贯彻。同时,狐偃、赵衰等人的支持也很重要。

所以,一旦认可了主帅的能力,就要充分信任并支持他。《孙子兵法·始计篇》也认为:

计利以听,乃为之势,以佐其外。势者,因利而制权也。

对于城濮之战的胜利,三个人功劳最大:中军元帅先轸,他是一个战略家;上军元帅狐偃,他是一个谋略家;行军司马赵衰,他通过自己的谦让和严格的执法,使得上下一心,士气高涨。

城濮之战后的庆功宴上,晋文公将城濮大战的头等功给了狐偃而不是先轸。对此,很多人表示不理解。晋文公告诉他们:先轸教我为了胜利不择手段,而狐偃教我要信守承诺。先轸让我们取得了一场战争的胜利,可是要长久地强盛,还是狐偃的话更好。

我认为晋文公的话体现了他作为一个霸主的胸怀和高瞻远瞩。实际上,狐偃才是晋国霸业的奠基人,就像管仲之于齐国一样。

如前所述,城濮之战是先轸违背了战争规则和战争道德所取得的胜利。如果以同样的方式对待本国人民和其他国家,是不会令人信服的。所以,要长久地强盛,要称霸于天下,信守承诺才是最关键的。晋文公的做法让晋国的卿大夫重新去尊重规则,信守承诺。如此,才有了后来两百年强大的晋国。

## 楚庄王造势

有了城濮之战的经验在前,孙子兵法战略思想的基础就有了,但还需要更多的技巧。毕竟,城濮之战不可能涵盖所有战争的技巧。

于是，孙子必须在感叹完先轸的伟大之后，继续研究晋楚之战的战例。

晋楚之间的第二场大战是邲之战。表面上看，这是一场混乱的战争，没有什么可以说的。但是，从混乱之中抓到线索，才是一个战略家独有的思维能力。孙子很快就找到了线索，这个线索就是一个字：势。

势力的势、势能的势、形势的势。《孙子兵法》中，专门有《兵势篇》，除这个标题外，"势"字在此篇正文中一共出现了十五次。可见这是一个非常重要的概念。

城濮之战之后，交战双方的主角相继陨落。晋国进入内部斗争阶段，利益和权力平衡的结果导致平庸者处于权力中心——性格温和软弱的荀林父成为晋国的中军元帅。

楚国则到了楚成王的孙子楚庄王时期。楚庄王登基时，楚国的令尹也就是军政一把手是斗越椒，还是若敖家族的成员。斗越椒专横跋扈，家族势力强大，根本不把楚庄王放在眼里。

楚庄王清楚自己的处境，决定装疯卖傻，从登基开始就不理政事。就这样过了三年，斗越椒对楚庄王的防备心渐渐卸下，但楚庄王的亲信势力却已在暗中形成，楚庄王开始亲政。

楚庄王知道，自己要想坐稳王位，楚国要想跟晋国争霸，就必须除掉若敖家族，否则还会出现城濮之战成得臣不听号令的情况。怎么才能做到呢？

楚庄王断断续续和一些国家进行了几场战争，因为战争规模不大，没有派斗越椒和若敖家族的军队出征，而是派自己的心腹领军。对于这样的做法，斗越椒无话可说，甚至也没有产生怀疑。

楚庄王这样做的好处是削弱斗越椒在军队中的影响力，同时也削弱若敖家族的实战能力。

就这样，楚庄王神不知鬼不觉地控制了若敖家族之外的军队，但依然不是若敖家族的对手。

楚庄王的表演开始了。

首先，楚庄王派人造谣说他准备派人去杀斗越椒。这个谣言很快传到了斗越椒的耳朵里，鲁莽的斗越椒原本就怀疑楚庄王对自己不满，此时更加确信，连夜从首都郢都的官邸逃回自己的封地。

这正中楚庄王下怀，他任命与斗越椒关系一直不好的蒍贾为令尹，派他前去慰问。斗越椒认为这是对自己的羞辱，一怒之下杀了蒍贾。这一举动激怒了卿大夫，原本还对斗越椒抱有的同情和理解荡然无存，他们纷纷指责斗越椒太过分。

秋天，斗越椒造反了。

消息传到郢都，整个朝廷就炸了窝。但这个时候，人们还在惧怕若敖家族的实力，说到出兵平反，卿大夫们都在退缩。

于是，楚庄王继续作秀。他派特使前往斗越椒的封地，请斗越椒回来继续担任令尹。特使被痛打一顿，赶了回来。

楚庄王没有生气，反而自我反省："看来，斗越椒是担心我秋后算账，自己的安全没有保障。"第二天，又一个特使前往斗越椒的封地，这一次带去了楚庄王的另一个提议：请斗越椒回来担任令尹，同时，楚庄王派自己的一个叔爷、一个叔叔和一个兄弟去斗越椒的封地充当人质。

特使又被打了一顿，赶了回来。

卿大夫们再也看不过去了，他们愤怒了。与此同时，他们也很担心一旦斗越椒战胜了楚庄王，自己的家族会被牵连。

楚庄王召集公卿大夫们开会，提出自己流亡国外，请斗越椒回来担任令尹，另立楚王。

这个建议遭到卿大夫们的强烈反对，大家都认为楚庄王已经仁至义尽，斗越椒令人无法容忍，就算若敖家族实力强大，大家也愿意跟随大王去平定他们。

就这样，楚庄王在公卿们的强烈要求下出兵讨伐斗越椒，一举歼灭了若敖家族的军队，杀死了斗越椒，顺利拿回兵权。

请注意，楚庄王灭若敖家族的这个过程，就是一个造势的过程。通过他的一系列操作，让自己的士气和气势一步步提升，最终在达到顶峰时一鼓作气，消灭了若敖家族。

什么是"势"？俗话说：两军相逢，勇者胜。

当双方实力相当或者差距不大的时候，士气高的一方会获得胜利。怎样让士气达到最高，这就是一门学问了。士气本身就是人的一种情绪，有高潮有低谷，一个人不可能总是保持士气高昂。所以，调节士气需要掌握好节奏。

士气就像石头一样，在战斗开始之前一步步地滚上山，到战斗开始的时候恰好到山顶，然后从山顶滚下来，谁能抵挡？所以，士气要一步步地提升、积累，在最高处释放出来，就能产生最大的动能，而这个动能，就是最大的战斗力。楚庄王所做的，不就是造势的过程吗？

关于"势"，我们来看看《孙子兵法》的两段话：

激水之疾，至于漂石者，势也；鸷鸟之疾，至于毁折者，节也。故善战者，其势险，其节短。势如扩弩，节如发机。

——《孙子兵法·兵势篇》

故善战者，求之于势，不责于人故能择人而任势。任势者，其战人也，如转木石。木石之性，安则静，危则动，方则止，圆则行。故善战人之势，如转圆石于千仞之山者，势也。

——《孙子兵法·兵势篇》

现在有一个词叫造势，一开始似乎应该是制造声势的意思，譬如某场商演或者某次选秀、某部电影要上演之前，通过各种宣传来制造声势，引起人们的注意。

但是，造势其实不是这么简单的。举两个例子。

军队作战的时候，一个好的将军，懂得怎样提升士兵的士气，使之恰好在战斗之前提升到最高。如果早了，战斗的时候士气就会衰竭；如果晚了，没等士气上来，已经战败了。

消灭若敖家族只是楚庄王在造势技巧上的小试牛刀，大展拳脚还要用在与晋国的博弈上。

## 比耐心

楚庄王平定了若敖家族，认为跟晋国人算总账的时候到了。于是，楚国军队北上讨伐晋国的扈从国郑国，包围了郑国首都荥阳，迫使晋国来救，也玩一手以逸待劳。

郑国立即派人向晋国求救，等待晋国来援。晋国中军元帅荀林父明白，作为霸主，应该立即出兵救援，但出兵容易，如果战败，政敌们肯定会借机发难，如果拒绝出兵，又会给政敌留下口实。想来想去，荀林父想到一个办法。

"回去告诉你们国君，请他无论如何顶住，我们很快就来。"荀林父打发了郑国特使，开始拖延时间，希望郑国赶紧投降。

郑国人显然没有能够捉摸透两个大国的想法，始终坚守待援，于是，楚国不进攻，郑国不投降，晋国不救援。

比的是耐心。

转眼三个月过去了，从春天到了夏天。楚军已经给养困难，而郑国军民更惨，粮食和用水都发生了危机。终于有一天，人的耐心到了极限。

"晋国人真能忍啊，传令，明日攻城。"楚庄王忍不住了，决定不等了，立即攻城，征服郑国之后回国。

城里也发生了同样的事情："晋国人看来是不会来了，我们投降还不行吗？"

其实，在同一天，晋国也发生了这样一幕："楚国人真能扛啊，郑国人真能扛啊，我出兵还不行吗？"荀林父宣布出兵。

从耐心的角度说，晋国、楚国和郑国打了个平手。

第二天，楚军攻城。可是到了城外，发现郑国人投降了。楚庄王赦免了郑国国君，签署盟约之后，准备回国。

在这场比耐心的赛事中，楚庄王感觉自己输了，有些郁闷。令尹孙叔敖出了个主意："大王，咱们不妨再向北走走，到黄河边上，饮饮马，盖个庙什么的,也算向对面的晋国人示个威,那不是也很有面子?"

于是,楚军休整三天之后,班师向北。快到黄河的时候,得知晋国人已经出兵,并且到了黄河北岸。楚庄王这下高兴了:看来晋国人终究还是上钩了。

于是,楚军停止进军,等待晋军渡河。

晋国大军由荀林父统领,一路南下,来到黄河边,对面就是郑国。荀林父在军中毫无威信,除了自己的亲弟弟荀首,没人服他。

"本来我们是来救郑国的,现在战争已经结束了,咱们再去,就成了攻打郑国了,还去干啥?"荀林父召集大家开会,他的意思——回家去吧。不料多数人坚持要打,荀林父性格软弱,竟然无法决定。

当天,中军佐先縠竟然自作主张率领自己那部分兵力渡河了,等到荀林父得知消息,他们已经渡了大半。违抗军令,擅自行动,是死罪。可是荀林父根本没有处置的魄力,只好下令全军渡河。

楚庄王原本是要逼晋国人南下荥阳,以便楚军以逸待劳击败晋军。如今却成了遭遇战。当然,从行军距离看,是晋军比楚军长,楚军勉强也算以逸待劳。但是,楚军在荥阳已经待了三个月,士气已经大打折扣,足以把以逸待劳的优势抵消掉。

楚庄王决定用对付斗越椒的办法对付晋国人,也就是要设法提升士气,开始造势。

怎么造势?还是老套路:示弱。楚庄王召开了一个主要将领参加的会议。在场的分成了两派,令尹孙叔敖和中军元帅虞邱主张撤军,左军元帅子重和右军元帅子反等将军反对撤军。楚庄王看在眼里,心里有数。

"参,你看呢?到底是撤,还是不撤?"楚庄王猛然间看见身边的伍参,于是问他。

伍参是什么人?嬖人,是楚庄王的近臣,级别很低。原则上说,他根本没有资格参与军事讨论。

见楚庄王问自己,伍参忍住了没有笑出来,心说你真是揣着明白装糊涂。伍参比所有人都了解庄王,他知道庄王想要自己说什么。

"大王,我看,不能撤。晋国新任主帅是荀林父,这个人很软弱,而先、郤、赵三家势力强大,先縠更是不把他放在眼里,晋军指挥失灵,号令混乱。这样的军队,怕他们干什么?何况,大王您是一国之主,对方不过是个中军元帅,我们怎么能躲避他们呢?"伍参的话说得很有道理,大家都觉得奇怪,怎么这么个孽人这么有才呢?

其实没有什么好奇怪的,伍参是个人才,又因近身服侍,关于晋国的情报,楚庄王知道的他基本上也知道,所以倒比将军们看得更清楚。

"那这样吧,咱们先派人到晋国去提出一个和平建议。他们要是答应了,咱们也不吃亏。他们要是不答应,那时候正义在我们这边,咱们再跟他们决战,就拜托各位将军了。"楚庄王决定派蔡鸠居出使晋国。

蔡鸠居来到晋军大营的时候,晋军元帅们正在争论该打还是该和。

蔡鸠居对晋国人说:"我们大王从小遭遇忧患,不太善于辞令。我们不过是为了教训郑国,使之安定下来而已,怎么敢得罪晋国呢?各位,请回去吧。"

荀林父一时不知道怎样回答,就这么回去吧,太没面子;拒绝吧,那就等于宣战,又不是自己的本意。

倒是身边的士会客气地说:"当年周天子曾经对我们的先君晋文公说过,让我们和郑国一同辅佐王室,如今郑国违抗王命,不跟晋国亲近,我们国君命令我们前来质问郑国,怎么敢劳驾你呢?谨此拜谢楚王的命令。"

荀林父对这个回答很满意,从外交的角度说,双方都表达了善意,为进一步的接触打下了基础。

楚国使者走后,先縠把赵括拉到了一边:"兄弟,士会的话简直就是丧权辱国。你追上楚国使者,表达我们的严正立场。"

蔡鸠居还没有上车,后面赵括追了上来:"我是赵括,告诉你,刚才士会的话不恰当,我代表晋国三军来警告你们,我们晋国军队来,就是要把你们赶出郑国去,听见了没?告诉你们国君,识相的话赶紧自己走。"赵括把自己提升为晋军的发言人,不管三七二十一,直接下最后通牒了。

蔡鸠居一听,转头上车,回楚军大营把情况一五一十做了汇报。

"晋国人真是给脸不要脸,跟他们打。"大家都义愤填膺。

"大家不要急,赵括是个什么东西?他怎么能代表晋军?我看,士会的话才是他们的官方答复。"出人意料的是,楚庄王并不生气。

"可是,士会的话都是废话啊,究竟是撤还是不撤,他没表态啊。"子重说话了,他对士会的答复也不满意。

"不能这么说,我们平白无故让人家撤军,人家怎么有面子呢?这样吧,蔡鸠居,还是你去一趟,跟他们商量商量,看看他们需要什么条件才肯撤军,别跟他们争吵啊。"楚庄王又派蔡鸠居去了,大家一看,大王这简直是仁至义尽啊。

楚庄王暗自得意,他感觉晋国人才是自己的盟友,而眼前这帮楚国人是自己要对付的敌人。

蔡鸠居又来到了晋军大营。

"各位,我们大王说了,你们撤军有什么要求,可以提出来。"蔡鸠居开门见山,连外交语言都省了。

"嗯。"荀林父首先吃了一惊,他惊讶于楚庄王的通情达理。"楚王这样仁义,士会,你说说吧。"

"我看,不如让郑国国君派使者过来,我们再和郑国结盟,也让郑国派一个公子到晋国为人质,这样我们就很有面子了,就可以撤军了。"士会的提议很现实,也很可行。

现在,士会把球踢还给了楚国人。

"不行,楚国人不把我们放在眼里,凭什么他们给咱们划出道来?他们先撤军,然后再谈。"先縠非常强硬,这一次他当即表达意见,他不想再像一个小偷一样派人去追楚国使者。

"我觉得可以了,人家楚王主动来和我们和谈,我们还有什么可说的?"荀林父表态支持士会。

"不行,就这样回去了,楚国人会瞧不起我们的。"郤克支持先縠。

晋军将领们开始争吵,荀林父几次大声制止无果。眼看着争吵了半个时辰,只好把蔡鸠居先打发走:"你先回去,把我们的条件转达楚王,若是楚王同意,我们再商量具体的撤军方式。"

## 邲之战

蔡鸠居走了,可是晋军的争吵并没有结束。

"我看,不如我们也派特使过去,探一探楚王究竟什么意思,也摸一摸楚军的虚实。"赵朔提出的这个建议,大家都不好反对。

"好主意,谁愿意去走一趟?"荀林父认为这个建议不错,至少算是个主意。

"让我去吧。"魏锜主动请缨。

"好,你去吧。记住,言语要温和有理,把我们的条件说清楚,即使对方挑衅,也不要回击,记住了吗?"荀林父嘱咐。

魏锜摇头晃脑:"知道了。"

魏家原本与赵家地位相当,如今却差了许多,魏锜一直心怀不满。就为了这个,这次出征,魏锜下定了决心要把晋国军队搅和失败。如今得了这么个差事,心里当然高兴。

荀林父暗中派了赵婴齐去黄河岸边安排渡船,准备战败之后渡河。士会也做了周密安排,以防万一。

魏锜牛哄哄地来到了楚军大营,听说晋国特使来了,楚庄王亲自接见。

"大王,我代表我军主帅向你们表明严正立场,立即无条件从郑国撤军,否则,我们就不客气了。"魏锜上来就是威胁,连眼皮子也不抬。

"你谁啊?"楚庄王问。

"我? 魏锜。"魏锜依然很牛的样子。

楚国的将军们见魏锜一点礼数也不讲,非常恼火,恨不能拔剑宰了他。按规矩,魏锜应当拜见楚庄王,自称"外臣",还要说自己"斗胆前来"等。想当年城濮之战的时候,两国使者是多么优雅和礼貌!

楚庄王没有听说过魏锜这个人,这人在晋军中的地位并不高,所以他有些怀疑。

魏锜铁了心要激怒楚国人:"不错,我家主帅说了,你们的条件很无理,我们不答应。"

大将潘党实在忍不住了,拔剑要杀魏锜:"小兔崽子,不知死活,你以为你在跟谁说话?老子宰了你。"

魏锜吓了一跳,这才注意到周围的人都在怒目而视:"大、大王,两国交兵,不斩来、来使啊。"

所有人的目光都落在楚庄王的脸上,只要楚庄王一挥手,大家就会把魏锜砍成肉酱。楚庄王笑了,他觉得魏锜简直就是自己在晋国的卧底。有这种表现,自己的战前动员可以免掉了。

"魏锜,你走吧,代我向你们主帅致意。"楚庄王淡淡地说。

魏锜拣了一条命,老老实实谢过了楚庄王,在众人的怒视中溜了出去。

"晋国人太无礼了,打他们。"中军主帅虞邱也忍不住愤怒起来,一旁,孙叔敖点了点头。

楚庄王忍住了没有笑出来,一切都在自己的掌控之中。他相信,以楚军的士气,已经可以保证不会败给晋国。不过,他还是有些忌讳晋国的阵地战能力,如何避免与晋国打阵地战,又不违背战争道德呢?

楚庄王陷入了沉思。

魏锜回到晋营,将自己在楚营的表现说得天花乱坠,说是自己镇住了楚国人。赵旃听说之后,很不服气。他决定要来点更绝的。

赵旃人称赵大胆,谁都不敢惹他,因为他是赵家的人,同时还是晋国国君的女婿。

天色渐渐暗下来,赵旃带着筝、席子和麻布,驱车前往楚军大营。就在楚军中军大营外面,把席子一铺,盔甲一扔,然后一屁股坐下去,开始弹筝唱歌,惹得楚军中军将士纷纷探看。

"欺人太甚。"潘党火大了,拈弓搭箭,就要开射。

"慢着,让他唱罢。"楚庄王制止了他。

消息传开,楚国三军都非常愤怒。下午来了个口出狂言的魏锜,现在又来了这么一个流浪歌手堵在中军大营前唱歌,这不是欺上门来了吗?

楚庄王能够感受到将士们的情绪就像将要爆发的火山,没有人能够阻止。猛然间,楚庄王有了一个新的大胆的想法。

楚庄王的卫队分为东西两广,每广三十乘战车。卫队的任务一是保护楚庄王,充当卫戍部队的角色;二是巡视中军,充当宪兵的角色。通常,右广负责早上到中午,左广负责中午到天黑。

"屈荡,明天早上早起,我要用左广。"楚庄王对负责左广的屈荡下令,屈荡没有多问为什么,安排士兵早些休息,准备第二天早起。

楚庄王并没有安排右广换班,这意味着左右两广明天早上将同时出动。

"对了,外面唱歌的是谁?"楚庄王问。

"赵旃。"屈荡回答。

楚庄王笑了,他知道赵旃:"给他送点酒肉过去吧,唱得这么卖力,也该渴了饿了。再帮他点上火,免得冻着。"

楚军大营外,篝火闪亮,赵旃还在孤独地歌唱。地上是楚国人送的酒肉,楚庄王特供的好酒,还有新鲜的鹿肉。

多么写意的夜晚啊。

赵旃被一阵鼓声惊醒,揉揉眼睛,睁开眼,天已经蒙蒙亮了。只见楚军大营开了营门,几十乘战车杀了出来,楚国人的杀气隔了好远都能感受到。

赵旃一下子清醒过来,筝也不要了,盔甲也来不及穿了,跳上战车,催促御者赶紧逃命。

楚庄王亲自带领三十乘战车紧追不舍。

而此时,楚军中军已经集合完毕,虞邱站在指挥车上下了攻击令:"兄弟们,大王亲自去追晋国人了。如今,晋国人已经包围了大王,现在我命令,全体出击,直袭晋国大营。"

楚国军队早就憋足了火气和力气要跟晋国人拼命了,如今大王被围,又是立功的好机会,很快便猛虎下山般冲了出去。

赵旃狼狈回营,楚成王的卫队紧随其后。晋军士兵不敢关营门,因为谁也得罪不起赵家。

营门大开,赵旃刚进去,楚成王的卫队就到了,几十乘战车顺利夺取了营门。

等到晋军准备好夺回营门时,楚国大军已经杀得遮天蔽日,喊杀声震天。

荀林父叹了一口气,这一天还是到了。这仗还有办法打吗?逃吧。晋军中军和下军先后崩溃,只有上军因为预先做了准备,得以全身而退。

这一战称为邲之战。

## 乱军引胜

我们结合《孙子兵法》分析邲之战,或者说,看看《孙子兵法》中的哪些观点是从邲之战中总结出来的。

整场战争看上去似乎非常混乱,但实则不然,胜利的一方始终沿着一条明确的主线前行。换句话说,始终掌握着节奏。

首先还是从谋略出发,看看楚庄王在这场战争中的战略战术。

第一步,以逸待劳。

楚庄王的策略是很明确的,那就是复制城濮之战:楚军围困郑国,迫使晋国来援。晋军远道而来,必然疲惫,楚军以逸待劳,击败对方。但这一招并没有奏效。

说起来好笑,晋国人之所以没有上钩,并不是他们识破了楚国人的计谋,而是晋国人的内部斗争太激烈。

就在楚国人放弃希望准备回国时,晋国人出动了,两军遭遇。于是,原先楚军的以逸待劳战术失效,成了遭遇战。

在遭遇战的情况下,是"两军相遇勇者胜"。楚庄王当然知道这个道理,他要让楚军成为勇者。于是,楚庄王开始谋划下一步。

第二步,造势。

楚庄王当初对付若敖家族就用了这个办法:示弱和忍让。一方面让敌人骄傲并失去警惕,另一方面,自己的队伍会因此愤而求战。此长彼消,战斗力的对比立即发生巨大变化。

楚庄王两次派使臣求和,是忽悠晋国人,削弱晋国的势;两次忍让晋国使臣,是激怒楚国人,增强楚国的势。

双方势的落差增大,楚军已经立于不败之地。但是这个时候,楚庄王依旧不放心,他抓住赵旃来挑衅的机会,设计了一次完美的袭击。

第三步,袭击。

楚国人最后选择了恰到好处地袭击。

其实,以当时双方的战力和心态,即便要正面交锋,楚国人也有很大的胜算。但是,有了楚庄王的战略战术,楚国就能完胜。

可以说,这一战是中国历史上的经典战例,而其中最经典的部分是造势。

需要一提的是楚军对晋军的袭击。

按照春秋时期的战争规则,两国交兵是不可以不宣而战,突然袭击的。尤其是要争夺霸主,更应该堂堂正正地击败对手。否则,即便击败对方,也不能令诸侯信服。那为什么楚国的突然袭击没有受到诟病呢?

因为一切都是由赵旃引发的。有了赵旃的挑衅,楚庄王的出击就是正当的。楚庄王率先出击后,楚军的整体攻击也就是合理的。因此,楚军的突然袭击从道义上说完全没有问题。

如果说狐偃和先轸导演了晋楚之间的首次大战,那么,第二次大战就完全是楚庄王的设计。从邲之战中得出的结论,如"上兵伐谋……""夫未战而庙算胜者,得算多也……""故善战者,立于不败之地……"就是合理的。

可以与楚庄王相对照的是晋国的主帅荀林父,他先是被楚军逼迫而决定出兵,之后又被自己的部下逼迫南下决战。他不想打,又不能决定不打。他想撤,又没有胆量下令撤。他完全没有对付楚国人的办法,能做的只是提前准备逃跑。被楚军攻打时,他非但不能组织部队抵抗,反而亲自擂鼓要士兵逃命。有这样的主帅,晋国军队怎么可能取胜呢?怎么能不失败呢?

任命这样的人为主帅,等于把国家置于危险的境地,晋军的失败是典型的自取其败。

针对荀林父的行为,《孙子兵法》在几个地方做了总结:

故知兵之将,民之司命。国家安危之主也。
——《孙子兵法·作战篇》

夫将者,国之辅也,辅周则国必强,辅隙则国必弱。
——《孙子兵法·谋攻篇》

故君之所以患于军者三:不知军之不可以进而谓之进,不知军之不可以退而谓之退,是谓縻军。不知三军之事而同三军之政者,则军士惑矣。不知三军之权而同三军之任,则军士疑矣。三军既惑且疑,则诸侯之难至矣。是谓乱军引胜。
——《孙子兵法·谋攻篇》

故兵有走者、有弛者、有陷者、有崩者、有乱者、有北者。凡此六者,非天之灾,将之过也。

夫势均,以一击十,曰走;卒强吏弱,曰弛,吏强卒弱,曰陷;大吏怒而不服,遇敌怼而自战,将不知其能,曰崩;将弱不严,教道不明,吏卒无常,陈兵纵横,曰乱;将不能料敌,以少合众,以弱击强,兵无选锋,曰北。凡此六者,败之道也,将之至任,不可不察也。

——《孙子兵法·地形篇》

说起来,荀林父是个仁慈忠厚的人,对下属非常好。这一点,从他事先布置逃跑的渡船,以及亲自摇鼓命令士兵逃命都能看出来。可是这样的主帅正好印证了一句话:慈不掌兵。

对此,《孙子兵法·地形篇》中写道:

视卒如婴儿,故可与之赴深溪;视卒如爱子,故可与之俱死。厚而不能使,爱而不能令,乱而不能治,譬若骄子,不可用也。

如果说荀林父担任中军元帅是个错误,晋军中还有更合适的人选吗?

从资历、才能、声望来说,最合适的是士会。士会原本就是晋国著名的贤人,他坚持原则,不加入权力斗争的任何一方,一心为了国家效力。这次战争中,士会始终保持清醒,不仅提出了最好的建议,也不受任何外界干扰,坚持按自己的想法进行戒备和撤退,保全了上军。这样的将军,才是国家真正需要的人。

对此,《孙子兵法·地形篇》中也有总结:

故战道必胜,主曰无战,必战可也;战道不胜,主曰必战,无战可也。故进不求名,退不避罪,唯人是保,而利合于主,国之宝也。

与城濮之战不同的是,彼时晋国退避三舍是客观上的示弱,而楚庄王的示弱则是精心策划的,可以说,在示弱这一点上,楚庄王做得炉火纯青。

从楚庄王解决若敖家族,到击败晋军,示弱是他的手段,效果显著。可见楚庄王调动和利用士气的能力是超乎寻常的。有了士气,就有了必胜的气势。有了气势,战斗力就能成倍增强,震慑力就能成倍提高。从某种意义上说,战争就是气势的比拼。气势就像激流的河水,能够让石头漂起;气势就像高山上滚下的石头,越来越快,无法阻止。

对于楚庄王的造势,孙子一定大有感悟,所以,他在《孙子兵法·兵势篇》中总结造势时不惜笔墨,用一连串的比喻来说明:

激水之疾,至于漂石者,势也;鸷鸟之疾,至于毁折者,节也。故善战者,其势险,其节短。势如扩弩,节如发机。纷纷纭纭,斗乱而不可乱;浑浑沌沌,形圆而不可败。乱生于治,怯生于勇,弱生于强。治乱,数也;勇怯,势也;强弱,形也。

故善战者,求之于势,不责于人故能择人而任势。任势者,其战人也,如转木石。木石之性,安则静,危则动,方则止,圆则行。故善战人之势,如转圆石于千仞之山者,势也。

楚庄王激发了楚军的气势,那么,借追赶赵旃来实施对晋军的突袭是原定的计划,还是临时的灵感呢?楚庄王当然不能一开始就定好袭击晋军的策略,毕竟赵旃的做法是出人意料的。所以,袭击晋军是楚庄王根据事情进展而做出的应变决定,是神来之笔。

这就是随机应变的典型案例。对此,《孙子兵法》也进行了总结:

夫兵形象水,水之形,避高而趋下,兵之形,避实而击虚。水因地而制流,兵因敌而制胜。故兵无常势,水无常形,能因敌变化而取胜者,谓之神。

——《孙子兵法·虚实篇》

兵之情主速,乘人之不及,由不虞之道,攻其所不戒也。

——《孙子兵法·九地篇》

虚虚实实,不论是城濮之战的晋军,还是邲之战的楚军,都使用了大量的手段迷惑、激怒、逼迫对方,或使对方疲劳。他们总是在对方预料不

到的地方出击,以对方想象不到的方式出招。所以,战争就是要比谁有更多诡计,让对方防不胜防。《孙子兵法·始计篇》中这样说:

兵者,诡道也。故能而示之不能,用而示之不用,近而示之远,远而示之近;利而诱之,乱而取之,实而备之,强而避之,怒而挠之,卑而骄之,佚而劳之,亲而离之。攻其无备,出其不意。此兵家之胜,不可先传也。

我们再来看看孙子在城濮之战所总结的:"故经之以五事,校之以计,而索其情:一曰道,二曰天,三曰地,四曰将,五曰法……"结合邲之战和城濮之战进行比对。

首先来看双方的国君。晋文公和楚庄王有一个共同点,就是宽容大度,属下愿意为之拼命。

气候也是一个原因。楚国在南方而晋国在北方,所以楚军怕冷而晋军怕热。城濮之战时已进入冬天,而邲之战是在夏天。

地理条件同样重要。城濮之战先轸充分利用了地形,邲之战时楚庄王也后撤给晋军渡河的空间。

主将的因素至关重要。城濮之战晋军主将是先轸,邲之战楚军主将实际上是楚庄王。两位主将思路清晰,执行战术坚决果断。而成得臣粗暴简单、刚愎自用,荀林父没有主见、优柔寡断,这些性格特点导致了他们的失败。

还有执法这一方面。城濮之战晋文公杀了不负责任的大夫,可谓执法严明。而邲之战荀林父对于违犯军令的行为置若罔闻,听之任之,导致军心涣散,将领各自为政。同样,城濮之战中成得臣公然抗拒楚成王的命令,而邲之战中楚庄王就能够做到令行禁止,尽管楚军将士求战欲极强,没有楚庄王的命令也不敢出战。

所以,执法严明与否,也是决定军队战斗力高低的重要因素。

## 鄢陵之战

晋国和楚国的第三场大战发生在郑国的鄢陵（今河南鄢陵县），史称鄢陵之战。由于参战双方都由国君指挥，参战人数也高于以往，这是春秋时期级别最高、规模最大的一场战争。

这场战争是怎样发生的呢？

邲之战后21年（公元前576年），楚共王决定与晋国进行一场世纪大决战，他怂恿郑国攻打宋国，导致宋国军队全军覆没，不得已向晋国求援。晋厉公决定亲自出征救援，跟楚国来一个了断。

晋军出兵的消息很快传到郑国，郑成公立即向楚国求救。楚共王亲自压阵，救援郑国。

这场战争与前面两场不同。前两场战争中，总有一方小心谨慎，在战前做大量铺垫，以保证战争的胜利。而这场战争的双方从一开始就都很自信，认为自己可以堂堂正正地击败对手。因此，这注定是一场针尖对麦芒的战争，也是一场说打就打的战争。

晋楚两军在郑国鄢陵遭遇。两军中各有一人需要特别介绍。

伯州犁，原本是晋国人。其父名叫伯宗，为人正直敢言，因为得罪了郤家而被杀，伯州犁因此逃往楚国。此时，伯州犁担任太宰，深得楚共王信任，作为首席谋士随楚军前来。

苗贲皇，楚国前令尹斗越椒的儿子，楚庄王杀死斗越椒之后，苗贲皇逃往晋国，因为封地在苗，所以改名苗贲皇，官为晋国上大夫，作为主要谋士随晋军前来。

楚共王召开前敌会议，研讨下一步行动："各位，现在两军对峙，我们什么时候打？怎么打？"

伯州犁建议速战："大王，现在我们的盟军郑国军队已经到了，而晋国的盟军还在路上，我们应该趁这个机会进行决战。"

楚共王同意伯州犁的意见："好，那么我们约晋国人明天决战如何？"

伯州犁认为："晋军作战纪律性强,协同作战能力比我们高。如果两军进行阵地战,晋军实力在楚军之上。不过论单打独斗、混战,楚军强于晋军。所以,我建议明晨早起直接迫近晋军大营列阵。晋国人不甘示弱,必然出战,可是,他们列阵缺乏空间,阵型不整,协同作战力将会大打折扣。"

楚共王认为这是一个好办法,就这么定了。

第二天凌晨,楚军起了个大早,天微微亮就出发,到了晋军大营前列阵。楚国人已经逼到了眼前,对于晋国人来说,首要问题就是出战还是稳守。

中军元帅栾书比较谨慎,他认为："楚国人军心浮躁,我们只需要固守三天,他们就会撤退,到时候我们的盟军也到了,我们正好包围他们,必然获得完胜。"

下军元帅郤至有不同的看法："不好,我们应该立即出击。楚国人有六大缺陷:第一,左军元帅子重和中军元帅子反严重不和;第二,楚王的亲兵还是庄王时候的人马,都是老弱;第三,郑国军队的阵型很不齐整;第四,楚军几乎就没有阵型;第五,月末作战,他们选在没有月亮的晚上出动;第六,楚军非常喧嚣,各自为战,大家都在向后面看,显然是找逃跑的路线。他们有这六大缺陷,我们难道不能战胜他们吗?"

晋厉公认为郤至有理,决定听从。

栾书很不愿意这个时候跟楚国人决战,他觉得没有把握："就算郤至说得有理,可是楚军太逼近我们的大营,我们根本没有列阵的余地了。"

大家一时无言。

荀偃和伯州犁是朋友,知道伯州犁的才能,他认为这一定是伯州犁的主意。就在大家都沉默的时候,下军大夫士匄想到了一个办法："我们就在大营里把灶平了,帐篷拆掉,不是就腾出地方来列阵了?然后拆掉营门,就可以冲锋了。"

苗贲皇又补充道："主公,楚军一向是把精兵强将集中在中军的。我们不妨以精兵攻打他们的左右两军,然后三面合围他们的中军。这样,他们一定会大败。"

此时，郤至又提出异议："我看不好，应该集中优势兵力攻打对方中军，派少量部队拖住左右两军。首先，子重与子反有仇，所以他一定不愿意增援中军，而右军元帅子辛缺乏作战经验，更不敢轻举妄动；其次，楚军中军号称精锐，实际上是些老弱病残，再加上郑国军队也在中军，指挥混乱，反而降低战斗力。"

栾书的打法稳重，郤至的打法激进，二者都有可取之处。晋厉公年轻气盛，觉得郤至的办法更好。

晋军最后的作战安排是：以上军对抗楚国的左军，因为子重的战力比较强；以下军的一半牵制楚军的右军，中军及下军余下的一半来攻打楚军的中军。不得不承认，晋军的战术意识依然在楚军之上。

战斗就要打响，让我们来看晋楚之间的第三次战争。

晋军填平了灶，拆除了营门和栅栏，摆好了阵势，晋楚两军正式对垒。

伯州犁对晋军的阵势感到很吃惊，他紧急提出建议："晋军要集中优势兵力来攻打中军了，赶快通知左右两军向中军靠拢。"

可是晚了，晋国人已经开始冲锋。

晋军根本没有准备跟楚军硬拼，楚军也没有想要跟晋军死磕，两军以接触战的方式进行战斗，基本上是第一排的士兵打打停停，后排士兵呐喊助威。

晋国人的策略成功了。

晋军上军与楚军左军的战斗远比右军激烈得多。不过，晋军保持了阵型，楚军也并不凌乱，势均力敌。总的来说，这边的战斗很有序，双方伤亡都不大。

可中军的情况就大不一样了。人数绝对占优的晋军精锐排山倒海一般压了过来，楚共王虽见势不妙，但坚持不退，拼命擂鼓，楚军中军士气大振，竟然抵挡住了晋军的攻击。

在随后的战斗中，晋军的魏锜一箭射中了楚共王的右眼，而他本人也被楚国的神射手养由基射死。楚共王受伤,楚军士气大挫,终于抵挡不住了。楚军中军虽崩未溃,一边抵抗一边后撤。

强国之间的战争,实力只是一个方面,更重要的是哪一边更能坚持。

第一天战事结束,两军各自安营。中军元帅子反问楚共王:"大王,咱们是打,还是撤?"

"打。"楚共王没有犹豫,尽管受了伤,他也不肯认怂。

于是,子反下令,三军整顿车甲,准备明天再战。

楚国要继续打下去的消息传到了晋军这里,晋国人真是有点害怕了,楚王都瞎了一只眼还要打,那就是要拼到底啊。面对这样的对手,谁不怕？晋国人没有理由不打下去,可他们还是盼望楚国人自己撤退,免得两败俱伤。怎样才能让楚军知难而退呢？

苗贲皇提了一个建议:"我们做出要歼灭他们的姿态,他们一定害怕。"他知道楚国人横,但要是有人比他们横,他们就怂了。

于是,晋厉公下达命令:"全体修缮兵器战车,晚上好好休息,明天一早攻打楚军阵营,活捉楚王。"

命令发布之后,苗贲皇悄悄地命令晋军放松对俘虏的看管。果然,有几个俘虏趁机逃回了楚军大营,也在第一时间被带去见楚共王。

"大王,晋国人明早就要来攻打我们,还说不捉住您就不收兵。"逃回来的俘虏汇报。

楚共王一听这话,心里没底,没有犹豫,立即下令撤退。

鄢陵之战就这样结束了。

## 间谍的作用

鄢陵之战是晋国和楚国之间的最后一场大规模战争,从整个过程看,两国似乎都翘首以盼着这样一场战争。

用围棋术语说,这场战争就是"气合之战",双方都是为了在气势上压倒对方,并没有进行周详的谋划。

从级别和规模来说,这场战争超过过去两场。但是,从战争准备来说,这场战争又是最差的。也就是说,从谋略的角度来看,这场战争水准并不高。

不得不承认,晋国再也没有狐偃和先轸这样的人出现,楚国也再没有楚庄王这样的人出现。

在这场战争中,楚国付出了楚共王的一颗眼珠,晋国则付出了魏锜的一条命。尽管看上去是晋国取胜,其实两败俱伤。所以,发动战争之前一定要算清楚得失,国君如此,统帅也要如此。《孙子兵法·火攻篇》里这样总结:

主不可以怒而兴师,将不可以愠而致战。合于利而动,不合于利而止。怒可以复喜,愠可以复悦;亡国不可以复存,死者不可以复生。故明君慎之,良将警之。此安国全军之道也。

在城濮之战中,晋军对楚军的特点进行了针对性的布置,楚军却相反,不仅完全不了解晋军,主将的战术素养也明显不足。

鄢陵之战,楚共王通过伯州犁来了解晋军,并且采取了针对性的战术,可以说是楚军战术素养的进步。可是,晋军对于楚军的了解似乎更多更深入,这一是源于苗贲皇提供的情报,二是源于郤至在此前出使楚国时的积累。

两相对比就能发现,晋国人的情报意识强于楚国,郤至在出使楚国期间就有意识地进行了情报搜集,而楚国派到晋国的使者在这方面的意识就比较缺乏。

最终,晋国人根据楚军的特点进行了布置,稳稳地把握了战争的主导权。

在战略决策层面,楚国是楚共王说了算,其余人基本上没有参与表达意见。而晋国能独立思考、提出建议的人更多,最终决策时就能够参考各方面的意见。

所以,战争不应当是盲目的,要知己知彼,抓住敌人的弱点,发挥自

己的长处,使自己立于不败之地。《孙子兵法·谋攻篇》中就有这样的总结:

知彼知己者,百战不殆;不知彼而知己,一胜一负;不知彼,不知己,每战必殆。

《孙子兵法·九变篇》也做了这样的总结:

兵非益多也,惟无武进,足以并力、料敌、取人而已。夫惟无虑而易敌者,必擒于人。

晋军最后的策略就是集中兵力攻打楚王所在的楚国中军,实际上,这是晋军的传统。早年晋国与秦国交战,晋军尽管整体落败,还是差一点活捉秦国国君。总结起来,这就是擒贼擒王的理念。

如何避免被对方擒王?传统的三军布阵是三军各自为战,可是遇上晋国这样的军队就麻烦了。怎么应付?

善于用兵的人要学习常山一种叫作率然的蛇——你攻击它的头,它会用蛇尾来攻击你;攻击它的尾,它会用头来攻击你;攻击它的肚子,它会首尾齐至来攻击你。军队亦是如此,一支军队要浑然一体,就要互相支援和配合。《孙子兵法·九地篇》做了总结:

故善用兵者,譬如率然。率然者,常山之蛇也。击其首则尾至,击其尾则首至,击其中则首尾俱至。敢问兵可使如率然乎?曰:可……故善用兵者,携手若使一人,不得已也。

间谍是自古以来就有的,当初姜子牙在商朝首都朝歌,某种意义上发挥了为周文王做间谍的作用。

实际上,春秋时期,间谍已经很常见了。

在鄢陵之战中,我们就看到了间谍的使用。

一种是伯州犁和苗贲皇,尽管他们都是从对方国家逃亡过来的,但是客观上他们与间谍的作用是一样的,他们原本都是对方国家的上层人士,对国家和军队情况相当了解。另一种是晋国放跑的楚军俘虏,晋国故意把要和楚军决战到底的情报泄露给他们,让他们回去报告。

依据这两点和历史上的其他例子,孙子将间谍分为五种,就是乡间、内间、反间、死间、生间。乡间就是潜伏在对方国家平民阶层的间谍,内间就是潜伏在对方国家上流社会的间谍,反间就是用对方的间谍作为自己的间谍,死间就是我方的间谍故意泄露给对方情报以误导对方,生间就是故意把信息泄露给对方间谍,让他们回去报告。伯州犁和苗贲皇起到了部分内间的作用,被故意放走的楚军俘虏属于生间。

间谍的作用非常重要,孙子用单独一篇来进行论述,这就是《孙子兵法·用间篇》:

故用间有五:有乡间,有内间,有反间,有死间,有生间。五间俱起,莫知其道,是谓神纪,人君之宝也。

乡间者,因其乡人而用之;内间者,因其官人而用之;反间者,因其敌间而用之;死间者,为诳事于外,令吾间知之,而传于敌间也。生间者,反报也。

……

必索敌人之间来间我者,因而利之,导而舍之,故反间可得而用也。因是而知之,故乡间、内间可得而使也;因是而知之,故死间为诳事,可使告敌。因是而知之,故生间可使如期。五间之事,主必知之,知之必在于反间,故反间不可不厚也。

## 不战而屈人之兵

鄢陵之战后,晋国在晋楚争霸中占了上风,中原国家都加入晋国的阵营。可是没几年,楚国缓过气来,又开始侵扰中原各国。

这一年，楚国攻打郑国，郑国投降。随后晋国出兵郑国，郑国转而投降了晋国。等到晋国撤军之后，楚国又讨伐郑国，郑国再次投降了楚国。

看样子，用不了多久，晋国和楚国又要干一仗了。长期的战事让晋国和楚国将士都倍感疲惫，国家财政也有些吃紧。但是，谁也不愿意认输，怎么办呢？

晋国当时有中军、上军、下军和新军，一共四军，还有九个盟国。中军元帅荀罃因此想到了一个办法，决定除新军负责首都防务外，其余三军轮流出征，同时各配三个盟国的军队。

于是，楚军撤军之后，晋军中军主帅荀罃亲自挂帅，出动下军，搭配齐国、滕国和薛国军队组成三军，以晋军下军为中军，齐国军队为上军，滕国和薛国两国军队为下军，打着晋国军队的旗号，进攻郑国。郑国依然一边投降，一边派人去楚国求救。结果就是，晋国军队撤了，楚国军队也到了。

等到楚国军队到了，郑国又是二话不说，一边投降，一边派人去晋国求救。等楚国军队撤退，晋悼公御驾亲征，中军帅荀罃、中军佐士匄率领中军出动，搭配鲁、曹、邾三国军队，进攻郑国，郑国投降。

郑国的投降和求救周而复始。楚军全军出动救援郑国，赶到的时候，晋军已经撤军，郑国再次投降楚国。

楚军撤军之后，晋国又出动上军，配合卫、宋、莒三国军队，荀罃亲自领军，攻打郑国。

一年之间，晋国和楚国的军队三次出动，不过晋国每次都是只出动三分之一，楚国则每次都是全军出动。无论是从疲劳程度，还是各方面耗费来讲，楚国都是晋国的三倍。终于，在郑国第四次求援时，楚国没有力量再出动了。除了经济上被折腾得接近破产之外，最重要的是，楚国人在心理上被折腾服了。

从那之后，楚国再也没有了跟晋国争霸中原的雄心，安心在南面过自己的日子。晋国和楚国之间再也没有发生过战争，将近两百年的晋楚争霸，就以这样的方式结束了。

《孙子兵法·谋攻篇》中说：

夫用兵之法，全国为上，破国次之；全军为上，破军次之；全旅为上，破旅次之；全卒为上，破卒次之；全伍为上，破伍次之。是故百战百胜，非善之善者也；不战而屈人之兵，善之善者也。

通过三大战役以及分兵策略，晋国成功拖垮楚国，其中的经验教训被孙子总结成《孙子兵法》中最为核心的军事思想，也可以说《孙子兵法》大部分的内容就是因此而形成的。

除此之外，孙子对整个晋国的战争史做了全面的研究，这体现在《孙子兵法》其他的一些结论中。

我们看一个例子。

楚国令尹斗勃率领楚军攻打蔡国，晋国派出太傅阳处父出兵救援，于是晋楚两军隔着泜水扎营，遥相对峙，谁也不敢贸然渡河，僵持了一个多月。

阳处父是纯文人，本身打仗就不内行，早就想撤。可是，如果单方面撤军的话，一来名声不好，二来害怕楚国人在后面追。怎么才能体面撤军呢？

阳处父令人前往河对岸找斗勃下战书："既然我们来了，那就只有打了。可是这样耗下去，大家没有好处。如果你是爷们，后撤三十里，让我们过去，咱们就决一死战。"阳处父一边下战书，一边下令在河边准备船只。

第二天，楚军后撤三十里，等晋军过来决战。

阳处父哈哈大笑，对晋军官兵说："看见没有，楚国人害怕，他们逃了。算了，咱们回家过年吧。"

当天，晋军打点行装，回家去了，斗勃也只好率领楚军撤回楚国。谁知有人向楚成王报告说是斗勃先撤，等于逃跑。斗勃有口难辩，被迫自杀。

所谓兵不厌诈。在行军布阵中，尤其要善于辨别对方的诈谋。受此启发，《孙子兵法·行军篇》里这样写道：

辞卑而益备者,进也;辞强而进驱者,退也;轻车先出,居其侧者,陈也;无约而请和者,谋也;奔走而陈兵车者,期也;半进半退者,诱也。

阳处父的做法,就是"辞强而进驱者,退也"。

## 晋秦战争

除了晋楚争霸,晋秦之间也发生了多次冲突,这可能同样影响了孙子的军事思想。

秦穆公派大将孟明视偷袭郑国,可秦郑不接壤,中间隔着晋国。其时晋国中军元帅还是先轸,秦军偷摸过境时,先轸一面派人通知郑国,一面设好了埋伏,等着秦军回来。待孟明视率领一万秦军到达,郑国早已严阵以待,根本无机可乘。秦军只好灰溜溜地原路返回,却在经过崤谷时,中了先轸的埋伏,全军覆没。

秦军的战术意识很差,对于地形重要性的认识不够,崤谷两面是高山,中间是山谷,两头一堵,自然就无处可逃,被晋军轻松歼灭。

地形是战争中非常重要的因素,三次晋楚大战,地形都起到很大的作用。《孙子兵法》中关于地形的论述有很多:

夫地形者,兵之助也。料敌制胜,计险厄远近,上将之道也。知此而用战者必胜,不知此而用战者必败。

——《孙子兵法·地形篇》

用兵之法,有散地,有轻地,有争地,有交地,有衢地,有重地,有圮地,有围地,有死地。

——《孙子兵法·九地篇》

上述崤谷是圮地和围地,并不是死地。

崤之战之后三年,秦穆公亲自率军前来报仇,渡过黄河之后,就烧掉了船只,不给自己留后路。背水而战,就是死地。

秦军表现出了必死的决心,晋军坚守不出。秦军攻占了晋国的王官,一直杀到了晋国首都的郊区,进而进入崤谷,安葬了秦军阵亡将士的尸骨,这才班师回国。

这种把自己的军队投入死地以激发士气的做法是一种极端但是有效的战术方法,将帅应该掌握。

之后还有项羽的破釜沉舟,一举击败秦军。

所以,《孙子兵法·九地篇》写道:

帅与之期,如登高而去其梯;帅与之深入诸侯之地,而发其机。若驱群羊,驱而往,驱而来,莫知所之。聚三军之众,投之于险,此谓将军之事也。

投之亡地然后存,陷之死地然后生。夫众陷于害,然后能为胜败。

故为兵之事,在于顺详敌之意,并敌一向,千里杀将。此谓巧能成事者也。

有人可能会觉得疑惑:战国时期秦国和赵国的长平之战,赵军身陷死地,三国时期马谡失街亭,为什么没有"投之亡地然后存,陷之死地然后生"呢?

首先,不管是长平之战还是街亭之战,赵军和蜀军所在的都并非死地而是圮地和围地,被包围之后完全受制于地形,无从发力。

其次,"投之亡地然后存,陷之死地然后生"有一个条件,那就是将士要心怀仇恨,有必死之心,否则,在死地也只能被吓死。

## 吴越战争

前述孙子兵法的军事思想来自三个方面。我们已经讲了管子的军事思想以及晋楚之间的三场大战。现在,我们来讲讲第三方面:吴国与越国的战争。

吴国与两个国家之间常常发生战争,一个是楚国,另一个就是越国。楚国是当时天下最大的国家,是传统强国,而越国还没有开化,十分落后。

可是,孙子发现,吴国在与楚国的战争中往往占据上风,可是跟越国的战争总是吃亏。这是怎么回事呢?

经过研究总结,孙子认为,吴国人能够经常战胜楚国人,最大的原因是地形。楚国人擅长车战,可是吴国山多水多,战车很不方便,而吴国人善于翻山越岭、驾驭船只,有利则战,不利则走。楚国和吴国之间的第一场战争,楚国就是因为地形和下雨而大败,猛将邓廖被吴国生擒。

吴国人跟越国人之间的战争似乎也是地形决定结果。不过,越国的地形比吴国更复杂,越国的打法完全没有任何规矩,行动更加灵活,拼杀更加凶悍。

也正是因为越国人更加机动,所以总是能够在局部占据优势,给人以军队人数更多的印象。吴国每次攻打越国,都是铩羽而归,而越国时不时在边境骚扰吴国,吴国也没有什么好办法应对。

为了更好地了解越国人,孙子曾经去过越国,即现在的浙江绍兴一带。他发现越国人并没有什么策略,他们与吴国作战只凭人多和拼命。其实从军人数量上看,吴国人更多,只是吴国是同时与楚国和越国对抗,因此兵力不能集中,而越国是集中全国的兵力对付吴国。

所以,对付越国其实并不难,只要坚持两点:第一,要调动对方,以逸待劳;第二,诱使越国人分兵,形成局部人数优势,以多打少。

《孙子兵法·虚实篇》这样写道:

以吾度之,越人之兵虽多,亦奚益于胜败哉! 故曰:胜可为也。故虽众,可使无斗。故策之而知得失之计,候之而知动静之理,形之而知死生之地,角之而知有余不足之处。故形兵之极,至于无形。无形则深间不能窥,智者不能谋。因形而错胜于众,众不能知。人皆知我所以胜之形,而莫知吾所以制胜之形。故其战胜不复,而应形于无穷。

当然,这只是原则,必须要有更具体的办法才能够说动吴王僚。

地形的研究是非常重要的,在研究了吴国和越国的地形特点后,《孙子兵法·地形篇》对地形进行了总结:

地形有通者、有挂者、有支者、有隘者、有险者、有远者。

越国非山即水,在这里作战无法使用阵地战的战术,但其船只、房屋、城墙多为木结构,火攻或许较为有效。吴越一带水多,水可以用于防守,也可以用于进攻。不过《孙子兵法》中关于水攻的记载较少,即便是火攻,也只在《火攻篇》中说了个大概:

凡火攻有五:一曰火人,二曰火积,三曰火辎,四曰火库,五曰火队……故以火佐攻者明,以水佐攻者强。水可以绝,不可以夺。

在越国首都会稽,孙子见到很多从吴国回来的越国间谍,吴国的一举一动都在越国人的掌握之中,甚至朝廷中事也不例外。

在这一点上,越国要做得好得多。相比较而言,吴国基本没有间谍在越国活动。孙子知道,吴国根本没有把越国放在眼里。但最根本的原因还是吴国缺乏利用间谍的意识,对敌国的情报不重视。不仅对越国如此,对楚国也是如此。

所以,孙子认为吴国必须要在两个方面下功夫。第一是本身的间谍活动要加强,要派人潜伏进越国侦察情报;第二是本身的情报要保密,防止刺探。对越国的战争不要采取公开宣战的方式,而要出其不意,只要发现好的机会,就迅速行动。

对于这些,孙子这样总结:

是故政举之日,夷关折符,无通其使,厉于廊庙之上,以诛其事。敌人开阖,必亟入之,先其所爱,微与之期,践墨随敌,以决战事。是故始如处女,敌人开户;后如脱兔,敌不及拒。

——《孙子兵法·九地篇》

相守数年,以争一日之胜,而爱爵禄百金,不知敌之情者,不仁之至也,非人之将也,非主之佐也,非胜之主也。

……故三军之事,莫亲于间,赏莫厚于间,事莫密于间,非圣贤不能用间,非仁义不能使间,非微妙不能得间之实。微哉微哉!无所不用间也。

——《孙子兵法·用间篇》

## 孙子练兵

截至此时,孙子的一切准备工作就绪。孙子回到吴国,开始写作或者说是完善《孙子兵法》。等到《孙子兵法》写完的时候,发生了一件大事——吴王僚被他的堂弟公子光所杀,公子光成为吴王,就是吴王阖闾。帮助吴王阖闾刺杀吴王僚的,就是大名鼎鼎的伍子胥。

伍子胥是楚国人,可是和楚国有杀父之仇,因此他一门心思想要攻打楚国。孙子知道,要见吴王阖闾,首先要找到伍子胥。

于是,孙子去见了伍子胥。看了《孙子兵法》,伍子胥非常高兴,将孙子推荐给了吴王阖闾。

很快,吴王阖闾给了孙子一个任务,算是看看他的真本事。

吴王阖闾篡位之后,僚的两个弟弟公子掩余和烛庸投奔了楚国,楚国将两人安置在养城(今河南沈丘县),并为他们筑城,意图利用他们来对付吴国。毫无疑问,公子掩余和烛庸对阖闾来说是一个必须铲除的巨大隐患。这个任务就交给了孙子。

孙子知道,在吴国与楚国的既往战争中,始终有一个咒语:谁进攻谁失败。其原因就在于地形,主场作战的优势实在太大了。

那么现在,孙子必须要率领吴军进攻楚国。如果一仗下来他就成了楚军的俘虏,或者卷铺盖走人,那他的兵法基本上也就成了垃圾和笑料了。

上兵伐谋,孙子决定参照荀罃当年分兵拖垮楚军的战略,先让楚军疲于奔命,最后再以雷霆之势一举攻克养城。

孙子将吴军分为三个部分,第一部分佯攻楚国的潜、六两个地区,楚军主力前来救援的时候,吴军迅速撤回。第二部分沿淮水而上,直扑楚国战略要地弦邑。于是,楚军主力奔回弦邑救援,吴军随即撤回。经过两次调动,楚军主力已经疲惫不堪,士气低落。此时,孙子亲自率领早已埋伏在淮河南岸的吴军迅速渡过淮河,攻打养城。楚军主力此时已经无力救援,吴军最终攻克养城,杀死公子掩余和烛庸。

这一战,让吴王大开眼界,同时也让孙子信心大增。

## 击败楚国

在当时的吴国,执掌大权的是两个楚国人,一个是伍子胥,另一个是伯嚭。这两个人都是从楚国逃来的,家族都被楚王所灭,他们对楚国充满了仇恨,一门心思要借助吴国的力量报仇。

吴王理所当然地听从伍子胥和伯嚭的意见,在孙子攻克养城之后,决定攻打楚国。

但是孙子认为攻打楚国的时机并不成熟,楚国依然实力不俗,如果要与楚国作战,最好的办法还是引诱其来进攻。

在两国之间有一个小国桐国,原本被楚国征服。按照孙子的建议,吴国利诱他们背叛了楚国,并且攻击位于桐国北面的楚国的舒鸠。楚国令尹囊瓦率大军讨伐桐国,进抵豫章。吴国兵分两路,伍子胥率领水军在豫章控制江面,严防楚军渡河,孙子则悄悄地率领吴军精锐驻扎在巢地附近。

楚国水军实力不够,囊瓦决定让大军驻扎在豫章,待机而动。就这样,楚国从秋天驻扎到冬天,时间一长,士气低落,防备松懈。孙子率军从背后包抄,伍子胥从正面渡江夹击,楚军猝不及防,腹背受敌,大败而去。吴军乘胜攻克了巢邑,俘虏了在巢邑驻守的楚公子繁。

豫章之战是以逸待劳和奇兵出击的结果,吴王对孙子的实战能力已经毫不怀疑了。战后,伍子胥建议立即攻打楚国。不过,孙子认为楚军虽然战败,但元气未伤,吴国还不能主动进攻,且要停止骚扰楚国。

孙子认为,晋国的历史说明,一个国家没有外患,必有内忧。楚国的内部矛盾非常严重,但有吴国这个外患在,楚国就会团结起来应对吴国,贪腐无能的令尹囊瓦也有可能被撤换。如果吴国不成其为外患,囊瓦就可以继续执政,楚国的内部斗争会更加激烈,贪污腐败就会盛行,长此以往,百姓不满,战斗力下降。等到时机合适,吴国再出兵,就有把握了。

听了孙子的分析,吴王阖闾和伍子胥、伯嚭都表示赞同。从那之后,吴国再也没有骚扰过楚国。

事情的进展正如孙子的预料。没有了吴国这个外患,楚国令尹囊瓦更加嚣张,朝野上下愈加不满。囊瓦大肆索贿,甚至为此扣押了蔡国和唐国的国君,唐蔡二国主动联络吴国,请求出兵攻打楚国。

瞧,机会来了。

按照吴王的意思,吴军直接向西攻打楚国,随后一路向西扑向楚国首都郢都。这是最近的路线,但未必是最合适的。吴楚两国毗邻,但中间多山水,易守难攻,车行不便,辎重难以跟上。如果沿江而上,则是逆流而行,没打楚国之前先累垮自己,何况楚军早已经在这一线重兵布防。

所以,孙子建议通过运河北上,由长江北上淮河,之后进抵蔡国,通过陆路向西,由汉水过江,由北向南攻打楚国首都郢都。这样,楚国基本无险可守,吴国的粮食补给也没有问题。

孙子的建议得到所有人的赞同,吴王阖闾亲自挂帅,伍子胥、伯嚭、吴王的弟弟夫概全部出动,倾全国三万水陆之师,由运河(邗渠)北上,沿淮河向西进入蔡国,在蔡唐两军的配合引导下,兵不血刃,迅速通过楚国北部的大隧、直辕、冥阨三关险隘(在今河南信阳南),挺进汉水东岸的豫章(不是前面那个豫章,为湖北安陆),直逼楚国首都郢都。

吴军由楚国人完全没有想到的方向杀来,这就是《孙子兵法》中所说的"出其不意,攻其不备""以迂为直"。

楚国令尹囊瓦紧急率军抵达汉水西岸防守,司马沈尹戌建议囊瓦在这里拖住吴国军队,他率领本部人马从汉水上游绕道随地过汉水,然后包抄到淮河口,烧掉吴国人的运粮船。占据大隧、直辕、冥阨三关,断绝吴军回蔡国的道路。这样,吴军无粮,没有归路,一定军心大乱。然后,楚军两面夹击,打败吴军。

沈尹戌的建议极富操作性。囊瓦同意了。

但随后囊瓦的亲信武城黑和史皇却劝说他不要等沈尹戌夹攻吴军,因为沈尹戌的民望很高,一旦立功,恐怕令尹这个职位就要归他了。囊瓦于是改变主意,率部渡过汉水,要与吴军决战。

楚军虽然士气低落,但人数是吴军的三倍,也不是不能战。

因为双方的兵力对比是九万对三万,但吴军更适合在地势狭窄、地形复杂的地带战斗,这会使得楚军的人数优势无法发挥。

针对这一点,孙子建议主动后撤,拖一拖楚军。吴军先后三次与楚军交战,三次后撤。每次交战的结果都是楚军损失更大,吴军撤退得迅速且坚决。就这样,吴军一路撤退,楚军一路追击,从豫章一直追到了柏举(湖北麻城)。

两军的第四次战斗在柏举进行,夫概率领五千精锐率先冲锋,几乎让楚军崩溃,等到吴国大军全面投入战斗之后,楚军崩溃了。囊瓦逃去了郑国。

仅仅十天时间,吴军进抵郢都。楚王早在一天前逃走,吴军兵不血刃占领郢都。至此,楚国元气大伤。

可以说,这整个过程,也是《孙子兵法》实践和验证的过程。

占领楚国之后,吴王阖闾、伍子胥和伯嚭对楚国百姓非常残暴,孙子劝说无效。吴军的所作所为令楚国人民大失所望,纷纷反抗。此后,秦国派兵帮助楚国复国,早已经斗志全无、纪律涣散的吴军接连战败,狼狈逃回吴国。

孙子对吴王、伍子胥等人非常失望,不愿意与他们为伍。回到吴国之后,孙子不辞而别。

孙子去了哪里呢?历史没有记载。三国时,孙坚自称是孙子的后人,而孙坚是浙江富春人,或许孙子当初隐居到了富春。

至此,关于孙子本人的介绍就结束了。

## 《孙子兵法》的历史

下面来说说《孙子兵法》。

关于孙子和《孙子兵法》,历史上争议的焦点就在于孙子这个人到底是不是存在,《孙子兵法》到底是谁写的。

关于孙子的最早记载是在《史记》和《吴越春秋》中。既然《史记》中有记载,基本上也就排除了《孙子兵法》是汉朝人写作的可能性。于是,有些人就怀疑这本书是战国人所写,一种说法是战国的孙膑就是孙武,历史上没有孙武,只有孙膑。

从文献梳理来看,越是古代的人,越是对孙子的存在坚信不疑,反倒是到了近现代质疑的人多。对于我来说,我坚信孙子这个人真实存在,且《孙子兵法》就是孙子所写。

为什么春秋战国时期的文献中几乎没有关于孙子的记载呢?这其实很容易解释,因为吴国是蛮夷之国,没折腾几年就完蛋了,吴国本身也没有史官。因此,相对而言,中原国家的史学家和文化圈对吴国持忽视态度,在关于吴国的为数不多的记载中,其关注点也主要集中在伍子胥和伯嚭两人身上。

孙子隐居,越国在灭吴后基本维持偏安一隅的局面,直到被楚国所灭。楚国文化虽然独具特色,但在军事理论上不占优势,这可能也使得《孙子兵法》的传播受到了一定限制。齐国的稷下学宫有兵家学者,孙子也在齐国活动。这个时候的《孙子兵法》大致已经流传到了齐国,只不过此时的齐国不太重视战争,因此对《孙子兵法》的重视程度也有限。

但是,至少在战国以及秦末,《孙子兵法》已经广为人知,否则司马迁不可能在《史记》中为孙子立传。

西汉初年有很多学者整理春秋战国时期的文献，《孙子兵法》肯定有被修编过。到三国时期，《孙子兵法》共有八十篇，曹操亲自删减注释，于是有了现在十三篇的版本。

此后直到宋朝，《孙子兵法》都是兵家手中的圣典。宋神宗亲自圈定了七部兵书为《武经七书》，作为军官们的必读书，《孙子兵法》排名第一。

同样在宋朝，人们将前代十一种对《孙子兵法》做出注解的书合成一本，即《十一家注孙子》，这成了后来注解《孙子兵法》的权威版本。

《孙子兵法》很早以前就被传播到了朝鲜和日本，清乾隆时期被翻译成法文，开始流行于欧洲。

从下一章开始，我们将以《十一家注孙子》作为底本，对《孙子兵法》进行逐句讲解。《十一家注孙子》是《孙子兵法》的重要传本之一，这十一位注家为：曹操、梁孟氏、李筌、贾林、杜佑、杜牧、陈皥、梅尧臣、王皙、何氏与张预。

因为篇幅所限，本书只对十一家注有一个简短的说明和评价。十一家中，真正具有战争经验的只有曹操，但其注解水平不敢恭维。不过，十一家各自的特点还是值得一说的。

曹操的优势在于有领军经验，熟悉军队组织、器械等，这方面的解读可以以他为标准。杜牧才华外溢，对战例的运用信手拈来，显然做了很多研究，而且思维灵活，见解独到。张预虽然排在最后，但其对《孙子兵法》前半部分的解读非常惊艳，常常推陈出新直指要害。其他人的观点不过是偶有光芒罢了。

# 第二部分

# 《孙子兵法》原文解读

# 始计篇第一

孙子曰：兵者，国之大事，死生之地，存亡之道，不可不察也。

故经之以五事，校之以计，而索其情：一曰道，二曰天，三曰地，四曰将，五曰法。道者，令民与上同意也，故可以与之死，可以与之生，而不畏危。天者，阴阳、寒暑、时制也。地者，远近、险易、广狭、死生也。将者，智、信、仁、勇、严也。法者，曲制、官道、主用也。凡此五者，将莫不闻，知之者胜，不知者不胜。

故校之以计，而索其情，曰：主孰有道？将孰有能？天地孰得？法令孰行？兵众孰强？士卒孰练？赏罚孰明？吾以此知胜负矣。

将听吾计，用之必胜，留之；将不听吾计，用之必败，去之。计利以听，乃为之势，以佐其外。势者，因利而制权也。

兵者，诡道也。故能而示之不能，用而示之不用，近而示之远，远而示之近；利而诱之，乱而取之，实而备之，强而避之，怒而挠之，卑而骄之，佚而劳之，亲而离之。攻其无备，出其不意。此兵家之胜，不可先传也。

夫未战而庙算胜者，得算多也；未战而庙算不胜者，得算少也。多算胜，少算不胜，而况于无算乎？吾以此观之，胜负见矣。

按照张预的解说，管子说过："计先定于内，而后兵出境。"用兵之道，从计开始。

## 兵者，国之大事

孙子曰：兵者，国之大事。死生之地，存亡之道，不可不察也。

**译文**：战争是国家的大事，它关系着人的生死和国家的存亡，对待战争不可不认真谨慎。

要理解这句话,首先要弄明白"死生"和"存亡"的主语。

死生是针对人的,存亡是针对整支部队或整个国家的。因此,死生用地,存亡用道。死生是临机应变,存亡是运筹帷幄。战争不仅关乎将士的生命,也关乎国家的存亡。

战争是杀人与被杀的游戏。胜利了,可是你死了,一切归零,这个世界从此与你无关;失败了,你还活着,可是什么也没有了,可能比死还要痛苦;打个平手,可是你损失了一只手,何必呢?历史无数次证明,多数情况下,战争都是双输的游戏。所以,对于战争一定要慎之又慎。

为什么孙子以这句话开启全书呢?因为《孙子兵法》是献给吴王阖闾的。吴国好战,发动战争非常轻率。所以,孙子以这句话开头,开宗明义,直言慎战。

但是孙子是来推销兵法的。这就像一个军火商一样,他第一句告诉你不要轻易打仗,打仗很危险,第二句就不能继续这么说了,否则军火卖给谁去?第二句要说的是:你要是用我这军火,就会比较安全。

故经之以五事,校之以计,而索其情。

**译文**:所以,要从如下五个方面去考虑,确定这五个方面的要求,再根据实际情况进行比对分析。

这句话中的关键字是"计"。校,就是比较衡量。怎样比较衡量?当然是按照某种标准。譬如校正身高得用尺子,校正行为得用规则。所以"计"就是标准。

这段话的意思是,首先确定从五个方面去考虑,确定这五个方面的标准,才能够去衡量。

举个例子,招飞行员,首先从五个方面进行考核:身高、体重、视力、学历、饭量。之后就要确定具体标准,身高一米七到一米八,体重六十公斤到七十公斤,视力一点五以上,学历大学以上,饭量一顿饭三到五个包子等。确定了标准之后,再去了解双方的情况,把双方的情况代进来进行对照,就是"索其情"。

从逻辑上讲,"校之以计"和"而索其情"是递进的,先确定需要比较的项目,再根据这些项目去针对性地搜集情报。

以这五个方面的分析比照来决定是否发动战争,显然是孙子从晋国与楚国的三次大战,尤其是城濮之战中总结出来的。

用现代思维来看,就是项目可行性分析的过程。首先确定参考的项目,之后确定项目权重、打分标准,然后将了解到的情况数据代入,80分以上可以做,60分以下一定不能做,61分到79分之间还需要进一步论证。可行性分析应用非常广,而这样的思维方式和程序,孙子在两千多年前就已经提出来了。

按理说,孙子在第一句话刚说完要慎战,还应该继续展开才是,但推销对象是吴王阖闾,因此话题必须立即转向战争。这是孙子的聪明之处。这就像军火商到了非洲卖武器,说完和平万岁之后,就要拿样品介绍武器的杀伤力了。

接下来,就是"经之以五事"的"五事"。

一曰道,二曰天,三曰地,四曰将,五曰法。
**译文**:哪五个方面?一是"道",二是"天",三是"地",四是"将",五是"法"。

"五事"就是孙子提出来的战争的五个决策项目。这场战争能不能打,有没有获胜的把握,就从这五个方面去考虑。接下来介绍"五事"的内容、定义、标准。形象一点说,"五事"是经,具体的标准是纬,这就成了一个网。

所以下一步,就是"校之以计",具体解释"五事"到底是什么。

道者,令民与上同意也,故可以与之死,可以与之生,而不畏危。
**译文**:所谓"道",就是要使民众与君主同心同德,可与君主死生与共,而不畏惧危险。

"道"是什么呢?简单地说,就是将士愿意在多大程度上卖命,就是如何激励士气。

这其实容易理解,因为战争是人打的,人才是决定性因素,在冷兵器时代,士气就显得尤为重要。

最高等级的"道"是"道之以政令,齐之以礼教",就是通过好的治理,让百姓富足,守规则,并且学习战斗的方法。这样,百姓愿意为国家战斗,并且懂得怎样去战斗,也就是上下同心。城濮之战前,狐偃就是这么教导晋文公的。

能够把"道"放在第一位,证明孙子有极其出色的战略意识。不过,孙子所能想到的关于"道"的策略大致也就两种:一是齐桓公、晋文公那样以富民强国,加强教化为手段的方式,这也是他最为推崇的;一是楚庄王以激将法来提升士气的方式。除此之外,其他的策略恐怕就不值一提了。

但是,在孙子之后,有三种策略或者方式改变了世界的进程,而这三种方式都是孙子根本无法想象的。

第一种是商鞅发明的恐怖绑架法。

春秋战国期间,秦国是野蛮落后的国家之一,最终却统一天下。可见秦国人在"道"上有其成功之处。秦国人怎么提升"道"呢?与齐桓公、晋文公等人相反,他们采取的是恐怖绑架法。

按照商鞅的设计,秦国的百姓除了生孩子、种地和打仗之外,没有任何权利,不能随便说话,不能旅行,不能受教育,家里的粮食不能超过一年的用量,受灾之后国家不救济等。同时实行军功制,想过上好日子就要打仗杀人,杀一个人升一级,杀三个人就能享受好的待遇。凭什么证明杀了人呢?凭头颅领功。如果在战场上逃跑的话,全家都要被杀。

这些规定导致秦国士兵没有任何选择,只能去杀敌立功。杀死敌人,就能过上好日子。杀不死敌人,自己要死,全家都要死。这就是恐怖绑架法。这样的方法很有效,秦军上战场就如同恶狼见到了羊一般。

以这样的方式来实现孙子所说的"道",这是孙子绝对想不到的。

第二种是宗教狂热法。

人类历史上有过一些宗教战争,利用的就是宗教狂热。要制造宗教狂热,就要加强仪式感,通过频繁的祈祷强化宗教意识,让信徒没时间想别的;要让他们相信自己是为了信仰而战。

第三种是煽动仇恨法。

仇恨是杀人的动力之一,能够让人无视危险,忘记生死,丧失理智。要煽动仇恨最主要的技巧就是撒谎,所谓"谎话说上一千遍就成为真理了"。

## 天时和阴阳

天者,阴阳、寒暑、时制也。

**译文**:所谓"天",就是指昼夜、寒暑与四时节令的变化。

"天"是一个复杂的概念。在"天"的说法里,又有"阴阳","阴阳"也是复杂的。如此,人们的解读也就更复杂了。

孙子在这里讲的"天",就是天体运行带来的影响,也就是日月运行对地球的影响。所谓"阴阳",就是日夜,白天是阳晚上是阴,或者说太阳是阳月亮是阴。"寒暑"就是指四季。

什么是"时制"?制,是规定的意思,是取决于人的,譬如日历、时辰、节气等,都属于"时制"。

为什么要考虑"天"的因素?因为人生活于天地之间,如果不顺应天的变化,生存都是问题,还打什么仗?

"阴阳"就不要说了,白天行动,晚上休息。但有的时候要弄清楚月亮运行的规律,譬如说制定了晚上偷袭敌军的计划,结果出兵之后才发现是阴历三十,伸手不见五指,还没摸到敌营,自己的兄弟就死了一半。或者这一天是阴历十五,晚上跟白天一样亮,还差三里地就被敌人发现了,这不是找死吗?

再说"寒暑"。春秋时期,冬天和夏天是不出兵的,曹操引用《司马法》的说法:"冬夏不兴师,所以兼爱民也。"因为那时候是贵族战争,参战主体多为"国人"——类似城市自由民。战国时期,战争主体逐渐变为农民阶层。秦朝之后,只要时机合适,什么季节都能出兵。曹操本人就是这样,冬天出兵攻打东吴,所以杜牧引用了周瑜的话分析曹操为什么败在赤壁之战,一说为:"今盛寒,马无藁草,驱中国士众,远涉江湖,不习水土,必生疾病,此用兵之忌也。"

北方较冷而南方较热,南方军尽量不要冬天北上,北方军尽量不要夏天南征。除此之外,干燥和湿热也是必须要考虑的。譬如张预举的两个例子,汉军在冬天北上讨伐匈奴,结果很多士兵的手指头冻坏了。而马援在夏天讨伐交趾,结果因为高温潮湿折损了一半的部队,马援本人也没有幸免。楚灵王曾经率军偷袭郑国,遇上寒流,士兵冻死一半,只好灰溜溜地撤军。

再来说说"时制"。春秋时期,每年年末,周天子室派人前往各诸侯国颁布新一年的日历。因此,多数国家的日历是一样的,少数国家例外。了解"时制",对对方的安排有了解,才能采取针对性的策略。

## 地势与地形

地者,远近、险易、广狭、死生也。

译文:所谓"地",就是指道路的远近、地势的险恶平易、开阔狭窄与高低向背、是"生地"还是"死地"等地理条件。

地,就是地理形势了。

张预的解说把"远近""险易""广狭""死生"的意义分别说出来。关于"远近",他说:知远近,则能为迂直之计。就是说,知道战地的距离,就能够判断该走哪条路。

如何理解这句话呢?假设从你家去北京,有几种方法。一种走直线,距离最近,但只能骑自行车。一种稍微绕一点,但是能开车。一种坐高铁,距离最远,但是速度最快。你选择哪一种?日常开车也是如此,距离近的红绿灯多,走高速虽然距离远,但是没有红绿灯,反而更快。这个时候就要从时间、过路费、油耗、汽车磨损等不同的方面来考虑了。

战争更是如此,距离近的未必就是最快、最安全的。晋国军队救援宋国时,最近的路线毫无疑问是走南线,经郑国到宋国。可实际上晋国人走了北线,经卫国南下,因为这是最好的路线。

孙子很可能是从城濮之战得到了启发,《孙子兵法》中的"以迂为直",就是这个意思。

在吴国与楚国的战争中,孙子本人就运用了这一点。走南线是最近的路线,但是逆水而上险阻重重,并不是好的选择。所以孙子建议走北线,虽然距离远一些,但是大部分的路途不需要经过楚国,不仅利于辎重粮草的运送,而且可以直插楚国腹心地带,迅速攻打郢都。这就是"以迂为直"。

可见知"远近"不是简单地知道距离,而是要知道不同道路的具体情况,对行军和后勤补给的影响,是否安全,是否有难以逾越的天险等。

关于"险易",张预说:知险易,则能审步骑之利。就是说,知道地形的情况,就能知道适合步兵还是骑兵作战。

春秋时期没有骑兵,只有步兵和战车,战车只适合于平原作战。因此,周朝军队向南方推进很困难,因为南方山多水多。

这里说说步兵和骑兵的问题。根据地形,步兵适合山地作战,骑兵适合平原作战。三国时期邓艾灭蜀,为什么敢于放弃马匹徒步入川?因为四川北部都是山地,马匹反而是累赘。等杀到绵阳,来到平原时,一路上缴获的马匹也就够用了。

金国灭亡北宋,扶持了伪齐政权。伪齐将领李成攻打南宋,迎头遇上了岳飞的部队。李成的军队数倍于岳家军,但是布阵完毕之后岳飞就笑了:"这李成竟然还号称名将,连基本的原则都不懂,竟然把步兵放在平地,骑兵放在山地。我们用骑兵冲他的步兵,步兵一冲就垮;用步兵打他的骑兵,一打一个准。"情况正如岳飞所说,岳家军的骑兵一个冲锋就击溃了北齐的步兵,而北齐的骑兵在山地跑不起来,岳家军的步兵用拐子马钩镰枪钩马腿,北齐骑兵跑都跑不了。

关于"广狭",张预说:知广狭,则能度众寡之用。就是说,知道地形的宽窄,就知道部署多少兵力合适。一夫当关,万夫莫开,说的也是这个意思。

士兵不在多,而在如何使用。地势狭窄却部署大量军队,会造成拥堵和踩踏。军队少的时候,要引诱敌人到地势狭窄的地方,让其兵力优势难以发挥;军队多的时候,则要在地势宽阔的地方与人战斗。

对于进攻一方来说,原则上要选取宽阔的地形;对于防守一方来说,要尽量选择狭窄的地形,阻止敌人有效发挥人数优势。

关于"死生",张预说:知死生,则能识战散之势也。这里的"死生"不是死亡和活命的意思,而是地形是死地还是生地。请注意,死地的概念不是一定会死的地方,而是一旦战败一定会死,也就是没有逃命的道路。那么,生地也就是即便战败,还能逃命的地方。

现在我们知道,如果是生地,有两种选择,战或者不战,不战就是张预所说的"散"。如果是死地,那就没有选择,只能战。

## 将和法

将者,智、信、仁、勇、严也。

**译文**:所谓"将",就是要求将帅要具备智、信、仁、勇和严这五种品格。

孙子在这里又是根据过往的战争总结出五个要点。

这只是春秋之前的情况。春秋之前没有投降的说法,战士如果在战场上被抓,要么就是当奴隶,要么是被释放。所以孙子没有"忠"这个概念。

秦朝以后,贵族精神消逝,临阵投敌、卖主求荣的事情太多,导致后来对于将帅的要求增加了一条:忠。

后世皇上任命将帅时,第一个衡量的就是这个人是否可靠。如果不可靠,再有才能也不行。可问题是,有的时候,皇帝信任的人里,有真本事的不多;有真本事的又往往是打打杀杀干出来的,皇帝对其不了解也不亲近。怎么办?后来就有了"监军",让靠得住的人去监视有本事的人,其结果就是靠得住的人要么杀了有本事的人,要么被杀。

明朝的时候,监军大都由太监来担任。太监整天跟皇上一块混嘛,让皇帝感觉靠得住。结果,明朝就被这帮太监给整垮了。

法者,曲制、官道、主用也。

**传统译文**:所谓"法",就是指军队的组织编制、将吏的职分管理与军需物资的掌管使用。

古人解读这句话时,是这样断句的:"法者,曲、制、官、道、主、用也。"

对这一句中的"曲、制、官"的注解历来没有什么疑义。"曲"就是部队的编制,"制"就是部队的旗号,"官"就是部队的官职统属。

对于道、主、用的解读,就有些模糊不清了。我们首先要弄明白,"法"是什么意思?

《孙子兵法》在随后说"法令孰行",所以"法",就是法令,军法军规。

"道""主""用"对应编制、部属和官职,属于军法军规的范畴。道,是最高的准则,也就是部队的战术原则;主,是整体作战的战术规则;用,是局部作战的战术规则。

譬如说我们确定的战术原则是"诱敌深入,以逸待劳",这就是"道"。整体作战中,需要左中右配合行动,三面攻击,这就是"主"。具体到局部,步兵与炮兵配合作战,小股部队穿插,这就是"用"。实际上,就是由大到小的战术布置。

我们不妨用足球战术来做一个比喻。巅峰时期的巴塞罗那队,战术原则是以控球来控制节奏,实现以攻为守,先胜后战,这就是"道"。整体上,以伊涅斯塔为中场核心,伺机发动攻击,这就是"主"。局部锋线上梅西、内马尔和苏亚雷斯如何配合,后防线如何配合等,这就是"用"。

做到了这些,整个部队就能够有效指挥和协调,整体稳固的同时,局部机动,实现战斗力的最大化。

所以,这句话的正确译文应该是:

所谓"法",就是指军队的编制、部属和官职,作战的原则以及整体与局部的战术规则。

凡此五者,将莫不闻,知之者胜,不知者不胜。

**译文:** 凡属上述五个方面的事,身为将帅,都不能不掌握,了解这些情况,就能打胜仗,不了解这些情况,就不能打胜仗。

战争可行性分析的五大方面:道、天、地、将、法,以及相关标准都已经交代清楚了。

其中,"道"是战争动员;"天"是天时,是战争时机的选择;"地"是地利,是战争地点的应对;"将"是指挥官,负责战术安排;"法"是实现战术安排的条件。

以上内容基本涵盖了战争开始前所要考虑的主要方面。接下来就要比较双方在这五项中的优劣了。

故校之以计,而索其情,曰:主孰有道?将孰有能?天地孰得?法令孰行?兵众孰强?士卒孰练?赏罚孰明?吾以此知胜负矣。

**译文:** 设定了标准,就要从实际情况来进行比较分析了。谁的国君更有道?谁的主将能力更强?谁能得到天时地利?谁的法令执行得好?谁的士兵作战能力更强?谁的士兵训练更好?谁的赏罚更严明?通过这些对比,就能判断胜负了。

知道了标准,就要去比对。不仅要了解自己,还要了解敌方,在此基础上进行对比,就能知晓双方优劣。孙子在这里没有说到情报搜集,但要知己知彼,情报自是不能忽视的。

那么,就在这几个方面进行比较对照——

张预举项羽和刘邦的例子进行说明。项羽的武力和仁爱之心都超过刘邦,可是太小气,舍不得封赏自己的手下,又有妇人之仁,该狠心的时候不能狠心。

再看看晋楚三次大战。城濮之战，双方的国君都很优秀，不过晋文公略胜一筹。邲之战不用说，楚庄王占绝对优势。鄢陵之战，其实楚共王略占优势。

进行国君之间的对照，关注点并不在于国君的个人能力。譬如刘邦和项羽，个人能力而言，项羽远超刘邦，那他们之间的对照，就要重点关注其属下愿意卖命的程度，这样比较的话，刘邦就完胜项羽了。

除上述"道""天""地""将""法"外，还有其他的一些因素："兵众孰强？士卒孰练？赏罚孰明？"

## 主将的任命和支持

将听吾计，用之必胜，留之；将不听吾计，用之必败，去之。

**传统译文**：将帅如能听从我的谋划，用他指挥作战，必然取胜，就把他留下；如不听从我的谋划，用他指挥作战，必然失败，就让他离开。

这句话的传统译文是错误的。

我们要首先弄清楚几个字的意思。"将"是什么意思？"吾"是指谁？"计"又是什么？弄懂了这三个字的含义，才能正确理解这句话。

"将"是将军，但不是一般的将军，而是主将。想想看，这兵法是给吴王阖闾的，讲裨将干什么？"吾"就是我，但不是孙子，而是吴王。这里的主语是吴王阖闾，是站在吴王的角度来说的。"计"，就是前面的"校之以计"的计，指代前面的若干条。

孙子这里假设吴王已经接受了前面的说法，于是它们就成了吴王任命主帅的标准。孙子这里就是代替吴王说话。如果主将按照我的方法做，我任用他一定会胜利，那么就留下他。如果主将不按照我的方法做，我用他去指挥打仗一定会失败，就解除他的职务。

"留之"是使之留的意思，"去之"是使之去，能有这个权力的，当然只能是吴王。

其实，类似的表达在生活中非常常见。譬如你去一个公司应聘，讲到公司在某件事情上的应对时，你就会站在公司的立场，要说咱们公司，而不是说你们、贵公司。孙子也是这样,开场白之后,直接就站在了吴王的立场,这样容易产生亲近感,是一种谈话的技巧。

所以,这一段的正确译文是这样的:

能够遵从"校之以计,而索其情"的,用他必然取胜,任用他;不能够遵从"校之以计,而索其情"的,用他必然失败,让他离开。

计利以听,乃为之势,以佐其外。势者,因利而制权也。

**译文**:按照"校之以计,而索其情"去做了,那么就给他创造条件,在外部帮助他。势,就是采取恰当的办法来为主将建立权威。

前面一句是讲任命主将的原则,那么,任命之后就要采取恰当的办法来帮助主将树立权威了。

这段话里用了两个"利"字,指"恰当的方法"。计利以听,就是遵从我的原则和方法;因利而制权,就是利用恰当的方法来树立权威。

一个主将如果能够按照上面所说的方法去做,那么他就有了正确的思维和方法,可以被任命为主将。但是,主将有了正确的思维方式,不等于他就有能力去实施。如果他在军中缺乏权威的话,就会受到抵制。所以,在任命主将之后,国君需要为他造势,帮助他树立权威。

如果被任命为主将者本身就是名将、宿将或者国君的至亲,也就是说他们本身就具备一定的权威的话,那国君为他们造势的必要性就比较小。如果被任命为主将的人此前地位不高、功劳不大、资格不够,那他就容易让其他人不服气或者瞧不起,权威不够,号令不行。这种情况下,国君就需要想办法帮助他们树立权威了。这个过程,也叫作造势。

造势的方法有很多种,最简单的就是提升他的地位和级别。

譬如管仲为了提升自己的权威,就给齐桓公提了三个条件:任命他为上卿、地位在国高两家之上、拜他为义父。这些看上去都是为了他自己,实际上是为了他的权威,为了更好地发号施令。

城濮之战中,晋文公破格提拔先轸为中军元帅,老资格的狐偃和赵衰出面支持,晋文公把决策权交给先轸,这些都是在帮先轸树立权威。

有的时候,常规的方法不够用了,就需要一些特别的。譬如刘邦要任命韩信为主帅,韩信是一个投降的管粮库的小官,没人服他,怎么办?萧何就建议刘邦设坛拜将,仪式隆重,亲自向韩信下拜,将帅印递交给他。

有的时候,自己给自己造势,这需要特别的功力了。春秋时期,晋国的赵盾率军与秦国作战,因为担心将士不服,想了一个办法,让自己的御者闯进了行进的队伍。司法官韩厥毫不手软,斩了赵盾的御者。这下子,全军都老老实实了。表面上,这是赵盾在帮助韩厥造势,实际上,韩厥是赵盾的小弟,等于是赵盾为自己造势。

曹操也是一个造势的高手,挟天子以令诸侯就是造势的手段。所谓狐假虎威,就是狐狸利用老虎来为自己造势。

现在有两个流行词:背书、站台,其实都属于造势。

## 兵者,诡道也

按照孙子的原则,首先"经之以五事,校之以计,而索其情",确定我方占据优势,可以发动战争或者参加战争。在此基础上,选定主将,并为他造势,树立权威,做到令行禁止。

到此,就可以进入战争的实操阶段了。

实操的指导思想是什么呢?按照历来的解说,包括十一家注,给人的感觉都是东拉西扯,前言不搭后语的,但事实上,《孙子兵法》是按照顺序严格推进的,逻辑清晰。

兵者,诡道也。
**译文**:战争,就是运用诈谋奇计以克敌制胜的。

战争要以仁义为基础,或者说为幌子,为借口,就是要把自己装扮成正义的一方。但真正打起来就不能讲仁义,要讲诡诈,拼不要脸了。

在孙子之前,战争也要讲诚信,要守规矩。靠诡诈获胜被认为是耻辱。譬如宋襄公论战,就是讲战争诚信。因此,这五个字可以说是中国军事思想中的一个重大突破,是一种新的战争思维,也是对贵族战争原则的破坏。春秋时期中原国家之间的战争虽没有偷袭这个概念,但他们与蛮夷作战时,就不管这些规矩了,晋国的中行吴就多次使用偷袭的手段攻打北狄。

春秋末期,中原国家对于战争规则有越来越不尊重的趋势,但还没有人敢于明确提出战争可以使用诡诈。对于孙子来说,"兵者,诡道也"这样的思想也只能对吴王阖闾提出来,对中原国家恐怕也是不能的。

不管怎样,对于中国战争史来说,这是一个重要概念。正因为战争从守规则变成了不守规则,从诚信变成了不讲诚信,战争从此变得更加激烈、精彩、残酷。

在提出"兵者,诡道也"之后,孙子紧接着给出了具体的方案。

故能而示之不能,用而示之不用。

**译文**:所以,能做到的,显示给敌人的是做不到。准备怎么做,显示给敌人的是不会那么做。

商朝末年,周已占下天下的三分之二,实力已经超过了商。可是,为了万全起见,周文王还要韬光养晦,忍辱负重,绝不轻易动手,而是等待时机。最终,周武王完成了父亲的宏伟大计,一举战胜商朝,建立了周朝。这就是典型的"能而示之不能,用而示之不用"。

与之相反,就是历史上一些统治者侥幸继承了王位,不懂得创业的艰难,以为自己很了不起,不能而示之能,不用而示之用,结果就是自取灭亡。

近而示之远,远而示之近。

**译文**:近的,要让敌人以为很远;远的,要让敌人以为很近。

远近的区别对于一支军队来说是有很大不同的,譬如说行军。目标的远近决定了行军所携带辎重粮草的多少,也就决定了行军速度的差别。原本很近的目标你却以为很远,那么你就会做更多的准备,可能会延误时机。原本很远的目标你以为很近,那准备就会不充分,战斗力会大打折扣。同样,敌人很近你却以为很远,那么你就会懈怠,敌人来攻击的时候就会措手不及。敌人很远你却以为很近,那么你就会提前进入紧张状态,无谓地消耗自己的士气。

利而诱之,乱而取之。

**译文:**敌人贪利,就以利诱惑敌人,等到敌人因为追逐战利品而混乱的时候,就乘机攻击他们。

要利诱敌人有一个条件,就是敌人要贪利。所以,这需要对敌军有准确的判断。

在魏国的时候,吴起率领魏军与秦国人作战就是采取利诱的方式,因为秦国很穷,并且军纪混乱,士兵见到财物就会不顾一切去抢。李牧对付匈奴人,也是断定匈奴人会去抢牛羊。

利诱只对军纪涣散、士兵穷困的军队好使,对军纪严明、来自富裕国家的军队则完全相反。所以,历代名将对付土匪的方法都非常简单:搜集一些金银衣帛,打仗的时候满地一扔,等对方阵型大乱然后出击,问题就解决了。

"利而诱之"的目的是"乱而取之",简单说,利诱的目的是让敌人乱。再进一步想想,这就是说要想办法让敌人乱,或者说,只要能让敌人乱的办法都是好办法,不局限于利诱。

我们以四面楚歌为例。项羽被围垓下,汉军到了夜里在四面唱楚歌,项羽大吃一惊说:"难道汉军已经拿下楚地了?怎么这么多楚人呢?"项羽因此大为沮丧,而项羽手下多是楚国兵,都以为家乡已经被汉军攻占,人无战心,纷纷逃亡。

实而备之。
**译文**：当敌人无懈可击的时候，就要先做好防守。

实，就是无懈可击。

强而避之。
**译文**：敌人兵力强大的时候，就暂时避开它。

这就是所谓的"避其锋芒"，敌军强势来战，这个时候与其作战，即便获胜，损失也会非常惨重，所以要适时避让。

怒而挠之。
**译文**：敌人愤怒而来，就骚扰他。

挠，就是扰。我不跟你正面接战，而是动不动趁机挠你一下。假如你本来就很愤怒，一肚子怒火要在战斗中发泄，可是对方根本不和你交战，还动不动骚扰你，你会怎样？你的怒火无处发泄，就会很容易失去耐心、理智，失去警惕，就很可能犯错误。你犯错误，也就意味着我的机会来了。

所以，面对愤怒而来的敌人，不要与他们正面作战，而要骚扰他们，让他们有力气没地方使，郁闷恼火，促使他们出错。

卑而骄之。
**译文**：敌方主将若是出身卑微，就设法使他骄傲。

这里的"卑"不是指我方，而是指敌军主将出身卑微，往往不够自信而急于证明自己。

如果敌军将领地位卑微，那就想办法让他自以为很高明，让他自我感觉良好，这时候他就会骄傲。一个人的思维方式与他的地位是相匹的,一个原本地位卑微的人做了将军,他会担心人们瞧不起他,因此他需要展示自信,急于证明自己的能力。这个时候故意向他示弱或者露出破绽,他就很容易骄傲冒进。

佚而劳之。
**译文**:敌人若休整良好,就设法使他们劳顿。

这句话理解起来很简单,敌人如果很安逸,就想办法让他们劳累起来。

亲而离之。
**译文**:敌人若亲和团结,就设法离间他们。

对这句话理解最深刻的应该是曹操。曹操征讨马超就用了这一招:韩遂是马超父亲马腾的结义兄弟,与马超合兵对抗曹操,贾诩出计离间了马超和韩遂,最后韩遂投降,马超战败。

这段话里还有一个重要的战术原则:利用人性的弱点去击败敌人。"利而诱之,乱而取之",为什么利益能够诱使敌人混乱?因为人性都是贪婪的,看见好处就会不自觉地去追逐。"怒而挠之,卑而骄之"也同样是利用人性的弱点。敌人乘怒而来,是很有战斗力的,这个时候不要与他们正面交战,要骚扰他们,使他们的怒火更大而且无处发泄,从而失去理智甚至自相残杀。

有一个词可以非常好地概括说明孙子的这一系列理念:节奏。每支军队都有自己固定的节奏,当他们在自己的节奏上时,一切都会顺利,战斗力能够有效发挥。可是一旦节奏被打乱,战斗力就会断崖式下降。这一点我们也可以从现代足球比赛中看出来。以西班牙队为例,他们的节奏极慢。在南非世界杯上,西班牙队通过控球拉慢比赛节奏,让那些习惯于快节奏的球队几乎不会踢球了。而在巴西世界杯上,荷兰队成功地通过逼抢将比赛节奏带到了自己的快节奏中,西班牙队也是瞬间被打蒙。

孙子列举的这些方法,说白了就是想办法迷惑敌人,让敌人不能按照他们原有的节奏进行战斗,这样他们就会失去效率、陷入混乱。在这个过程中,要善于伪装和利用人性的弱点。孙子对人性的认识非常深刻,在《孙子兵法》中有许多利用人性弱点的地方。

上述八句都是同样的句式,每句话里有两个主语,前面的主语是敌人,后面的主语是我军。譬如"强而避之",就是敌人强大的话,我军就避开他们。但在历来的注解中,主语是很混乱的,有的时候是两个主语,有的时候又成了一个主语,令读者不易理解。

## 庙算

攻其无备,出其不意。

**译文**:攻打敌人没有防备的地方,在敌人意料不到的时间出击。

备,是防备、准备,是一种实际的行为。意,意料,是一种思维。所以,"攻其无备"往往指地点、方位、方向等具体的方面,而"出其不意"则指方法、时间。

譬如我军攻城,发现敌军在西面防守薄弱,于是集中兵力攻打西面,这就叫攻其无备。同样是攻城,我军采取挖地道的方式攻入城内,这是对方没有想到的,就是出其不意。

从另一个角度来说,能否攻其无备取决于敌人的防备是否有疏漏,而能否出其不意取决于我军的进攻是否有创意。

此兵家之胜,不可先传也。

**译文**:这是兵家的诀窍,是没有定式的。

这句话比较难翻译,有些只能意会不能言传的味道。

"胜"在这里并不是取胜或者胜利的意思,应该相当于"奥妙""吸引力所在""诀窍"。

"不可先传"的字面意思是不能预先说出来,但是更准确的说法恐怕是"没有定式",因为没有定式可循,所以无法预先说出来。

夫未战而庙算胜者,得算多也;未战而庙算不胜者,得算少也。多算胜,少算不胜,而况于无算乎!吾以此观之,胜负见矣。

**译文**:开战之前,"庙算"胜出一筹的,胜更大;"庙算"不如对手的,胜算就少。胜算多的胜,胜算少的不胜,何况根本没有胜算的呢。对比胜算,胜负就一目了然了。

什么是"庙算"?春秋时期,国家商量事情是在朝廷中,但要做重大决策就要去祖庙。一来告知祖先我们要干什么,二来请祖先的灵魂保佑。战争是国家最重要的事情,一定要在祖庙做出决定。而一旦做出决定,就要开始谋划。这就叫"庙算"。算,就是计算谋划。

那么,"庙算"的内容是什么?就是《孙子兵法》第一篇所说的"经之以五事",在各个方面对比敌我的优劣,确定策略。

"得算多也"的"算"又是什么意思呢?春秋时期有很多比赛,规则大致相同。譬如投壶,就是把弓箭的箭去掉头,只留箭杆,把箭杆投进一个歪嘴的陶壶。比赛双方各投十二枝箭杆,投进一枝,得到一个竹子做的筹码,这就叫作"算"。十二轮比赛结束,筹码多的获胜。因此,"算"就是获胜的筹码。

在庙算的时候进行诸多方面的对比谋划,改进劣势项目,加强优势项目,就能够获得更多的胜算。谋划越周密,胜算自然就越多,胜算越多,获胜的概率就越大。孙子的意思,就是战争前谋划得越周全,获胜的把握就越大。

所以,在战争开始之前,通过"庙算"就已经可以知道战争的结果了。

《孙子兵法》的第一篇《始计篇》到此就结束了,它讲述战争开始前应该做的筹划。孙子认为,战争是一件很要命的事情,决策者必须在开始之前考虑周详,而不是打起来了再想办法。

这很可能是由城濮之战的实例总结而来的。

孙子提出了两个观点:兵者,不可不察也;兵者,诡道也。他又提出了两个方法:第一,判断是否可以发动战争可能依据"五事";第二,攻其无备,出其不意。

## 作战篇第二

凡用兵之法,驰车千驷,革车千乘,带甲十万,千里馈粮。则内外之费,宾客之用,胶漆之材,车甲之奉,日费千金,然后十万之师举矣。

其用战也,胜久则钝兵挫锐,攻城则力屈,久暴师则国用不足。夫钝兵挫锐,屈力殚货,则诸侯乘其弊而起,虽有智者不能善其后矣。

故兵闻拙速,未睹巧之久也。夫兵久而国利者,未之有也。故不尽知用兵之害者,则不能尽知用兵之利也。

善用兵者,役不再籍,粮不三载,取用于国,因粮于敌,故军食可足也。

国之贫于师者远输,远输则百姓贫。近师者贵卖,贵卖则百姓财竭,财竭则急于丘役。力屈中原,内虚于家。百姓之费,十去其七;公家之费,破军罢马,甲胄矢弓,戟盾矛橹,丘牛大车,十去其六。

故智将务食于敌,食敌一钟,当吾二十钟;䅟秆一石,当吾二十石。

故杀敌者,怒也;取敌之利者,货也。故车战,得车十乘已上,赏其先得者,而更其旌旗。车杂而乘之,卒善而养之,是谓胜敌而益强。

故兵贵胜,不贵久。故知兵之将,生民之司命,国家安危之主也。

从内容来看,这一章是在讲战争成本和补给,与作战本身似乎没有什么关系,为什么要以作战为篇名呢?因为"作战"在孙子的时期就是准备战争的意思,到了后代人们才将其理解成战斗。

这一篇就是在讲战争的前期准备,讲成本、补给和物资。

毫无疑问,这一篇的内容来源于管子的思想。

**战争的前期准备**

凡用兵之法,驰车千驷,革车千乘,带甲十万,千里馈粮。

**译文:** 大凡出兵作战需要计算费用,按照战车一千乘,装甲后勤车一千乘,全副武装士兵十万,再加上远征千里需要运送粮草来计算。

驰车,就是战车,又叫轻车,用于进攻,每乘驰车配备四匹马,上有三人,就是御者、车右和射。每乘驰车配七十二名步卒,加起来一共七十五人。

革车,用牛皮包裹的车,又叫重车。它的作用有两个。一是运载辎重物资,随车二十五人,负责后勤工作,其中伙食十人,盔甲看护整理五人,养马五人,柴火饮水五人。革车的另一个作用就是用来防守,也就是卸掉马之后,作为防守的屏障。所以,曹操又把驰车称为攻车,革车称为守车。

驰车千驷,革车千乘,分别是七万五千人和二万五千人,加起来十万人,所以孙子说"带甲十万"。

《左传》中记载的出兵的战车数,应该只是驰车的数量。

这里有一个问题:《孙子兵法》既然是献给吴王阖闾的,那就应该比照吴国的情况来说。

吴国的人口并不多,巅峰时期的军队人数恐怕也到不了十万,伐楚国以及黄池会盟都只有三万精兵出征。孙子为什么要说"带甲十万"呢?还有,《孙子兵法》中的假想敌是越国,两国首都之间的距离也就是从苏州到会稽,全程不到四百里,为什么要以"千里"来计算呢?

可能孙子的兵书原本是针对楚国的,楚国是大国,孙子认为要出兵十万才够,从苏州到楚国首都郢都超过千里。从这个角度说,《孙子兵法》一开始可能是给伍子胥的,伍子胥将孙子推荐给吴王阖闾之前,建议他做了更改,以越国为假想敌,但书中的某些细节并没有做出相应的改动。

则内外之费,宾客之用,胶漆之材,车甲之奉,日费千金,然后十万之师举矣。

**译文**:这样,里里外外的开支,包括派出使者和接待使者、宾客的花销、维护保养车甲所需的胶漆等耗材,以及修理车甲装备的费用,每天耗资预计千金。这些费用解决了,十万大军才能出动。

内外之费,就是国内和国际上的支出。国内的好说,就是准备战争的人力、物力、财力。国外呢?春秋时期的战争与现在还是有很多相同之处的。战争开始之前,尤其是发动进攻的战争,通常都要通报友邦,寻求国际支持和理解,为了防止有的国家插手,有的时候还要贿赂对方。如果要经过其他国家的领土,除非实力强大到人家不敢惹,否则都要借路。这些,都需要经费支出。

至于"宾客之用",就是孙子的齐国思维了。自从管仲开始,齐国实行积极的国际交流政策,在边境和交通要道专门设置了国营的旅店,为外国的商人和政界人士提供住宿便利。这一笔开支很大,一直延续下来,也保障了齐国的商业发达,使得各国人才投奔齐国,保持了齐国的繁荣。

吴国首都也有这类招待各国来投士人的旅店,孙子有可能就在这里住过。

战争开始之前,国家一定会延揽人才,搜集情报,各国士人也会认为这是施展抱负的机会。这一类的宾客费用就会大幅提升。

从"胶漆之材,车甲之奉"的理解上看,十一家注似乎都不懂得春秋时期战车和甲的情况。

春秋时期的战车中,胶和漆的用处非常大。那时的甲是用牛皮做的,车是木车,因此甲和车都需要胶来粘接,需要漆来保护。如果遇上潮湿或者特别干燥的气候,胶和漆的用量就会特别大,是军队中最重要也是用量最大的耗材。

除此之外,战车和甲还要维护保养、修缮,这些费用也不低。春秋时期没有现在这么好的公路,路上颠簸,质量不好的战车还没到战场就散架了。所以,必须一路走,一路保养,一路修。如果走山地,战车的损坏率更高。如果经历了战斗,那就更别说了。

所有这些,每天的费用都是惊人的。"日费千金"纵然不是确指千金,也是表示很多。这些材料都预备好了,资金都准备好了,才能够出兵。

## 兵闻拙速

其用战也,胜久则钝兵挫锐,攻城则力屈。

**译文**:一旦出兵,如果打持久战,则将士们承受长期的战争,必然会疲惫,进而丧失士气和锐气。如果要迅速解决而攻城作战,又必然导致兵力大量损耗。

"胜久则钝兵挫锐"一般被译为"若靠旷日持久去取得胜利,那就会使军队疲惫,锐气挫伤"。这是错的,"胜"是承受的意思,譬如"胜任"中的"胜"。这句话的主语应当是将士,长期的战争会影响到将士的士气和锐气。

久暴师则国用不足。

**译文**:军队长期在外作战,就会使国家财力匮乏。

大军在外久战不决,一来费用惊人,二来国内劳动力短缺,一定会导致国民经济困难。譬如汉武帝讨伐匈奴,汉朝实现了对匈奴的逆转,但连年征战也造成了国内经济滑坡,国家收入锐减,百姓生活困难。

夫钝兵挫锐,屈力殚货,则诸侯乘其弊而起,虽有智者不能善其后矣。

**译文**：将士疲惫、锐气挫伤，军力损折、财货耗尽，如果有其他国家乘机攻打我们，那时候再想办法就晚了。

在外用兵久了，国力衰竭，百姓怨恨，这个时候，不仅仅是其他国家可能趁虚而入，就是本国的内部也可能会有反叛。隋炀帝北征突厥、东征高丽，还修大运河，导致天下动乱，最终国家灭亡。吴王夫差率领吴军主力北上黄池争霸，成为霸主，可老窝被越国人给掏了，真是讽刺。

所以，孙子提醒，出兵远征一定要速战速决，一旦打成了持久战，就会很危险。

故兵闻拙速，未睹巧之久也。夫兵久而国利者，未之有也。

**译文**：听说过谋划准备充分，战争一旦进行就很快结束的。没见过投机取巧轻易随性发动战争且久拖不决的。战争久拖不决而对国家有利的情况，是从来就不曾有过的。

这一段的要点其实就是一个字：拙。拙，我们从逻辑的角度来看，应该是按部就班的意思。

《孙子兵法》首先讲战争的可行性分析，之后是前期准备，再讲速战速决。意思很明确：所谓拙，就是战争的前期准备要充分，不要怕麻烦，不要怕花时间，看上去笨拙，但是准备得越充分，战争结束得越快。这，就是"拙速"。

故兵闻拙速，听说过善用兵者以充分的准备来迅速结束战争，没有听说过善用兵者以草率的准备去打持久战的。这是再次强调战争的可行性分析和战争准备工作。

周武王灭商朝，经过了两代人的准备，几次推迟出兵，而一旦出兵，天下响应，一举攻克商朝，这就是拙速。

围棋里有个术语叫"守拙"，这是下围棋的最高境界。守拙的目的就是打牢根基，才能有力而迅速地出击，一举制敌。

"拙速"是一个非常重要、实用的概念,不仅运用于战争,也适用于生活工作中的每一个方面。

越是重大的事情,就越是需要懂得拙速。这就是俗话说的:磨刀不误砍柴工。

譬如盖房子,有两种方法:一种是材料准备充分了,一鼓作气盖好;一种是说盖就盖,盖到哪里需要什么再去买。准备充分的虽然盖房晚,但一定先盖好。准备不充分的呢?今天缺这个,明天缺那个。临时去买,价格贵,采购成本高,工人还要停工待料,工资却还要发,所以工资成本也高。此外,很多建筑材料有时间要求,抹好了水泥砂再去买砖,等砖回来,水泥砂都干了。屋子盖好之后到处是缝,说不定房子还是歪的,就是豆腐渣工程。

想要做什么之前,要先做可行性分析,尽可能地做好各方面的准备。就算是这样,中间还会遇上意想不到的问题。如果不做准备或者准备不充分,那就很可能步履艰难,最终半途而废。不仅耽误时间、耗费金钱,还打击自信心和自尊心。

所以《论语》中也说:工欲善其事,必先利其器。

## 战争的损耗

故不尽知用兵之害者,则不能尽知用兵之利也。

**译文**:所以,不完全了解用兵之害的人,也就不能完全了解用兵之利。

孙子的这句话本质上还是受了管子影响。管子是商人出身,凡事讲成本和收益,将这种思维方式运用于战争就是讲利与害。为了避免见利不见害,通常先讲害,后讲利。

战争之害,就是劳民伤财、士兵伤亡,从而损坏经济,使人民困苦,国力衰落。战争之利,就是重建秩序,保护商业,繁荣经济,国富民强。对于管子来说,利、害是镜子的两面,最终都落在人民生活和国力上。因此,在战争开始之前,是可以比较利、害之后再做出决定的。

譬如说分析打篮球的利与害，首先要弄清楚打篮球的目的是什么。你说是为了身体健康，于是开始分析：打篮球可能受伤，这将损害身体健康；打篮球能提升心脏机能、力量和耐力，对身体有好处。综合分析之后，利大于弊，于是决定去打篮球。

所以说，进行利、害的分析，就要分析到根本，才有可比性。而要分析根本的害，就必须尽知用兵之害，这就是"不尽知用兵之害者，则不能尽知用兵之利也"。

接下来，孙子开始分析战争的害处。

善用兵者，役不再籍，粮不三载，取用于国，因粮于敌，故军食可足也。

**译文：**善于用兵打仗的人，兵员不再次向国人征集，粮秣也不多次转运；向国内征取一次之后，就要从敌人那里求得补给。如此，军队的粮秣供应就充足了。

孙子说的是理想状态，也就是善用兵的人会怎么做，在发动战争前要按照这样的目标去努力。要做到这一点比较困难。城濮之战中，晋军击败了楚军，占领了楚军的营地，楚军的粮食供他们吃了三天，这说明楚军的粮食也并不多。如果敌军的粮食不多，就需要从敌国的人民手中征集，难度会非常大。

当然，如果敌国政府盘剥得厉害，官府的仓库很饱满，那就为"因粮于敌"提供了条件。城濮之战中，晋军在曹国就是这么干的。

晋国军队南下攻打曹国，按理说曹国实力低下，应该直接投降，为什么他们没有呢？除了曹国国君当初得罪过晋文公之外，还有一个很重要的原因，那就是晋国大军来到，一定会"因粮于敌"。即便晋国接受曹国投降，曹国也不过就是保有国家的壳，仓库的粮食一定会被晋国人夺走。

所以，曹国人实际上也算了账，投降的话，粮食肯定没有了。不投降的话，万一守住了呢？

为什么武器装备要从国内带，而粮食要从敌国夺取呢？

因为武器装备是固定资产,而粮食是消耗品。武器装备只能在战胜了对手时,从对手手中夺取,粮食则可以抢,可以买。简单说,有武器就能抢到粮食,但有粮食抢不到武器。如果出兵时武器弹药不带足,带的都是粮食,这是去打仗呢,还是给敌人送粮食呢?

国之贫于师者远输,远输则百姓贫。

**译文**:国家因战争而困顿的一个重要因素是长途运输,长途运输会导致百姓贫穷。

古代战争中长途运输的任务是由百姓来完成的,首先需要人力,其次需要牛马,再次需要时间,而这些都是农业生产的根本要素。所以,战争中的长途运输对于本国农业是一个沉重的打击。

近师者贵卖,贵卖则百姓财竭。

**译文**:离部队近的地方物价一定会上涨,百姓就会感到钱不够用。

上一句讲远输,这一句讲离军队近的地方会怎样。

对此句的解释,十一家注中最典型的说法是杜佑的。他认为,离军队近的地方,老百姓贪图一时的好处,纷纷抬高物价,导致商品短缺,家里和国家都空虚了。

其实不是这样。抬高物价的人并不是百姓,百姓不是做生意的,没什么东西可以卖。抬高物价的只是商人而已,因为军队对物资的需求量大,国家采购又不计成本,商人趁机涨价。物价上涨就等于通货膨胀,百姓手中的钱就不值钱了,能买到的东西就少了,财富就缩水了。所以就是"贵卖则百姓财竭"。

孙子这两句话的思想还是来自管子——齐国的商业发达,才会有贵卖的考虑。

齐国首都临淄在齐国的东部,而齐国的战争通常发生在西部,于是,齐国军队从临淄出发向西行进。那么,临淄一带的百姓就会为军队的远征付出代价,出人出车马出粮食,因此变得穷困。齐国西部济南一带接近战场,齐军的补给多在这里采购,这导致这一带的物价上涨,商人固然发财,可普通百姓就要承受通货膨胀的后果了。

所以这两句话并不适用于所有对象。

**财竭则急于丘役。力屈中原,内虚于家。百姓之费,十去其七。**

**译文:** 百姓钱不够用,就会盼望有政府工程可以挣钱。在中原打仗的军队未必能取胜,而国内的经济又大受损害。百姓的财产损耗达到七成。

十一家注认为,"急于丘役"就是政府增加百姓的税赋,进一步压榨百姓。

上一句说"贵卖则百姓财竭",说的是百姓财竭,紧接着说"财竭则急于丘役",这句话的主语也应该是百姓。为什么百姓"急于丘役"?这又要从管子和齐国的情况说起了。

按照管子的治国理论,收成不好时,国家就应该推出政府工程,让百姓在完成政府工程的同时可以得到收入。所以,这里的"丘役"就是政府工程,譬如水利工程、城池宫殿修建等,百姓急切盼望推出政府工程,这样就能挣钱了。但这时候前方正在打仗,国家也就无暇顾及。

为什么说"力屈中原"?因为齐国和吴国都不属于中原。

**公家之费,破车罢马,甲胄矢弩,戟盾矛橹,丘牛大车,十去其六。**

**译文:** 公家的财富也会因车马、甲胄矢弩与戟盾矛橹等武器装备的消耗,以及丘牛大车的征用,而损耗过半。

前面讲到了百姓的财产缩水,紧接着讲政府的财产会怎样。所谓"公家",就是国君家,也就是国家。春秋时期国君被称为公,因此国家称为公家。以下所说的都是公家的损耗。

春秋时期,卿大夫都有自己的车马兵器,一般百姓家也都有甲。但是，国家同时也储备了大量的兵器、牛马，以及战车和辎重车。

所谓"破车罢马"，是指因为战争而损坏的战车和疲惫的战马。"丘牛大车"则应当是往返运输粮食辎重的运输车辆。一场战争下来，这些损耗也是高达六成。

所有这些的计算，孙子是怎么知道的呢？应当还是参照管子的说法。

管子治理下的齐国仅仅进行过两次战争，一次与鲁国，很快结束，消耗不大。另一次是北征北狄，一直打到了现在的辽宁和内蒙古，虽然将士损失较少，但是物资损耗非常大。

管子还曾经率领联军讨伐楚国，双方没有战斗，和谈成功。之后齐国撤军，原本准备原路撤回，但是陈国的辕涛涂因为担心齐军途经时征用陈国的粮食，出了个馊主意说齐军走海边回去更近。管仲当时信了他的话走海边，结果路途艰难，耗费了更多的时间，物资损耗严重。管仲一算账，吃了大亏，于是大怒，派人去陈国把辕涛涂抓来关押了几年。

管子就是这样，每次出兵，都要算好费用，绝不做无谓的支出，并且，能不打的仗就不打，能不出兵就不出兵。

## 将士的激励

故智将务食于敌，食敌一钟，当吾二十钟；萁秆一石，当吾二十石。

**译文**：所以，明智的将帅都力求取食于敌。食敌一钟粮食，就相当于从本国运输二十钟；使用敌人一石草料，就相当于从本国运输二十石。

既然从本国运输和采买都会导致百姓生存艰难，国库空虚，那么，最好的办法是就地解决问题，从敌人那里抢夺粮食和草料。

之前实际上就是在讨论这个问题。首先提出：运输和国内采买导致国家贫穷，怎么办？因粮于敌。

杜牧和张预的注解让我们看到一个事实，那就是长途作战的运输费用高得惊人。试想一下，千里运粮，一路上运输人员和牛马都要吃喝，一车的粮食，路上走一个月，到了前线还能剩多少？运粮的人和车马还要往回走，又要耗费粮食。

所以孙子说，出发的时候二十钟粮食，实际上只有一钟真正送到前线的。因此，千里馈粮真不是人干的活。大军远征，一定是走到哪抢到哪，否则就饿死。

到这里，我们不妨来稍微推演一下。如果敌人远征，最好的办法就是坚壁清野，坚守城池。同时派出敢死队烧毁敌人的粮草，派出精锐截断敌人的粮道。如果我军要远征，怎么办？远征一定是精兵，人数不能多，这样利于沿途就地解决粮食问题。人类历史上，大军远征有好下场的不多。

前秦苻坚八十万大军打东晋，何必呢？东晋能打的也就三万北府军，苻坚只需要挑选六万精兵就够了。

这告诉我们一个道理：不要怕敌人多，人多有人多的问题。这就像人，并不是肉越多就越强壮，肉太多了，也会把自己压骨折的。

故杀敌者，怒也；取敌之利者，货也。

**译文：**士兵之所以愿意杀敌，是因为被激怒。士兵之所以愿意去夺取敌人的财物，是以为自己可以得到。

上面讲了要因粮于敌，要占领敌人的物资来给自己用，这里要讲的就是将士们怎样才愿意去杀敌，怎样才愿意去抢敌人的东西。

士兵杀人的目的不是抢劫，那为什么要杀人？因为愤怒，也就是激情杀人。

所以，在战斗之前，要设法激怒士兵。譬如城濮之战，晋军退避三舍，邲之战楚庄王数次示弱，都是在激怒士兵，让他们杀人。可是，这还不能让他们有抢夺敌人物资的动力，毕竟他们不是抢劫犯。要让他们去抢劫敌人，那就要予以好处，让他们从抢劫的财物中分得一杯羹。

但是，在战争中抢劫物资是有技巧的。好的将领是给士兵奖赏，而不是谁抢到什么就得到什么。抢劫的目标也有规定，抢官府抢官员，不抢百姓，甚至还给百姓分钱，得了实惠还得了民心。

愚蠢的将领让士兵自由发挥，多抢多得，百姓遭殃，民怨沸腾。老百姓要么反抗，要么逃亡，士兵有钱又怎么样？譬如吴国占领楚国时就是这么干的，结果没多久就被赶跑了。

宋太祖赵匡胤曾派王全斌讨伐蜀国，说是府库的财宝都归将士，结果王全斌领会错误，占领成都之后大肆抢掠百姓，激起民变，最后还要靠曹彬来给他收拾残局，王全斌也被撤职。

## 胜敌而益强

故车战，得车十乘已上，赏其先得者，而更其旌旗。

**译文**：所以，在车战中，凡缴获战车十辆以上的，就奖赏首先缴获战车的人，并且更换他战车上的旗帜。

十一家注中，对"赏其先得者"的解读是一致的，就是奖赏首先缴获战车的人。为什么要强调缴获战车十乘以上呢？大概这样的战斗才算是胜仗。譬如现在的足球比赛，取胜了才有奖金，没取胜就没有。

为什么只奖赏"先得者"呢？就是奖赏最勇敢的人。

"赏其先得者，而更其旌旗"，这是连贯的，"而更其旌旗"的"其"就是指先得者，意思是奖赏先获取战车的人，并且更换他的旗帜。这是精神鼓励，让他使用特别的旌旗，让全军都知道他受到了奖赏。

车杂而乘之，卒善而养之，是谓胜敌而益强。

**译文**：缴获的战车混合编入我军行列，而对俘虏的士兵要善待，使他们成为我们的士兵，这就是所谓既战胜了敌人而又增强了自己。

前面的一段是讲要鼓励士兵去缴获敌人的战车，这一段则是讲缴获战车之后，要把俘虏变成自己的战士。这样，不仅战胜了敌人，还能让我军变得更加强大。

孙子的意思我们可以理解，就是尽量把敌人的变成我们的，此长彼消，迅速决胜。

这里要特别说明的是"卒善而养之"。"卒"就是最低级的战士。贵族都在战车上,而步兵被称为步卒,也就是卒,他们通常是士,甚至有可能是农民奴隶,所以他们是可以被收编的。但即便如此,也需要把他们打散分配,防止他们作乱。

故兵贵胜,不贵久。
**译文**:所以,用兵打仗贵在速战速决,而不要旷日持久。

这句话的意思其实很清楚了。"贵"可以解读为追求。战争要追求胜利,而不要追求持久。

当然,凡事不能绝对。有的时候,持久战是一种战术,譬如我方国力比对方强、人口比对方多,但是军力不如对方,那就采取持久战,拖垮对方。

故知兵之将,生民之司命,国家安危之主也。
**译文**:所以,深谙用兵之道的将帅,是民众生死的掌握者,国家安危的主宰者。

这一段算是这一篇的总结,战争越持久,国家就越危险。顺便向吴王强调一个好的将帅的重要性。

《孙子兵法》的第二篇《作战篇》结束了,我们来做一个简单的总结。

作战,就是战争准备。除了战斗人员的准备,还有后勤补给。战斗人员的准备每个国家都懂,所以,孙子强调的是物质准备,也就是后勤补给。

孙子以十万之师千里馈粮作为例子,给出了一个准确的数据,出兵会损耗掉国家多大的国力,会让百姓的财富缩水多少。战争不是说打就打的,必须要把后勤补给考虑进来,而孙子给了一个惊人的数字:从国内运送到前线的粮食只能有二十分之一能够抵达。

从定性分析到定量分析,孙子确实下了不小的功夫,这些具体的数据应该来自管子。当然,孙子家本身也是世家,对这些也是有了解的。这样的计算是针对吴王阖闾的,因为吴国此前虽然屡次击败楚国,可是根本没有远征作战,不存在补给的问题。但今后吴国要称霸,要为伍子胥报仇,要远征楚国,讨伐越国,都会牵涉到后勤补给以及国力能否承受的问题。

后来吴国攻打楚国,之所以走北线,就是为了运粮方便。之后战事顺利,吴军一鼓作气占领了楚国首都郢都。这个时候,如果吴王阖闾按照"车杂而乘之,卒善而养之"的军事思想去做,善待楚国的将士和人民,就真的做到了"胜敌而益强",可能楚国就会被吴国吞并,中国历史就该重新写了。非常遗憾,吴王阖闾没有这份远见,伍子胥没有这份气量。

再后来,吴王夫差穷兵黩武多次领军北上,导致国力衰落,不得不马放南山,让士兵去种地,结果被越国所灭。这说明吴王夫差也没有学懂《孙子兵法》。

这一篇讲战争的成本和风险:发动战争不仅要追求胜利,而且要速胜。怎样做到这一点?需要充分的前期谋划和准备。战争一旦开始,就要尽量减少长途运输,争取取用于敌。

这一篇主要的思想来源是管子。孙子提出了一个重要观点:拙速;又提出了一个重要方法:因粮于敌。

# 谋攻篇第三

孙子曰:夫用兵之法,全国为上,破国次之;全军为上,破军次之;全旅为上,破旅次之;全卒为上,破卒次之;全伍为上,破伍次之。是故百战百胜,非善之善者也;不战而屈人之兵,善之善者也。

故上兵伐谋,其次伐交,其次伐兵,其下攻城。攻城之法,为不得已。修橹轒辒,具器械,三月而后成,距闉,又三月而后已。将不胜其忿而蚁附之,杀士三分之一而城不拔者,此攻之灾也。

故善用兵者,屈人之兵而非战也,拔人之城而非攻也,毁人之国而非久也，必以全争于天下，故兵不顿，而利可全，此谋攻之法也。

故用兵之法，十则围之，五则攻之，倍则分之，敌则能战之，少则能逃之，不若则能避之。故小敌之坚，大敌之擒也。

夫将者，国之辅也，辅周则国必强，辅隙则国必弱。

故君之所以患于军者三：不知军之不可以进而谓之进，不知军之不可以退而谓之退，是谓縻军。不知三军之事而同三军之政者，则军士惑矣。不知三军之权而同三军之任，则军士疑矣。三军既惑且疑，则诸侯之难至矣。是谓乱军引胜。

故知胜有五：知可以战与不可以战者胜；识众寡之用者胜；上下同欲者胜；以虞待不虞者胜；将能而君不御者胜。此五者，知胜之道也。

故曰：知彼知己者，百战不殆；不知彼而知己，一胜一负；不知彼，不知己，每战必殆。

前述两篇，第一篇《始计篇》，讲战争的可行性分析，是不是可以进行战争；第二篇《作战篇》，讲战争的准备。现在进入第三篇——《谋攻篇》。

通过可行性分析，确定战争充分可行，之后进行战争准备，人员准备和物质准备都完成了。接下来就要出兵了，而出兵之前，也还要再谋划一番，能不打就不打，能少死人就少死人。

## 全国为上

凡用兵之法，全国为上，破国次之。

**译文**：大凡用兵打仗，完整征服敌国为上策，残破敌国次之。

先来说说韩信招降燕国的故事。

韩信北伐燕赵两国，背水一战，拔旗易帜，战胜了赵国，活捉了赵王。但是，韩信的部队伤亡也不小，远途北征也很疲惫。韩信请来了赵国的谋士广武君，请教怎么攻打燕国。广武君先说了"智者千虑，必有一失，愚者千虑，必有一得"的客套话，再给韩信作了一番分析，大意是这样的：韩信攻破赵国二十万军队，威名大振，但自身损失不小，士兵疲劳。如果这个时候燕国固守城池的话,恐怕一时半会儿拿不下来,反而损坏自己的威名,其他国家也会拼死抵抗。不如按兵不动,镇抚赵国,派人招降燕国,燕国慑于韩信的威名,一定会投降。

韩信按照广武君的办法去做,燕国果然投降了。

用这个故事来解释"全国为上"其实并不准确,不过它确实很有启发性。在战争中,威名的作用很大,一旦威名确立,不战而胜的概率也就提高了。所以,有威名的时候要尽量利用威名,这是"全国为上"的一种策略。

张预引用了尉缭子的观点,引入道胜、力胜的说法。全国为上就是道胜,就是吊民伐罪。比如在牧野之战中,正义之师讨伐丧尽民心的商纣王,结果是商朝军队临阵倒戈,武王乘势攻击,商军溃败。

我们就看到两种不战而胜的策略了:一是利用威名吓倒对手,一是凭借道义令对手的人民和军队主动投降。还有其他更好的手段吗?似乎还没有。

顺着这个思路,如果要做到"全国为上",要想不战而屈人之兵,怎么办?

第一种方法,营造自己的威名。譬如田穰苴杀庄贾而向晋国军队展示军法的公正严明,令对手知难而退。譬如组建庞大的军事联盟令对手畏惧,齐桓公率八国联军讨伐楚国就是这样。还有其他各种办法,要视实际情况而定。

第二种方法,宣传对方的恶名,或诱使对方自毁声名,让对方的百姓将士抛弃他,不愿意为他卖命。譬如范蠡给越王勾践出的主意是,给吴王夫差送美女送楠木,诱使他为了享受而驱使百姓修建宫殿,以至于民怨沸腾。

有的时候,有人会采用污名化手段来破坏对方的名声,令敌人内部崩溃。

当然了,还可以采用收买叛徒、制造对方内部矛盾等办法。

还有一个非常重要的问题:为什么全国为上?什么情况下全国为上

呢？当你需要这个国家安定或者想要占领这个国家的时候。譬如楚国攻打陈国，目的就是要兼并陈国，将其百姓和土地据为己有，这个时候，全国为上。否则，抢到土地也没什么意义。譬如齐桓公攻打中原国家，目的是让这些国家遵守规则，让这些国家成为齐国商品的市场，如果都打烂了，这些目标就无法实现了，所以，全国为上。

可齐桓公攻打北狄时，就不讲全国为上了。因为只有消灭他们，才能维护秩序。所以，出兵之前要明白自己的目标，确定战略。

全军为上，破军次之；全旅为上，破旅次之；全卒为上，破卒次之；全伍为上，破伍次之。

**译文**：全军降服敌军为上策，摧毁敌军次之；全卒降服敌军为上策，摧毁敌军次之；全伍降服敌军为上策，摧毁敌军次之。

如果敌军是可以被归化为我军的，那当然可以考虑全军为上。可是，如果敌军都是宗教狂热的恐怖分子，即便投降也是为了要跟你拼命的，这样的敌人，必须毫不留情地消灭。

所以，孙子在这里并没有完全贯彻管子的策略。如果是在中原作战，这样的提法是正确的，如果是和蛮夷作战，这样的提法就值得商榷。若以征服殖民为目的，当然是全军为上；如果是以抢掠复仇歼灭为目的，那就另当别论了。

这有可能是孙子针对吴国军队喜欢杀戮和破坏而提出来的。

是故百战百胜，非善之善者也；不战而屈人之兵，善之善者也。

**译文**：所以，百战百胜，算不上高明；不经交战就能使敌人屈服，才是最高明的。

不战而屈人之兵，也就是前面说的全国为上、全军为上。

百战百胜，不如不战而胜。战斗就会有伤亡，不用战斗就能让敌人屈服才是最好的。

孙子所说的"不战而屈人之兵",意思是根本就不出兵的情况,而不是闭门不战的意思。因为只要出兵,就已经产生了巨大的成本。

## 上兵伐谋

故上兵伐谋。

**译文**:因此,最高等的兵法,是用谋略来战胜敌人。

请注意,"上兵伐谋"前面有个"故"字,可见这是承接上一句的。孙子的意思是在谋略层面让敌人屈服,根本就不需要出兵,这样不仅能避免战争中的人员损失,也能避免战前准备以及辎重运输的耗费。

这明显是管子的思想。因此对于如何做到这一点,孙子没有举例,或许他的理解本身就不是太充分。也或许他觉得不用举例,因为吴国不是齐国,吴王阖闾无法做到管仲当初能做到的。

要做到这一点,能用的自然不是军事的办法,而是经济的方法。《管子》曾经举过这样的案例,那就是商战。现代社会更容易做到这一点,在全球化的进程中,某些国家可能严重依赖另外的国家。美国为什么能让其他国家屈服?因为他们掌控世界金融体系和世界互联网的基础技术与设施。

越是强大的国家,越要懂得上兵伐谋,也越容易做到上兵伐谋。但很多时候,一个国家强大了,就喜欢炫耀武力,可以通过谋略解决的问题也要动用武力,这就是我们所说的穷兵黩武。很多强大的国家迅速衰落甚至灭亡,原因就在此。

其次伐交。

**译文**:其次是外交上压制敌人,利用外交的力量让对方屈服。

伐交,就是通过外交手段来让对手屈服。外交手段分成两种,一种是加强自己,一种是削弱敌人。

齐桓公和晋文公都是伐交的高手。

齐桓公召集盟会，拥天子以令诸侯，这就是伐交。齐国帮助卫国复国并且修建都城，帮助宋襄公确定名分，帮助燕国消灭北狄，将侵占的土地归还鲁国等，都是伐交。有了这些铺垫，才有了八国联军讨伐楚国。

而楚国之所以愿意谈判服软，就是因为齐国在外交上的压倒性优势让楚国感觉势单力薄，主动求和，避免了战争。

城濮之战中，当时天下四大国，晋国主动与齐国和秦国交好，并且巧妙地将他们都拖入战争，尽管最终他们并没有参加战斗，但是在心理上给楚军的压力是非常大的。

除了加强自己，还可以削弱敌人。最著名的例子就是假途伐虢，晋国想要吞并虞国和虢国，可是两国结盟，难以对付。于是晋国贿赂虞国，借路打虢国。虞国国君贪图好处，放弃与虢国的联盟，结果被晋国各个击破。

战国时期有一个著名的伐交原则：远交近攻。远的国家，你无法攻打他，但是如果你与他交好，那么当你攻打周边国家的时候，他就不会来救援。

为什么近攻呢？因为你要扩张，一定从近的国家开始。就算你爱好和平不想扩张，但国家和家庭一样，离得越近，越容易产生利益冲突。不信大家可以看，世界上的邻国之间有几个不是仇人或者貌合神离的？

最高级的伐交，是通过伐交就解决问题，根本不用出兵。其次的伐交，是通过伐交来增强自身、削弱敌人，为下一步战争做好铺垫。

上一章孙子说要不战而屈人之兵，怎样做到呢？这一章就说了：用谋略和外交的手段。

其次伐兵。

**译文**：再次就是发动军事战争，在战场上战胜敌人。

做不到"不战而屈人之兵"，就只好伐兵了。伐兵，就是军队出动并交战。但是，这里的交战专门指野战，并不包括攻城。伐兵就会产生前述出兵的各种费用消耗，就会有伤亡，因此这是其次。还有比伐兵更糟糕的,那就是攻城。

其下攻城。攻城之法,为不得已。

**译文**:最下策就是攻打敌人的城池了。攻城的办法,是不得已而为之的。

所以孙子说"其下攻城"。攻城除了有交兵的所有坏处之外,还要面对非常不利的进攻条件。由下垂直向上进攻,完全不占优势。不说别的,譬如灯泡坏了,要爬梯子去换。首先梯子不知道稳不稳,上去的时候胆战心惊,生怕摔下来,仰头工作,不到一分钟脖子就酸了,胳臂也酸了。

攻城就更难了,不仅梯子不稳,还要拿着武器,上面随时有石头、开水之类的倾泻而下。正常人谁愿意干这个活啊?

所以孙子说攻城是不得已才做的事情。接下来,孙子开始讲攻城需要做哪些方面的准备。

修橹轒辒,具器械,三月而后成,距闉,又三月而后已。

**译文**:修造用以攻城的楼橹,和准备如飞楼云梯之类的攻城器械,需要数月的时间才能完成;构筑攻城的土山,又要花费数月的时间才能竣工。

橹,就是大盾,几个人举着,可以挡箭。但如果上面扔下来一块大石头,还是会被砸死。轒辒,就是装甲车的概念,挡住一般的石头没问题,特大的石头也顶不住。对付这种车,还可以泼油用火箭烧。

器械,就是攻城的器械。杜牧还列举了攻城车:"夫攻城者,有撞车、划钩车、飞梯、虾蟆木、解合车、狐鹿车、影车、高障车、马头车、独行车、运上豚鱼车。"不过在孙子的年代,估计没这么多种类。

云梯,就是梯子,靠在城墙上,供士兵往上爬。飞楼则是木制的高台,下面装上轮子,攻城的时候士兵将它推到城边,可以凭借它跳上城墙。

距闉，就是在城外不远的地方修建土山，登上土山就能平视甚至俯视敌人，在这里观察敌情，向敌人射箭、抛石等，居高临下，占据优势，掩护登城。

基本上攻城作战就是这样，一应器械准备好了，开始攻城。攻城一方在土山等高处向城上的守军射箭，掩护地面攻击部队。地面士兵则在橹、轒辒的掩护下推进到城下，然后树立云梯，强行攀登。如果可以接近敌军城门，则使用撞车、巨木等撞击城门，争取从城门杀入。

守军则以弓箭、开水、石头、油和火箭进行防守，在城墙的中部通常开有小口，可以伸出棍子以推翻敌军的云梯。

孙子在这里估算了做这些攻城准备所需要的时间，准备橹、轒辒和器械需要三个月，一共需要半年。感觉孙子在这里有点夸张，在吓唬吴王阖闾。

将不胜其忿而蚁附之，杀士三分之一而城不拔者，此攻之灾也。

**译文：** 将帅早已经忍耐到头，下令士兵像蚂蚁一样依靠人数的优势爬梯攻城，士卒伤亡三分之一，而城邑仍未攻破，这就是强攻城池所招致的灾难。

按曹操的说法，主将很愤怒，等不到攻城器械准备好，就让士兵攻城。其实，孙子的意思并不是这样，他是说待攻城器械完成，半年过去了，将士们都憋气愤怒，开始进攻。

蚁附，如蚁之缘墙。攻城要穿盔戴甲，带武器，谁能攀得了啊？所以，只能顺着云梯向上爬，就像蚂蚁顺着墙爬一样。但攻城器械准备得再好，攻城永远是吃亏的一方。你有攻城器械，人家有守城工具。你的将士愤怒，人家的将士还憋着一肚子火呢。所以，攻城一方的损失一定更大。

孙子又提到，人员的损失超过三分之一就是一场灾难，这恐怕也是来自管子的思想。对于吴王阖闾来说，伤亡不是他所关心的。

从孙子的总结来看，一是他确实懂得攻城需要做的准备，二是他通过城濮之战的实例认识到楚国和晋国这两个可说是当时世界上最强大的国家，在攻打宋国的睢阳和曹国的陶丘时都是束手无策，这说明攻城是一件极为困难的事。

我们再来看吴国的战争史。吴国在此前没有攻城作战的经验，他们的都城原本都很矮小破旧，是伍子胥来了之后才设计了阖闾城，算是有了一个不错的都城能够用来防守。吴国此前与楚国和越国之间都是边境战争，主要在山地或水上作战，没有攻城守城的问题。

## 必以全争于天下

故善用兵者，屈人之兵而非战也。

**译文**：所以，善于用兵打仗的人，不发动战争就能使敌人屈服。

非战也，不是不进行战斗，而是不发动战争。换言之，就是上面所说的伐谋伐交，而不是伐兵。所以，"善用兵者"不一定就是军事家，也可以是政治家、外交家。

拔人之城而非攻也。

**译文**：不强攻就能拔取敌人的城邑。

拔人之城，就是攻取敌人的城池。这已经开始战争了。前面说了，最好是不出兵。那么不得不出兵时，最好不要攻城，不攻城而能拿下，这就是第二等的善用兵了。

毁人之国而非久也。

**译文**：不旷日持久就能摧毁敌人的国家。

这句话实际上还是接着上面的两句。

上面的两句中，第一种不出兵而胜敌最为高明。如果做不到，那么就出兵，但是不要攻城。如果也做不到，怎么办？

前面的两种，实际上是有共同之处的，即全国为上，保全对方的城池财产。那如果无论怎样也做不到怎么办？孙子说：毁人之国而非久也。要毁灭敌人，当然是不得已。因此毁灭敌人也有一个原则：不要花费太长时间。

有的时候，为了全国为上，可能需要耐心和时间，需要把战争的周期拉长。可如果以摧毁敌人为目的，那就没有必要耗费时间了，尽早解决就好。这就像搬家，假设有一个五十斤重的古董花瓶，那就要格外小心，先包好，套上绳子，几个人抬着上车，还要固定，可能半天时间才能搬走。如果这花瓶是街边买的，搬运费比买一个还贵，那可能就选择送到垃圾桶，十分钟搞定。所以，毁人之国不应该耗费太长的时间。

战国时期，秦将白起攻打楚国的鄢城，围城攻城都耗费时间，所以白起干脆引江水灌城，把满城军民都给淹了。这就是"毁人之国而非久也"。这样的做法过于缺德，春秋时期中原国家都不会干，只有秦国这样的野蛮国家干得出来。

不过，毁人之国也有程度的不同。最高程度就是毁灭，其次是削弱。譬如晋国与楚国争霸，晋国的荀罃采取分兵策略拖垮楚国就属于这一种。

这里要注意的是，毁人之国并没有限定手段，可以出兵，也可以不出兵，可以攻城，也可以不攻城。

前面讲的管子的例子，利用商战摧毁敌国也可以，出兵灭掉三个北狄国家也可以。

必以全争于天下，故兵不顿，而利可全，此谋攻之法也。

**译文**：一定要用不受损失的方法去与诸侯争胜于天下。因此，不在战场上受到顿挫，这就是以谋略攻敌的法则。

"全"是什么意思？以全争于天下，就是上面所说的三种方式，这三种都算是"全"。谋略再高，也不可能做到事事都屈人之兵而非战也。就是管仲，他能屈人之兵而非战也，但是也有拔人之城而非攻也，同样也有毁人之国而非久也。

所以，不论是战还是不得不战，都要争取不让自己受到损失。也就是说，无论何时何地何种情况下，不要忘记使用谋略。

## 倍则分之是分谁

故用兵之法，十则围之，五则攻之。

**译文**：所以，用兵打仗的一般法则是：我若十倍于敌，就包围他们。五倍于敌，则展开进攻。

为什么"十则围之，五则攻之"？十倍于敌人，就是占据绝对优势，不怕敌人有救兵。所以可以包围敌人，从而不战而胜。这就是全国为上，全军为上。为什么五倍于敌人要进攻呢？这倒不是说五倍于敌人就不能包围。试想，所谓包围敌人，其实就是在城池外挖深沟，然后扼守住出城的要塞，这就够了。

什么情况下需要进攻？需要快速结束战事的时候。因为进攻就会有伤亡，就会破坏城池杀死敌人。所以，这是次选方案。

如果是五倍于敌，就要担心敌人的援兵了。援兵一到，我方必须分兵拦截，这个时候，五倍的兵力就有些不够了，与敌人的兵力对比就可能下降到二比一、三比二，甚至数量相当，而敌人是前后夹击的态势。

所以，五倍于敌的情况下，应当借助兵力优势尽快解决敌人。

当然，孙子说的只是原则，并非一定要按照这个比例去实施。譬如我们十倍于敌人，但敌人可能有强援，这时候就不是围之，而是立即解决问题，也就是攻之了。还有，若是我方补给困难，这时候也必须立即解决问题，而不是围之。

若是判断敌军没有援兵，那么五倍于敌也没有必要攻之，也可以围之。当初曹操讨伐吕布，兵力有吕布的十倍吗？恐怕没有。为什么围而不打呢？因为他首先把袁绍忽悠去打公孙瓒，又判断刘表和张绣不会来救吕布，同时安排刘备拦截袁术的援军。有了这些铺垫，才有了围而不攻的基础。同时，吕布所在的下邳城小坚固，不易攻，但城内粮草不多，曹操这才选择了围而不攻的打法。

所谓五倍十倍都只是一种思路，实际操作的时候就是运用之妙的问题了。

倍则分之。
**译文**：两倍于敌，就将敌人分割而后攻击。

"之"指的是谁？是我们自己，还是敌人？当然是敌人。

按照孙子的思路，最好的打法是在人数上占据绝对优势，十则围之，五则攻之，五倍于敌人才是理想状态，怎么可能两倍于敌人还要分兵呢？所以，"倍则分之"是分敌人。

孙子认为，有把握的作战要形成人数的绝对优势。如果不能在整体上形成绝对优势，那就要争取在局部有优势。如果自己的兵力只是对手的两倍，优势并不明显，这时就要分割敌人，形成局部的人数绝对优势。

举个例子：我方四万，敌方两万，我方兵力是对方的两倍，优势并不明显。可以设法分割敌军，如我军以一万人攻打一处要害，敌方不得不分兵一万把守。于是，在主战场上，我军就以三万对一万。我方再分兵五千截断敌人粮道，敌人不得不分兵五千应对。于是，主战场上就形成我军两万五千人对敌人五千人，就是五倍于敌人，满足了"五则攻之"的条件。在歼灭主战场的敌人之后，再逐个歼灭分出去的两部分敌军，就能以最小的损失歼灭敌人。

倍则分之，就是这个意思。

敌则能战之。
**译文**：若与对方势均力敌，能够与敌人抗衡。

前面讲的是进攻，从这一句开始进入了防守。现在是敌人来进攻，所以这句话说"敌则能战之"，而不是"敌则战之"。

孙子的军事思维是,但凡进攻,都要建立优势之后才开始。而防守就是在势均力敌或者敌人占据优势的情况下进行。

敌则能战之,这个时候是被人欺上头了,就不讲什么全国为上、全军为上了,即使付出代价也要取胜。势均力敌的情况下,要想办法战胜敌人。至于采取什么方式,需要随机应变,根据实际情况来确定。

少则能逃之。
**译文**:若兵力少于敌人,就坚壁固守。

这里的关键是"逃",不与敌人交锋。利用防守的条件,与敌人僵持。

不若则能避之。
**译文**:若实力弱于敌人,就避免与之决战。

对方实力远超我们的时候,赶紧逃避。

这句话和上一句有什么不同?上一句是指敌人的数量多于我,但是综合判断敌人有缺陷,因此我可以在坚守不出的同时,等待时机击败敌人。最典型的例子就是淝水之战,前秦军八十万,东晋军不到十万,如果简单按人数对照,东晋军直接自杀才是最好的选择。但是,因为有淝水天险,再加上前秦军成分复杂,士气低迷,并不是没有被击败的可能。这样,东晋军才依靠淝水与前秦军对峙。

而这一句不同,这是确定敌军强于我,我军根本没有可乘之机,战必败并且守不住。怎么办?只能逃避。三十六计,走为上策,就是指这个。譬如三国时期刘备在江夏,知道抵挡不住曹操的部队,只好赶紧逃走。

所以说来说去,有一个关键的问题:判断,判断敌军的实力。做出判断的原则绝不仅仅是人数这么简单。敌军仅仅是人数多,但是战斗力一般,这个时候还能坚壁清野,待敌人粮食耗尽。敌人人数不一定占优,但是战斗力爆表,这个时候就要逃避。譬如说波斯大军攻打希腊,希腊就能坚守。当蒙古骑兵杀来,人数不多,但是根本无法抵挡,这个时候,最好的办法就是逃进山里或者逃到水上。因为他们发挥不了骑兵的作用。

该守的时候不守,那是不对的。譬如淝水之战,如果东晋军队逃了,可能东晋就灭亡了。可是,该逃的时候不逃,譬如蒙古骑兵来到,当年的西夏硬抗,结果就是整个民族被灭。

该守还是该逃,这个判断太重要了。

故小敌之坚,大敌之擒也。

**译文**:所以,弱小的军队,若不自量力而与敌硬拼,那就必然成为强大敌人的俘虏。

这句话承接上面的两句,如果不能做出正确的判断,要以弱敌强,最终一定会被擒。如果敌人强大,我方不得不逃,怎么个逃法?逃走以后怎么办?

逃,是为了躲避即将到来的灾难,就像山上的石头滚下来,再勇敢的人也要躲开。但是,逃是有讲究的。

一种逃是主动的,譬如敌方骑兵无敌,那么你可以逃向沼泽,诱使敌人来攻,利用地形击败敌人。另一种是纯粹躲避,根本不考虑反击。当敌人撤退之后再出来夺回自己的城池土地。这种做法,适用于敌人远来,不可能长久待下去的情况。譬如当年齐国讨伐孤竹,当地百姓逃去山中,就是断定齐军远来,不会久留。等齐军撤军之后,他们再回到城池,继续过日子。谁知道管仲杀了个回马枪,孤竹只能认倒霉。

## 主帅三忌

夫将者,国之辅也,辅周则国必强,辅隙则国必弱。

**译文**:将帅是国家的辅佐者,辅佐得周密,国家就必然会强盛;辅佐得有缺陷,国家就必然会衰弱。

这两句话放在这里作为总的提纲,目的是引出后面的话。

接下来就要说一说将帅需要在哪几个方面做好,才算得上辅佐得到位。

故君之所以患于军者三。
**译文**：国君担心将帅在三个方面做得不好。

患,担心,也可以理解为被连累。
前面说到了"将",这里应该也还是在说"将",说这三种将帅的行为是国君的祸患。

不知军之不可以进而谓之进,不知军之不可以退而谓之退,是谓縻军。
**译文**：不知道军队不可以前进而强令其前进,不知道军队不可以退却而强令其退却,这是牵制军队行动的所谓"縻军"。

縻,羁绊束缚,原意是牛鼻子上的绳子。这里所说的不是国君,而是统军的将领。
我们把整章连贯起来看,更容易理解这句话的意思。
前面说了"十则攻之","不若则能避之",是在说进退的原则,什么情况下怎样做。所以,这样的两句话就是说主将不理解进退的原则,五倍于敌不攻,不若敌不避。不懂得进退,自然也就进退失据,攻不像攻,守不像守,逃不能逃,就是自己束缚了自己。
这样不懂打仗却担任主帅的实在是太多了。别说那些靠着拍皇帝马屁上位的蠢货,就是某些号称宿将、打了多年仗的,同样犯这样的错误。譬如魏国名将于禁在面对关羽的时候就心存畏惧,以至于进退失当,兵败被擒。
如何才能知道进退呢? 这就是我们在前面反复强调的:判断。
孙子给出的"十则围之"以及"不若则能避之"只是一般性原则,还要具体情况具体分析,才能做出正确的判断。
总之,一个主将,如果不懂得进退是不行的,这是国君最担心的事情。

不知三军之事而同三军之政者，则军士惑矣。

**译文**：不了解军队的事务而胡乱下命令，将士就会感到迷惑而无所适从。

归纳这句话的意思，就是：外行领导内行，不懂打仗却手握重权，瞎指挥。

上一句讲进退的判断，这一句讲军队的治理、训练和作战。外行的将帅指挥混乱，会造成部队的作战、训练水平低下，将士不知所措。

不知三军之权而同三军之任，则军士疑矣。

**译文**：不懂军队的职务分工而胡乱任命，将士就会产生疑虑。

这句话的意思是，主帅不知道自己的职责与权力在哪里，虽然身为主帅，却不知道怎么去发布命令，不知道什么时候发布命令。将士们不知道自己该做什么，因而感到疑惑。

上一句强调的是事，主帅不知道自己该做什么。这一段强调的是人，主帅不知道该怎样分配任务，什么人该负责什么，譬如粮草谁负责，执法该谁管等。

三军既惑且疑，则诸侯之难至矣。是谓乱军引胜。

**译文**：三军将士既惑且疑，他国诸侯乘机来犯的灾难就会降临。这就叫作自乱其军和自取其败。

主帅自己不知道该做什么，也不知道该分工让部下做什么，于是将士们都会疑惑，不知道自己该做什么，进而失去信心。有的人可能会擅自行动，因此没有统一的指挥，结果就是自乱阵脚，未战先乱，因此，失去了胜利的机会。

这一段所描述的经验非常明显来自邲之战的晋国军队,荀林父就是这样的一个主帅,指挥不灵各自为战,还没有开战就已经失败了。聪明的人早早做好了战败的准备,譬如士会。

这一部分是在讲主帅的重要性,主帅在这三个方面如果做得不好,那就必败无疑。这也是在讲国君任命主帅所要注意的方面。在任命主帅之前,必须要从三个方面进行考察:首先,这个主帅要善于分析总结和判断;第二,这个主帅要懂得行军打仗;第三,这个主帅要懂得用人,懂得分工。这对于吴国来说非常重要。

吴国人打仗,主帅通常由国君或者国君的兄弟出任。吴国人好战,因此无论是国君还是国君的兄弟,都不怯战,并且非常机警,懂得进退时机的掌握。但是,吴军没有大规模作战的经验,因此在后面的两点上需要别人的提醒。后来吴国攻打楚国,也是吴王阖闾挂帅,手下配备了孙子、伍子胥、伯嚭、夫概等人,阵容可谓强大,应该是做了完善分工的。

## 战胜的五要素

故知胜有五:知可以战与不可以战者胜。

**译文:**所以我们现在知道,在五种情况下可以取胜:知道自己可以出战和不可以出战的胜。

这里讲的还是判断敌我双方实力的能力。是围是攻,是分而攻之,还是守或者逃等。可以战,就要设计战斗的方式。不可以战,就要决定是守是逃。

识众寡之用者胜。

**译文:**懂得根据兵力多寡正确使用的胜。

用兵打仗,就像巧媳妇做菜一样,要根据原材料做出最好的搭配,做出最合口味的饭菜。

用兵也一样，人数多有多的用法，少有少的用法，看你怎么用。就像张预引用的吴起的兵法，人数比对方多的时候，尽量在平原作战，这样兵力能充分展开，人数的优势能够发挥。人数少的时候，尽量在狭窄地段战斗，敌人的兵力多也难以发挥优势。

还有兵力少的时候，可以引诱对方打运动战，因为人少机动，人多缓慢。有的将军擅长精兵作战，人多了反而不知道怎么用。有的将军擅长大军团作战，人数不够的话发挥不出来。当然，最好的将军是既擅长精兵作战，也擅长大军团作战

韩信曾经和刘邦有过一段对话，很说明问题。刘邦问韩信说自己的指挥水平能带多少兵，韩信说最多给你三万。刘邦又问韩信能带多少，韩信的回答是"多多益善"，由此可见韩信对于大兵团作战的掌控能力非常强。

实际上，在缺乏现代通信工具的前提下，古人要指挥大兵团作战是很困难的。我们知道，真正成功的征服者都不是依靠人数优势的。相反，历史上很多以少胜多的战争其实并不是胜利者如何善战，而是失败者的兵员数量太多，根本无法合理调动，以至于不战自乱，不战自溃。

在晋楚三场大战中，先轸是一个出色的组织者，荀林父就不是，对比非常鲜明。吴国伐楚，吴军三万，楚军数倍于吴军，但是楚军主帅囊瓦根本没有指挥能力。

所以这两句连在一起，首先要知道能战，其次要懂得合理使用自己的部队。

上下同欲者胜。

**译文**：全军上下同心同德的胜。

城濮之战，晋军上下同欲，楚军则出现分歧。邲之战反过来，楚军上下同欲，晋军内部分裂。鄢陵之战，楚军有内部矛盾，晋军虽然也有内部矛盾，但是战术意识和纪律更强，因此险胜。

以虞待不虞者胜。
**译文**：以有备之师而对疏懈之敌的胜。

虞，就是预料，放在这里是随时提高警惕的意思。

战争不是闹着玩的，必须要随时准备，所谓枕戈待旦，不能有片刻松懈。很多时候，战机就在一瞬间。

《三国演义》中，黄忠在定军山斩杀夏侯渊，就是因为夏侯渊一时松懈。

喜欢下围棋的朋友会对这一条有深刻的理解。高手对弈往往是一着不慎，满盘皆输，很多时候赢了一个晚上，最后稍一松懈，前功尽弃。

打仗更是如此，注意力非常重要。老兵最能体会到这一点，不到战斗结束绝不能放松。主帅更是如此，不仅自己要随时处于紧张状态，也要懂得怎样去部署侦察和哨卫，不放过敌人松懈的机会，也不能让敌人抓住我们的机会。所以有经验的将军在行军驻扎时，一定会占据高点，派出足够的哨兵来防范敌人的偷袭。

将能而君不御者胜。
**译文**：将帅有指挥才能而君主不加干预的胜。

孙子在这里说的就是先轸。城濮之战，晋文公就在军中，可还是要听先轸的。楚军的成得臣也很能干，楚成王也管不了他，结果楚军却败了。

什么是"将能"？赢了的就是能，输了的就是不能，能不能要战后才能说。所以，将能而君不御。那是不是将不能国君就要干预了呢？如果将不能，国君为什么要任命他为将？如果国君任命了一个蠢货为将，国君本身也一定是蠢货。

所以还是那句话：用人不疑，疑人不用。管他能不能，国君都不要干预。如果将能国君还去干预了，结果就很麻烦，就像前面说的赵王干预了廉颇抗秦，结果导致失败。将不能，国君也没什么干预的必要了。

此五者,知胜之道也。
**译文**:这五条就是预知胜利的方法途径。

如果回头去看一看城濮之战,就会发现这五条就是孙子根据城濮之战总结出来的。

## 什么是百战不殆

故曰:知彼知己者,百战不殆。
**译文**:既了解敌人,又了解自己,就不会做出错误的决策。

这句话非常有名,但长期以来人们对"殆"和"不殆"的理解都是错误的。

殆,危险的意思。放在这里,更确切的说法是"没把握"。"百战不殆"不是百战百胜。我们后来也说"知己知彼,百战百胜",这就是错误理解造成的。

我们举一个简单的例子。李小龙武功高强,动作迅速。据说没有人能比他动作更快。如果李小龙与和他身体条件相当的人比试,基本上没有人可以战胜他。但是,如果让他和拳王阿里比赛,李小龙自己都说"那我会被打死",原因很简单,阿里的体重是李小龙的两倍。

那李小龙遇上了阿里,怎么办?逃。以他的身手,是有把握逃掉的,这就对了。

回到原句,所谓的"战"分很多种,围而不战、野战、攻城、防守、偷袭,都是"战"的方式。

知己知彼,并不是说就一定能取胜,实力悬殊时,就像李小龙和拳王阿里,最好的选择就是走为上。

为什么要知己知彼呢?就是要进行对比,即第一篇说的"经之以五事",通过对比,判断是否可战。可以战,怎么战;不可以战,是守是逃还是投降。

做了正确的判断,才能做出正确的决策。有了正确的决策,才能掌握自己的命运。这就是百战不殆的意思。

三国时期的贾诩对这句话的理解非常出色。贾诩随着董卓进入洛邑,之后董卓被杀,董卓的部将们准备分散逃回甘肃。贾诩劝阻他们说:"咱们要这么跑的话,随便一个将领就能把咱们抓了。现在的形势,不如劫持皇上以令天下。"大家听了他的,果然成功。

后来贾诩改投张绣,判断自己的家人不会有危险,又正确了。再后来,贾诩劝张绣投降曹操。结果因为曹操抢了张绣的叔母,张绣袭击曹操,杀死了曹操的大儿子曹昂和猛将典韦。

官渡之战前,贾诩再次劝张绣投降曹操。请注意,这个时候投降曹操看上去有两大危险,第一是曹操可能为儿子报仇,第二是曹操当时实力不如袁绍,如果袁绍取胜,张绣就算站错了队。可事实证明贾诩又对了。

贾诩给张绣做了分析——"从操其便有三:夫曹公奉天子明诏,征伐天下,其宜从一也;绍强盛,我以少从之,必不以我为重,操虽弱,得我必喜,其宜从二也;曹公王霸之志,必释私怨,以明德于四海,其宜从三也。愿将军无疑焉。"可见,投降也是技术活。能够安全有尊严地投降,是讲究时间和方式的,也是基于准确判断的。

百战不殆,并不是百战百胜,而是能够掌握节奏,确保成功。包围敌人,就能不战而胜;攻击敌人,就能以最小的损失全歼敌人;防守,就能固若金汤;逃跑,就能全军而退;投降,就能有尊严并且站对队。

不知彼而知己,一胜一负。

**译文**:不了解敌人,而只了解自己,那就有时胜有时负,全靠运气。

《孙子兵法》中有一些数字,但这些数字往往不是确切的。譬如"十则围之",那八九呢?不要把这些数字看得太认真。

这里也是这样。不知彼而知己,就必须一胜一负吗?肯定不是啊。所以这里的意思是指掌控战斗节奏的能力有所下降,胜负都不确定。

什么情况下会"不知彼而知己"呢?一种是根本没有知己知彼的意

识,另一种是对方骤然来到,我方根本没有可能侦察到对手的虚实。

知道自己的优劣长短,就可以进行相应的防守,以静制动。这就像是与敌人在黑暗中相遇,你看不到敌人,不能贸然进攻。这个时候你要做的,就是根据自己的情况,做出防守的动作。

所以,在不知彼而知己的时候,做好防守是首选。

*不知彼,不知己,每战必殆。*

**译文**:既不了解敌人,又不了解自己,每战都没有把握。

知道了百战不殆不是百战百胜,这里自然也就知道每战必殆不等于每战必败。

打个比方,不知彼,不知己,就是瞎猫去找死耗子,纯粹靠撞大运,走到哪里算哪里。

这一类人不仅攻守都没有把握,甚至就连投降都可能送命。

知己知彼就是判断攻防以及对战争进程的掌握。胜负是由很多因素决定的,没有什么能够一定保证胜利,但我们可以做到的就是让胜利的概率最大化。

这是这一篇的最后一段,孙子强调:失败和获胜的各种因素都交代了,那就应该按照这些因素去了解自己和敌人,要懂得应用,不要白学了。

《谋攻篇》到这里就结束了。这一篇从战争准备进入战争状态,讲到要以最小的损失获得最大的收益,要把破坏控制在最小的程度。所以前三篇依次讲的是:要获得胜利、要迅速获得胜利、要以最小的代价和最大的收益获得胜利。

在这一篇里孙子提出了三个观点:不战而屈人之兵、上兵伐谋、知己知彼,百战不殆。

接下来,孙子进入了更具体的讲解。

## 军形篇第四

昔之善战者,先为不可胜,以待敌之可胜。不可胜在己,可胜在敌。故善战者,能为不可胜,不能使敌之必可胜。

故曰:胜可知,而不可为。不可胜者,守也;可胜者,攻也。守则不足,攻则有余。善守者,藏于九地之下;善攻者,动于九天之上,故能自保而全胜也。

见胜不过众人之所知,非善之善者也;战胜而天下曰善,非善之善者也。故举秋毫不为多力,见日月不为明目,闻雷霆不为聪耳。

古之所谓善战者,胜于易胜者也。故善战者之胜也,无智名,无勇功,故其战胜不忒。不忒者,其所措胜,胜已败者也。故善战者,立于不败之地,而不失敌之败也。是故胜兵先胜而后求战,败兵先战而后求胜。善用兵者,修道而保法,故能为胜败之政。

兵法:一曰度,二曰量,三曰数,四曰称,五曰胜。地生度,度生量,量生数,数生称,称生胜。故胜兵若以镒称铢,败兵若以铢称镒。胜者之战民也,若决积水于千仞之溪者,形也。

什么是"军形"?按照张预的说法,就是攻守之形。而什么是"攻守之形",在后面的解说中就能理解。

前一篇的结尾讲的是知己知彼,这一篇开头讲知己知彼之后应该怎样做。

## 先为不可胜

**孙子曰**:昔之善战者,先为不可胜,以待敌之可胜。

**译文**:从前善于用兵的人,首先让自己不可战胜,然后去等待战胜敌人的机会。

上一章我们讲到,不知彼而知己,怎么办?防守。防守的目的就是不可胜,保证自己不被敌人击败。所以,知己、防守、不可胜是联系在一起的。

知道自己的短处、要害,在防守的时候就要补强自己的弱点,使敌人无机可乘。知道敌人的短处,就能发动攻击。

待敌之可胜,就是等待敌人暴露他的命门或要害,这个时候,敌人就是可以战胜的了。

所以怎样做到以上两点?知己知彼。换言之,知己知彼的前提下,才有可能做到以上两点。但知己知彼之外,还要有足够精准的分析判断和决策能力。就像打桥牌,有的时候几乎就是明牌,可是谁能赢呢?如果遇上高手,就算是明牌也打不过。

这里还有一个次序问题:"先为不可胜,以待敌之可胜。"换言之,知己知彼,要先知己,然后知彼。如果不知己,一切都没用。实际上也是这样,如果一个主帅对自己军中的情况都不了解,还打什么仗?

不可胜在己,可胜在敌。

**译文**:不可被战胜是基于自身的部署,战胜敌人的机会则在于敌人自己的疏忽或者错误。

只要自身的部署得当,就能保证自己不会被击败。同样的道理,如果对方也没有疏漏,他们也是能够保证不败的。所以,要击败对手,需要的是对手自乱阵脚。其实这一点用象棋来比喻比较恰当,不论是中国象棋还是国际象棋,对于高手来说,只要不出错误,就能坚守不败。而要取胜,就要等对方出现错误。所以,高手对决往往以和棋结束。高手对弈时往往故意露出破绽引诱对方来攻,趁机抓住疏漏。

故善战者,能为不可胜。

**译文**:因此善于作战的将帅,能够做到不被战胜。

善战的人之所以能够保证不被敌人战胜,是因为做好了防守,补足了短板。这一句和上一句其实是一个意思,在这里有强调和解释的意味。

不能使敌之必可胜。
**译文**:却不能做到一定战胜敌人。

为什么不能保证战胜敌人呢?因为敌人的主动权是掌握在他们手中的,如果敌人也很善战,也弥补了他们的短板,遮盖了他们的命门,那么我们同样无处发力。所以,不能保证战胜敌人。

这一句也是在强调和解释。

故曰:胜可知,而不可为。
**译文**:所以说,如何才能取胜是可以学习掌握的,但是不等于就一定能够取胜。

这两句话仍然是强调前述观点:做好防守,就能保证不败。但是要战胜对手,还需要对手自己的疏漏,不是我们单方面就可以确保战胜对手的。

为什么孙子要反复说同样的话呢?这应该是针对吴王来说的。因为吴国人那时候比较野蛮,性格比较暴躁。所以,孙子在这里就是要告诉吴王,战争常常就是耐心的比拼,必须要有足够的耐心等待敌人出错。

关于耐心,有一个非常生动的例子。《三国演义》中张飞智擒严颜时,张飞假装自己失去了耐心,骗过了严颜。谁也没有想到,看上去性格火暴的张飞竟然是一个有耐心的人。

城濮之战,同样也是耐心的比拼。

不可胜者,守也。
**译文**:当我们不能战胜敌人的时候,就要做好防守。

首先知己知彼,然后做出判断,当我们无法战胜对手时,就要做好防守,保证自己不败,等待机会来到。

可胜者,攻也。
**译文**:当可以战胜敌人的时候,就要展开进攻了。

防守可以立于不败,但是不可能永远防守。防守的同时,也要注意观察敌人的动向,发现敌人的疏漏,一旦有机会,就要果断发起攻击。另一方面,防守中的反击能够有效牵制敌人的力量,减轻防守的压力。

这一点,我们可以用足球比赛来说明。

当你的球队遇上了强队的时候,当然需要加强防守,但不代表要完全放弃进攻。很长一段时间里,中国足球队遇上强队就全力防守,前锋也都撤回到本方禁区前沿,其结果就是对方可以把所有的力量投入到进攻中来,己方最终根本守不住。

正确的做法是无论对方的进攻再怎样强大,我们都一定要让自己的前锋留在中场线。这不仅让我们有防守反击和取胜的机会,同时也牵制了对方的进攻力量,减少我们的防守压力。

守则不足,攻则有余。
**译文**:防守,是为了避开我们的不足之处。进攻,则是发挥我们比对方强大的方面。

对这句话的解读是一个难点,按照十一家注的解说,这就是一句废话。

知己知彼之后,当然就知道敌我双方的对比了。实力不如对方,就要防守。防守的好处就在于可以设法规避自己的短处,譬如我们人数少,那就选择险隘或者小城进行防守,让敌人的人数优势不能发挥。譬如敌人骑兵厉害,我们就选择崎岖不平的山地。

在防守的基础上,要发现我方在某些方面的优势,利用这些优势展开进攻，这就是"攻则有余"。譬如我们的士兵更擅长骑马，那么就能对敌人展开机动骚扰；我方士兵更熟悉地形，那么就可以夜袭敌人营地。如果敌人分兵，我们就可以暗中集结兵力，各个击破。

善守者，藏于九地之下；善攻者，动于九天之上，故能自保而全胜也。
**译文**：善于防守的人，犹如藏身地下，敌人无法察觉；善于进攻的人，犹如飞翔于九霄云外，洞察敌人的弱点。做到这两点，就能保护自己而且取得胜利。

所谓"九天""九地"都是比喻。九天，就像老鹰在天上翱翔，它能洞察全局，能在最有利的时机和地点发动攻击。九地，就像老鼠藏在地下，根本就找不到它，无法发现它的短处。

具体到战争来说，善守者藏于九地之下就是让敌人看不出虚实和防守上的漏洞，无从下手。进一步，有的时候可以故意露个破绽，实际上是布置陷阱。譬如《三国演义》中曹操征张绣，张绣的谋士贾诩就来了这一招，诱使曹操上当。

善攻者也不能完全像老鹰一样，因为老鹰固然能够洞察全局，却也完全暴露在敌人的面前。善攻者也要懂得隐蔽自己，同时洞察敌人的漏洞，果断出击。

所以，要善于隐蔽自己，还要善于观察敌人。唯有这样才能做到自己没有危险还能不失取胜的机会。也就是孙子说的"故能自保而全胜也"。

## 善战者无功

见胜不过众人之所知，非善之善者也。
**译文**：对如何取胜的认识不超过常人，就算不上出类拔萃。

对战事的预判与众人一样，这样的人自然也就是个普通人而已。这就像街边下象棋的，好多人上去支招，结果你支的招人人都想得到，你就肯定不是高手。真正的高手招数深藏奥妙，一般人根本想不到。

结合前后文，我们判断孙子在这里所说的"见胜"是指军事理论或者方法。事实上，《孙子兵法》在很多情况下要结合前后文来解读。

战胜而天下曰善，非善之善者也。

**译文**：战胜敌人并博得天下人的称赞，也不能算是真正的高手。

能够让大家都想得到的，就不是最高明的了。

举个例子，如果一个人与敌人交手，打得七零八落，尸横遍野，看上去似乎是大胜，但这并不是真正的高手。真正的高手在敌人出手的时候就已经制服了他，而更高明的高手则是让敌人根本没有机会出手。所以，大家根本就看不出高手的高明。

战争也是，通过战斗获得胜利，就算是大胜，也算不上多么高明。真正的兵法家，在悄无声息中就已经占据了优势，让人根本没有在战场上决战的机会。

故举秋毫不为多力，见日月不为明目，闻雷霆不为聪耳。

**译文**：这就好比能举秋毫算不上力大，能见日月算不上眼明，能听到雷霆的声音算不上耳聪一样。

这段话容易理解，通过比喻的方式，说明在战场上战胜敌人不足为奇。真正伟大的军事家，必须同时是政治家，他通过治理国家，通过外交手段，就能够确立国家的威信，让其他国家不敢挑衅，从而避免战争，不战而胜。譬如管仲就是这样的政治家和军事家。相反，那些在战场上通过战斗去取得胜利的，他们并不属于真正的"善之善者"，却因为能被人们看见的战功而受到称赞，号称名将。一个国家的名将越多，说明这个国家的战争越多，这未必是好事。

古之所谓善战者，胜于易胜者也。

**译文**：古时善于用兵的人，都是在已经胜定了的情况下取得胜利的。

什么是"易胜者"？人们很容易理解成易于被战胜的人。但放在古代，这是指易于取胜的阶段。

就像打老虎，在老虎还是幼崽的时候，就是易胜者。等到老虎长大了，就是难胜者了。

孙子在这里说的，就是要早做判断，早做准备。如果不能早动手，就要采取抑制对方的措施，就像早早给烈性犬套上项圈。

举个例子，如果周边三个国家将要联军来战，这个时候怎么办？最好的办法就是先发制人，各个击破，以避免他们合兵一处。

故善战者之胜也，无智名，无勇功。

**译文**：所以善战者取得胜利之后，并没有人说他聪明，也没有人说他勇敢。

所谓"智名"和"勇功"，怎样体现出来？通过战胜强敌。如果我们根本没有与敌人交战，或者说我们战胜的不是强敌，我们就没有智名和勇功了。不与敌人交战却能够战胜敌人，怎样做到呢？简单，就是让自己变得强大。与其与敌人在战场上拼命，不如努力让自己强大到别人根本没有资格做自己的敌人。

春秋时期的前两任霸主就是如此。齐国在管仲的治理之下国富民强，震慑了中原诸侯，就连楚国也畏惧了。我们说到管仲，谁会说他是个军事家呢？

晋国在城濮之战中战胜楚国之后，晋文公把头功给了狐偃，很多人不服，说"城濮之战，先轸之谋"。先轸当然是个军事家，但狐偃才是晋国称霸的总设计师，狐偃为晋文公提出的三条建议让晋国强大，晋国才有了战胜楚国的基础。但是，谁会说狐偃是个军事家呢？好在晋文公非常聪明。

反过来说，在敌人不够强大的时候，就不要让他们强大起来。所以，第二种方法就是战胜不强大的敌人,或者说,在敌人强大之前就扼杀他们。

这些都需要判断力和远见。

《三国演义》中有这样一段。益州刺史王濬上疏给皇帝司马炎请求伐吴:"孙皓荒淫凶逆,宜速征伐。若一旦皓死,更立贤主,则强敌也。"说吴国皇帝孙皓昏庸淫荡,应该趁这个机会讨伐他。否则万一孙皓死了,新皇帝英明,那时候就难打了。

现在人们只知道杜预灭了吴国,是一代名将。可是实际上,王濬不是更高明吗?

## 立于不败之地

故其战胜不忒。不忒者,其所措胜,胜已败者也。

**译文**:因此他们战争的胜利毫无疑问。什么叫毫无疑问?就是他们战前的措施决定了他们必胜,所以战争还没有开始敌人就已经注定失败了。

忒,差错。能够稳稳当当、毫无差错地获胜,就是由战前的措施决定的,所以战争还没有开始敌人就已经注定失败了。

这就像下棋,每一步都下在要点上,都是对手不得不应的地方,始终保持先手。这就掌握了节奏,让敌人被我们牵着走。城濮之战中,晋国军队就做到了这一点,始终手握主动权。

但是有一个问题:掌握节奏保持主动的,通常都是进攻方。对于防守方来说,是很难做到的。所以这句话更适合进攻方。能够保证不败的进攻,一定是趁敌人虚弱时发起的。

这意味着选择正确的时机无比重要。

故善战者,立于不败之地,而不失敌之败也。

**译文**:所以,善于用兵的人,立于不败之地,而不放过击败敌人的机会。

这一句话,其实就是"先为不可胜,而不失敌之可胜也"的翻版,就是先做好各个方面的准备,保证自己不被击败,然后等待战胜敌人的机会。

是故胜兵先胜而后求战,败兵先战而后求胜。

**译文**:所以,高明的军队是确保必胜的才去交战,愚蠢的军队则是先贸然交战,然后再去争取胜利。善于用兵的人,首先要让百姓拥戴,军令严明,才具备把握胜利的能力。

这段话很有启发性。判断善用兵与不善用兵的标准在于:前者先胜而后求战,后者先战而后求胜。

这句话可以用在两个阶段,第一个阶段是战前,告诉我们要预先做好准备;第二个阶段是战后,用来辨别主帅到底是不是善战。我们来说说战后。

取胜通常有两种方式:一是战前备战得当,始终掌握节奏,获得胜利;一是战前没有准备,全凭临场发挥和运气。二者的区别在于前者看上去很平淡,主帅好像没什么作为,士兵也不用拼命,而后者往往是险中求胜,很能体现主帅的应变能力,需要战士们浴血奋战,这一过程中涌现出大量的战斗英雄。怎么评判这两位主帅?

明智的君主一定会重用前者,因为他能从现象看透本质。李世民就是如此,他重用的是李靖这样的将军。但中国历史上更多的君主喜欢看上去很卖命的家伙,国家最终就葬送在这些人手中。

评判一个将领的能力,不能仅仅看他是否取得了胜利,还要看他是怎么取得胜利的;不要仅仅看他是不是拼命,更要看他在拼命之前是不是做好了准备。那种靠灵机一动、运气、牺牲士兵的生命换取的胜利往往是靠不住的,这样的将军不能重用。

自以为势力强大的时候,往往会忽略这类问题。譬如苻坚攻打东晋、曹操攻打孙权等,因为本身人多势众,以为可以手到擒来,就没有去做先胜而后战的准备。事实上,率数十万大军出动的,大多是没有做先胜而后战的准备的。如果做了准备的话,绝对不会出动这样大量的军队,毕竟粮草补给和指挥通信都是大问题,在古代根本不具备很好解决这些问题的能力。

先胜然后求战可以分为两个层次。第一是国家战略层,首先发展自己的国力,凝聚自己的民心军心,敌人自然臣服。第二是战争策略层,首先集中自己的兵力,保障自己的补给,结交自己的联盟,然后在优势兵力下展开攻击。

## 修道而保法

善用兵者,修道而保法,故能为胜败之政。

**译文**:善于用兵的人,首先要让百姓拥戴,军令严明,才具备把握胜利的能力。

这一段是前面四篇的总结。

修道,《孙子兵法》开篇的"校之以五事"中的第一个:道。

道,是富民爱民教民,国家有经济基础,百姓愿意为国家而战。换言之,就是国家要有一个好的常态,随时做好战争的准备。法,不是法度法制法令,而是方法或者程序的意思。

修道,是国家的常态,有了好的常态,就可以随时进入战争。所以,修道是基础。保法,就是一旦决定进入战争,就要按照下面的步骤去做,之后,就可以稳稳地掌握节奏,掌握主动,就能先胜而后求战。

我们来看看孙子提出来的"法"是什么。

兵法:一曰度,二曰量,三曰数,四曰称,五曰胜。地生度,度生量,量生数,数生称,称生胜。

**译文**:兵法,第一叫作度,对大的形势、双方的军力进行大致的推测;第二叫作量,根据进一步的情报和观察,得到确切的数字;第三叫作数,对于确切的数字进行分析,确定双方的力量配置和可能的策略;第四叫作称,对双方的优劣进行对比,对战事的进展进行推演;第五叫作胜,就是确定本方采取怎样的策略去战胜对手。所以,由国力来进行度,由度获取量,由量确定数,由数推演称,由称得到胜。

我们首先要弄明白"度""量""数""称""胜"的概念,然后才能弄清楚它们之间的因果关系。

度,是推测、估算的意思。地生度,就是在战争之前,根据我国和敌国的土地情况来推测双方的大致国力对比。土地的情况不仅是面积的大小,还有土地的类型、农业生产的技术水平、税赋水平等,根据这些,做出大致的判断。度生量,就是在推测的基础上进行针对性的考察和侦察,在量上进行核实修正。量生数,就是在量的基础上数字化,进行精确地计算。数生称,称是比较的意思。在数的基础上来进行双方的对比。

进行了精确的对比之后,胜负就了然于胸了,这就是"称生胜"。

所以,"度""量""数""称""胜"是战争开始之前的五个预判准备的步骤,不是五个方面。

故胜兵若以镒称铢,败兵若以铢称镒。

**译文**:所以,未战先胜的军队和未战先败的军队,他们之间的战争就像镒和铢相比较,一定是一边倒的。

二十两为镒,二十四铢为两。两者的差距是480倍。

什么是"胜兵"? 就是"修道而保法"的一方,还没有开战就已经胜了。什么是"败兵"? 就是做不到"修道而保法"的一方,还没有开战就已经败了。

称,我们可以理解为天平,两边的砝码质量差距巨大,必然是一边倒的结果。当然,那个时候还没有天平。孙子的意思是,经过度量数称之后,就能够准确了解双方的差距,稳稳地掌握先机,其取胜的概率就是百分之百的。

但我们不要把这句话理解成要取得胜利就需要双方的差距如此之大,不是这样的。这就像下围棋,一个绝顶高手与一个一流高手的差距只有两目棋,差距并不大。但问题在于每一盘他都能赢两目,对手也就永远没有机会获胜。

经过"度""量""数""称"之后,在每个方面都超过别人一成,这就够了。

**胜者之战民也,若决积水于千仞之溪者,形也。**

**译文**:所以"修道而保法"未战先胜的军队,就像千仞之上的积水向下倾泻,势不可挡,这就是形。

这里孙子用了一个有趣的词:战民,其实就是战士。胜者之战民,就是胜兵。孙子为什么要用这个词呢?可能是因为吴国的社会形态与其他国家不同。我们知道,春秋时期中原国家的百姓是按照士农工商区分的,战争中的战斗人员主要由士组成,所以称为战士。可是吴国属于荒蛮国家,应该没有这类区分,参战的都是百姓,统称为民。因此,孙子在这里称之为"战民"。

为什么用"决积水"这样的比喻呢?积水,不是流水,是故意堵塞之后造成的大量的积水。积水的过程,就是修道而保法的过程。

至于从千仞之上流下来,与其说是形,不如说是势,势如破竹的势。之所以在这里用形不用势,是因为孙子还没有介绍势的概念。下一篇孙子就要介绍了,所以这句话也是在为下面的一篇做铺垫。

《军形篇》到这里就结束了。这一篇的要点就是第一句"先为不可胜,以待敌之可胜",随后展开讲述如何做到这一点。具体地说,就是强调防守和耐心。

孙子提出了一个观点:"先为不可胜,以待敌之可胜;立于不败之地,而不失敌之败也。"又提出了一个方法:"地生度,度生量,量生数,数生称,称生胜。"

## 兵势篇第五

凡治众如治寡,分数是也;斗众如斗寡,形名是也;三军之众,可使必受敌而无败者,奇正是也;兵之所加,如以碫投卵者,虚实是也。

凡战者,以正合,以奇胜。故善出奇者,无穷如天地,不竭如江海。

终而复始,日月是也。死而更生,四时是也。声不过五,五声之变,不可胜听也;色不过五,五色之变,不可胜观也;味不过五,五味之变,不可胜尝也;战势不过奇正,奇正之变,不可胜穷也。奇正相生,如循环之无端,孰能穷之哉!

激水之疾,至于漂石者,势也;鸷鸟之疾,至于毁折者,节也。故善战者,其势险,其节短。势如扩弩,节如发机。

纷纷纭纭,斗乱而不可乱;浑浑沌沌,形圆而不可败也。乱生于治,怯生于勇,弱生于强。治乱,数也;勇怯,势也;强弱,形也。

故善动敌者,形之,敌必从之;予之,敌必取之。以利动之,以卒待之。

故善战者,求之于势,不责于人故能择人而任势。任势者,其战人也,如转木石。木石之性,安则静,危则动,方则止,圆则行。故善战人之势,如转圆石于千仞之山者,势也。

这一篇,孙子开始重点介绍"势"。

与古人相反,我们要理解这个字是非常简单的。为什么呢?因为我们学物理,就有动能和势能。我们懂得了势能的概念,就理解了什么是"势"。

孙子确实是一个非常聪明的人,他当时给"势"的定义就是现在势能的定义。势,就是静态的能量。蓄势,就是积蓄、储存能量的过程。

势能转化为动能的过程,就是能量的释放过程。能量的积蓄是长时间的,在短时间内释放,所以造成的冲击力就非常大。我们再来说说围棋,围棋讲究的是实地和外势。势虽然不是地盘,但是可以转化为地盘。这就好像势能虽然不是动能,但可以转化为动能。越是高手,越懂得怎样利用势。在某种程度上可以说,高手之间的较量,就是看谁更能高效地利用势。

## 奇正与虚实

　　凡治众如治寡,分数是也。
　　**译文**:治理大军就如同治理小部队一样简单,那是由于有严密的组织编制。

　　分数,在今天来说,就是编制。分,划分的意思;数,数量。人数虽然多,但是首先划分成几个部分,确定每个部分的人数。之后,每个部分再向下继续划分,每一级指挥下一级。这样,虽然有百万之师,但只需要指挥直接的下属就行了。有了合理的编制,才有可能实现对大部队的指挥。
　　不同时期的编制是不同的,所以分数的区别不仅仅在于编制本身,更在于如何发挥这些编制的长处,实现不同部分的协同作战。譬如城濮之战中,先轸就非常好地发挥了三军各自的长处,这就是指挥上的高明。

　　斗众如斗寡,形名是也。
　　**译文**:指挥大军作战就如同指挥小部队作战一样容易,那是由于有有效的法令指挥。

　　形名,就是号令。古代没有无线电设备,指挥依靠锣鼓和旗帜。
　　锣鼓的作用不同,敲锣叫作鸣金。擂鼓就是前进,但不同的鼓点代表不同的前进命令,有的是快速冲锋,有的是保持队形的整体推进等。
　　旌旗也是传达命令的,春秋时期的军旗有很多讲究。值得一提的是中军的帅字旗,帅字旗到哪里,意味着主帅到了哪里。古代作战,旗手的作用非常重要,一旦帅字旗倒了,也就意味着主帅阵亡或者逃走了。春秋时期有很多旗手就算受伤也要保住帅旗不倒的例子。

　　三军之众,可使必受敌而无败者,奇正是也。
　　**译文**:统率三军可使其迎击敌军而不致败北,那是由于奇正之法运用得巧妙。

奇正,是《孙子兵法》中最重要的概念之一,后来的《李卫公问对》也花了很大的篇幅讲奇正。

所谓"奇正",可以理解为意料之中就是正,出乎意料就是奇。用现在的话说,按常理出牌就是正,不按常理出牌就是奇。

兵之所加,如以碫投卵者,虚实是也。
**译文**:兵力所加,就如同以石击卵那样必胜,是由于善于以实击虚。

我们常说以卵击石,这里说的则是以石击卵。怎样做到以石击卵呢?

讲一件我自己经历的事。有一次我在路上见到一个足球,一脚踢过去,险些把自己的脚踢断。因为那是实心球,是有人拿来练力量的。

所谓虚实就像一个球,你不知道它是实心的还是空心的。踢它的时候如果判断错误,结果就是要么断脚,要么闪腰。如果我们用一个实心球去碰对方的虚心球,那一定能把他们的球砸烂。

所以要做到以石击卵,就要虚虚实实,以自己的实去碰对方的虚,让对方误以为我们的虚是实,不敢轻易来碰。

这一段的意思是:

分数用于治理,形名用于指挥。这两项是基础,做不好的话后面就不用做了,这两项体现的是管理水平。

所谓正,就是按照一般规则、可以预期的行为;所谓奇,是不同于常规的、难以预料的行为。虚实就像一个球,从外表看不出它是实心还是空心的,所以无法确定是不是该去碰它。这两项体现的是指挥的水平。

有了分数和形名,再加上奇正和虚实的运用,就能立于不败之地了。

## 奇正之变

凡战者,以正合,以奇胜。

**译文**：大凡作战,总是以正兵当敌,以奇兵取胜。

以正合,就是以正兵与对方正面交手。以奇胜,就是靠奇兵来取胜。

春秋时期,所谓合战,就是正面交战。在孙子之前,各国之间其实都是合战,也就是正兵。奇兵被认为是没有君子风度、不道德的,是不符合贵族交战规则的。

从历史记载来看,最早的奇兵当是城濮之战中晋军使用的。城濮之战后,采用奇兵作战的案例似乎也并不多,稍早的晋国名将中行吴喜欢用偷袭,不过主要用在与北狄的作战中。

孙子提出这一点,实际上就是对此前战争规则的抛弃,在道德上会令人指摘,但是从战争的趋势来说,则是必然的。从兵不厌诈、奇正、虚实等概念来说,孙子把战争导向了更加复杂和残酷的一面。有了这些,领导者的注意力就不能止于正面战场的合战,必须要花费更多心思提防对方。这是复杂的部分。

从前的作战,双方对向冲锋,交战一合之后,再回头来进行同样的交战,这被称为回合。战败的一方可以不再回头,直接逃走。因此,逃跑也是很容易的。奇兵的出现改变了这些,奇兵必然不按规定出牌,各种出其不意的招数必然导致混战,混战的伤亡就会大量增加。譬如前后夹击式或者包围的奇兵导致对方无路可逃,只能死拼。至于夜袭,更不用说,一定是一场混战。这就是残酷的部分。

故善出奇者,无穷如天地,不竭如江海。终而复始,日月是也。死而更生,四时是也。

**译文**：所以,善于出奇制胜的人,其战术变化,就像天地那样无穷无尽,像江海一样长流不竭。周而复始,是日月;循环往复,是四季。

孙子打了个比方,说明所谓出奇并不是简单的几招,而是变化无穷。奇正变化无穷无尽,天地江海是空间,日月四时是时间。也就是说,这种奇正变化不受时间和空间的限制,只有想不到,没有做不到。

声不过五,五声之变,不可胜听也;色不过五,五色之变,不可胜观也;味不过五,五味之变,不可胜尝也。

**译文**：音律不过宫、商、角、徵、羽五种,但是五声的组合变化无穷无尽;颜色不过青、黄、红、白、黑五种基色,但是五色的组合变化无穷无尽;味不过酸、甜、苦、辣、咸五种,但是五味的组合变化无穷无尽。

中国古代认为音乐以五音为主,就是宫、商、角、徵、羽。我们说一个人唱歌不好,就说此人五音不全。中国古代说基本的颜色是青、黄、赤、白、黑。至于味道,就是酸、辛、咸、甘、苦,现在的说法叫酸甜苦辣咸,其实是一个意思。

孙子说这些其实都是比喻,主要原色就这么几种,人人都知道,水平的高低体现在你的搭配上。声音搭配得好,就是好的音乐和歌曲。有的人懂得声音搭配的原理,就成为声乐大师,有的人懂得色彩的搭配,就能成为画家。

战势不过奇正,奇正之变,不可胜穷也。奇正相生,如循环之无端,孰能穷之哉！

**译文**：战争的形式不过奇正两种,但是奇正的组合变化无穷无尽。奇正互相转化,如同日月四季一样循环往复无始无终,谁又能穷尽他们的变化呢？

有人会说,不管是五味还是五色,都有五个,可是奇正只有两个,恐怕变不出什么花样来。

我们学过计算机的计算原理,学过二进制,就知道计算机的计算基础其实就是 0 和 1,就两个数,计算机的变化不是无穷的吗？

先说奇正之变,后说奇正相生,听起来有点《道德经》的意思了。奇正之变,是说奇与正之间的相互转换。正兵可以变化为奇兵,奇兵可以变化为正兵。

奇正相生,则是奇中有正,正中有奇。譬如城濮之战中,晋军下军对楚军右军，这本来是正兵，但晋军在战马上披了虎皮，就成了正兵中的奇兵。

孙子有一点并没有指出来，那就是要玩奇兵首先要玩好正兵。有的人连正兵都玩不好就玩奇兵，结果只能把自己玩死。如果军队平时训练不好，临阵指挥不灵，就算主帅会出奇兵，也是白搭。所谓以实击虚，如果军队就是一团棉花，再怎么实也不过是个棉花球。

## 势的三要素

激水之疾，至于漂石者，势也。

**译文**：高处流下的快速的流水可以让石头漂在水面上，是因为水的势能转化为动能。

激水、漂石本身跟势没有关系，只跟力以及动能有关系。孙子的意思是，从高处下来的水的势能转化为动能，再将石头漂起来，所以归结到势上。也就是说，巨大的势能转化为动能之后，威力是非常大的。

鸷鸟之疾，至于毁折者，节也。故善战者，其势险，其节短。势如扩弩，节如发机。

**译文**：凶猛的鸟扑食时的速度，能够使捕猎的对象骨头断裂，是因为力量的瞬间爆发。因此，善战的人，要积蓄势能，然后在短时间内迸发出来。势能就像拉开的弩，节就像扳机，扣动扳机，力量就得到瞬间的释放。

在十一家注对这段话的理解中，张预引李靖的说法接近正确，作为一个军事家，李靖的实战能力和大局观是实实在在的。

鸷鸟，就是凶猛的鸟。李靖说，凶猛的鸟将要发动攻击的时候，会飞得很低，将翅膀收起来。为什么飞得低？因为翅膀收起来了。为什么翅膀要收起来？因为要加速，力量要集中起来。节，节制，聚拢。在这里，就是收起翅膀，收缩身体，让力量集中，这样冲击力就会集中在某一点上,直接将目标撞断。

孙子要表达的是:第一,要积蓄势能;第二,势能要尽量集中起来转化为动能,直击敌人的要害,这样就能一击致命。

比如鹰捕食猎物。鹰挥动翅膀飞上天,飞得越高,势能越强大。当它发现一只兔子时,就开始下降。到了合适的高度,就要收拢翅膀,高速撞击兔子,兔子的骨头当即被撞断,成为鹰的盘中餐。

搏击也是一样,拳头的力量比手掌更集中。

其势险,譬如说两座山的高度一样,但是一座坡度平缓,一座陡峭,那么陡峭的就是"势险",因为它让势能转化为动能的速度更快。

"其节短"呢?譬如一座山更宽,另一座更窄。更窄的能量释放更加集中,冲击力也更强。

所以这句话说的就是:力量要集中,要快速释放。

孙子做了一个比方。势就像括弩,就像弩的弓和弦,把全部的力量都积蓄在上面,就构成了最大的势能。而节就像发机,也就是扳机。轻扣扳机时,势能就瞬间转化为动能,集中在细长的箭上发射出去。弩,体现了孙子对势的解说的三大因素:积蓄势能、瞬间释放、力量集中在一点。

来看看战争上怎样应用。

首先,战前要懂得最大程度地积蓄势能,把战争准备的各个方面做到最好。战争开始,要发现敌人的软肋或要害,集中精锐,抓住时机,以迅雷不及掩耳之势发起攻击,击溃敌人的核心。战争结束。

我们再把势与奇正结合起来。奇兵对势的要求更高,因为奇兵就起到了箭头的作用,需要的就是迅捷有力并且准确地攻击,而正兵主要是在正面应对,需要的是稳固。

从这个角度说,如果手下是大部队的话,那么一定要学习李世民,建立一支精锐部队来充当奇兵,加强装备、待遇、训练等各个方面。

## 治乱勇怯强弱

纷纷纭纭,斗乱而不可乱;浑浑沌沌,形圆而不可败也。

**译文**：战场看上去很纷乱，但是我们的战斗队形不能乱，要统一指挥，进退有序。看上去分不清阵型，但是我们要保持协作和保护，作为一个整体在战斗，这样就能保证不败。

这一句强调的是指挥体系。战场看上去很乱，但如果指挥体系高效，那就还是进退有序。敌人乱，我们不乱，保持战斗队形，互相协作、保护，就像一个圆阵，不给敌人以可乘之机。

所谓形圆，不等于一定要是圆阵，而是四面不透风，不给敌人突入我方阵地的机会。就像非洲草原的斑马，在遇到食肉野兽时，它们会组成一个圆阵，屁股向外用后蹄抵抗来犯者。

乱生于治，怯生于勇，弱生于强。

**译文**：有序和无序是可以转换的，勇敢和怯懦也是可以转换的，强弱也是可以转换的。

这句话其实漏了后面的半句，加上之后，大家就清楚了。

前半句是"乱生于治，怯生于勇，弱生于强"，后半句应该是"治生于乱，勇生于怯，强生于弱"。孙子要表达的就是：治乱、勇怯、强弱都不是绝对的、一成不变的，他们是相生的，随时可能相互转化。

就像水并不一定就是液态的，还可能是气态的水蒸气，也可能是固态的冰。人们依据温度来确定其形态。那治乱、勇怯、强弱的转变是依据什么呢？

下一句就是孙子做出的解答。

治乱，数也。

**译文**：有序和无序，取决于我们的号令。

是治，还是乱，取决于部队的编制和指挥的水平。

勇怯,势也。

**译文**:勇敢和胆怯,取决于我们的势。

这句话要说的跟上一句是相同的,就是将士们的勇敢程度取决于自己的势。势积蓄得好,将士们信心十足,这个时候,就会人人奋勇,大家都是勇士。势很低的时候,大家都没有信心,就都变成胆小鬼。

我们常说"人多势众",人数大大多过敌人,势就比对方强大,士兵都愿意冲锋。反之,当我们人数远远少于对方,就算是平时很勇敢的人,也会畏缩不前。

水从山上下来是把势能转化为动能,人也是如此,占据高地的一方,就比下方的人更勇敢一些。

造势不仅能在客观上形成优势,对士兵的积极心理也有很大的促进作用。对于冷兵器时代,士兵勇敢和胆怯的战斗力相差是非常大的。

强弱,形也。

**译文**:强大和弱小,在于我们所表现出来的实力。

强弱,是可以通过外部形态来表现的。也就是说,虽然实力并不强或者弱,但可以假装。

强弱可以是实力,也可以是伪装出来的。伪装的目的可以是骗敌人,也可以是骗自己的士兵。

譬如敌人来进攻,而你需要拖延时间等待援兵,这个时候你就可以伪装成很强大的样子,让敌人不敢轻易进攻。如果你没有援兵可以依靠,却告诉士兵援军就在路上,部队很可能会士气高涨。

当然,可以通过伪装去欺骗敌人,却不能骗自己。不能看见敌人上当了,就真的以为自己有那么强大。

一个经典的故事就是空城计。司马懿大军杀到时,诸葛亮的兵力全部派出去了,只能设空城计,让司马懿以为自己很强大,于是司马懿急忙撤军。这个时候,诸葛亮不能用自己这点兵力去追击,否则就露馅了。

所以这三句话依然在强调军队的训练指挥,强调积累势,强调虚实。

## 势如破竹

故善动敌者,形之,敌必从之。
**译文**:所以,善于调动敌人的人,故意做出假象,敌人一定会被调动。

前面说到"强弱,形也",这里是补充说明。形之,就是形之以强弱。在强的地方示弱,诱使敌人进来;在弱的地方示强,让敌人不敢进攻。这样,我方就能集中兵力歼灭敌人。有的时候,要做出攻击的姿态,迫使敌人不停地运动,使之疲劳。

予之,敌必取之。
**译文**:给予敌人好处或机会,敌人就必然会来夺取。

予之,就是给予。给予什么?如同"形之"不仅仅是示弱,也可以是示强一样。予之不等于就是利诱,也可以是给你机会。譬如双方隔河对峙,敌人很想过来跟你决战。这个时候,你假装后撤,给敌人一个渡河的机会,他们就会迫不及待渡河,进入你的埋伏圈。

以利动之,以卒待之。
**译文**:用利益去诱使敌人按照我方的布置去运动,等到他们混乱的时候出动强兵劲卒去攻击他们。

孙子在讲完"予之"后,专门讲利诱。这句话的意思是,利诱敌人,敌人必然来取。这个时候,我军就要随时待命,等待敌人自乱的时机发起攻击。

利诱的形式有很多种,我们来讲讲比较常见的:

第一种,给对方一部分人让他吃掉。很多名将是这样做的,譬如隋朝名将杨素。每次战斗,都是先派几百人的敢死队冲进敌阵,这些人被团团围住，拼死搏斗，大部分人战死。但对方的阵势也乱了，这个时候大军发动攻击，敌军战败。

第二种，给他城池让他吃掉。最著名的就是长平之战了，秦军在白起的指挥下假装战败，诱使赵军来攻。赵军连续攻占秦军的军营，可秦军派兵抄了赵军后路，前后堵截，赵军无水无粮，主将赵括战死，其余二十万大军投降。

第三种，给他财宝、粮食、牛羊等。诱使敌军抢夺财物除了能导致敌方阵型混乱，还有一点也很重要，那就是抢到财物的恨不得立即回家，没抢到的则会心有不甘，有的想走有的想留。即使进入战斗状态，抢到财物的也只想着怎么保护财物，而不是去协同作战。

辎重粮草是一种特殊的诱敌方式，这不是引诱士兵去抢，而是敌方主将去抢，这属于团伙抢劫。敌方抢劫的目的也不是为了个人，而是为了整体。李筌举了一个例子，后汉大司马邓禹攻打赤眉军，赤眉军抛弃辎重粮草，邓禹的军队缺粮，这时候看见粮草，什么也不顾去抢，结果赤眉伏兵杀出，邓禹大败。

故善战者，求之于势，不责于人故能择人而任势。

**译文：**善于指挥作战的人，要通过战前的各种准备和铺垫去创造势，而不是苛责于自己的将士，因此他就能够知道势之下怎样去用人。

孙子的意思是，善战者，是因为他懂得怎样去造势，而不是去要求士兵怎样做。士兵就像石头或者木头，你怎样用他们，他们就会有怎样的表现。所以，他们的表现取决于你造势的水平。同样，你首先要明白怎样造势，再根据造势的要求去使用他们。

当你最大程度发挥他们的长处的时候，就是你造势做得最好的时候。

这就像你有一堆木头，你要用他们去做家具卖钱。你要根据你的木头的情况和市场的需求，首先确定你要做什么，然后决定哪根木头做什么。换言之，这些木头的价值取决于你，而不是木头本身。

回到本题,士兵是勇敢还是胆怯,是混乱还是有序,战斗力是强大还是弱小,都取决于造势的水平。造势造到了高山上,士兵就会信心十足,就会表现得勇敢。造势造到了地沟里,士兵看不到希望,就会胆小怕死。

所以,高明的将军能让胆小的士兵成为勇士,愚蠢的将军则让勇士成为逃兵。

任势者,其战人也,如转木石。木石之性,安则静,危则动,方则止,圆则行。

**译文：**任势的意思,对于士兵来说,就像转动木石。木石的特性是：放在安稳平坦之处就会静止,而放在高峻险陡之地就会滚动；方的就会静止,圆的就会滚动。

战人,也就是使人战。整句话的意思就是你要使你的将士们去战斗,就如同转动木石一样。木头是怎样的？放在平地它们就稳定,放在斜坡它们就滚动。方的木头利于稳固,圆的木头利于运动。那么"使用"将士也是一样,你期望他们有什么样的表现,在于你怎样去"使用"他们。不同的将士有不同的特性,关键在于你怎样正确发挥他们的长处。

所以,一个优秀的统帅不仅要掌握造势的技巧,还要了解自己将士的特性,二者结合,才能完美造势。

故善战人之势,如转圆石于千仞之山者,势也。

**译文：**所以,善于使将士战斗的人所造的势,就如同将圆石从万丈高山滚下来那样,这就是所谓"势"。

孙子说,善于使将士战斗的人,就像在万仞之山滚动圆木一样。

李靖将势分为三种：气势、地势和因势,分别与心理、地形和敌军状态相对应,是比较常见的几种情况。气势、地势、因势都是势,区别在哪里呢？

我们来打个比方。气势,就是敌人在山脚,我军在山顶滚石头下来,完全藐视对方。地势,就是敌人在山脚,我军在半山腰扔石头下来,虽然不如气势那么凌厉,但是很稳固。因势就是我们虽然在平地,可是敌人掉沟里去了,我们要趁这机会往下扔石头,这就叫因势利导。

杜牧举了一个气势的例子,说杜预率领晋军攻打东吴时初战告捷,这时有人想要撤军。杜预说兵威已成,士气正高而且敌人十分畏惧,这个时候进攻,就如同劈竹子,前面几节劈开了,后面的迎刃而解,根本不需要费力。这就是气势。

这一篇主讲"势",其内容显然是受邲之战中楚庄王的表现所启发。

孙子提出了三个观点:凡战者,以正合,以奇胜;故善战者,其势险,其节短;治乱,数也;勇怯,势也;强弱,形也。

孙子又提出了两个方法:以利动之,以卒待之;不责于人故能择人而任势。

孙子还提出了五个概念:奇、正、虚、实、势。

## 虚实篇第六

凡先处战地而待敌者佚,后处战地而趋战者劳。故善战者,致人而不致于人。能使敌人自至者,利之也;能使敌人不得至者,害之也。故敌佚能劳之,饱能饥之,安能动之。出其所必趋,趋其所不意。

行千里而不劳者,行于无人之地也;攻而必取者,攻其所不守也。守而必固者,守其所必攻也。故善攻者,敌不知其所守;善守者,敌不知其所攻。微乎微乎,至于无形;神乎神乎,至于无声,故能为敌之司命。

进而不可御者,冲其虚也;退而不可追者,速而不可及也。故我欲战,敌虽高垒深沟,不得不与我战者,攻其所必救也;我不欲战,虽画地而守之,敌不得与我战者,乖其所之也。

故形人而我无形,则我专而敌分。我专为一,敌分为十,是以十攻其一也。则我众敌寡。能以众击寡者,则吾之所与战者,约矣。吾所与战之地不可知,不可知则敌所备者多,敌所备者多,则吾所与战者,寡矣。

故备前则后寡,备后则前寡,备左则右寡,备右则左寡,无所不备,则无所不寡。寡者,备人者也;众者,使人备己者也。

故知战之地,知战之日,则可千里而会战;不知战地,不知战日,则左不能救右,右不能救左,前不能救后,后不能救前,而况远者数十里,近者数里乎?

以吾度之,越人之兵虽多,亦奚益于胜败哉!故曰:胜可为也。敌虽众,可使无斗。

故策之而知得失之计,候之而知动静之理,形之而知死生之地,角之而知有余不足之处。

故形兵之极,至于无形。无形则深间不能窥,智者不能谋。因形而错胜于众,众不能知。人皆知我所以胜之形,而莫知吾所以制胜之形。故其战胜不复,而应形于无穷。

夫兵形象水,水之形,避高而趋下,兵之形,避实而击虚。水因地而制流,兵因敌而制胜。故兵无常势,水无常形,能因敌变化而取胜者,谓之神。故五行无常胜,四时无常位,日有短长,月有死生。

上一篇是讲奇正,这一篇讲奇。

第五篇中提到的"虚实",是"空虚和实在"的意思;这一篇的篇名"虚实"则是真相和伪装的意思。所以,这一篇的内涵要大得多。

## 以逸待劳

凡先处战地而待敌者佚,后处战地而趋战者劳。

**译文**:凡先到达会战地点而等待敌人到来的,体能上就占据优势;后到达战地而仓促应战的,体力上就疲劳。

这两句话可以概括为一个成语:以逸待劳。

能占据有利地形,当然就是以逸待劳。即便不占据有利地形,同样有办法,那就是调动敌军。你跑一个马拉松下来再跟我决战,那你肯定不行了。

这一段显然来自城濮之战的经验，晋国就是以逸待劳，坚决不主动攻击楚军，而是等楚军来到。楚军到了，还要后撤九十里，再拖一拖。

两军对阵，双方是要冲锋的。冲锋一方的速度带着能量，动能很大，如果一方冲锋，另一方不冲，那必然是不冲锋的吃亏。这就像两个人相撞，一个跑起来，一个原地不动，肯定是原地不动的吃亏。

但这有个距离的问题。一个人如果全速跑，其速度和力量大致在三十米的地方表现最好，一百米就有点跑不动了。军队打仗，带着武器，一开始不会全速跑，大致一百米的状态是最好的。如果距离远了，自己先累了。当然，如果是骑兵，距离就长得多。所以以逸待劳，敌人从多远的距离来到，这没有一个固定的数据，要根据实际情况来看。有的时候，敌人远道而来，却未必疲劳；有的时候，敌人距离很近，却非常疲劳。

如果仅以距离来确定敌人的疲劳程度，那么所有的入侵者都是疲劳的，所有的防守者都以逸待劳，但实际上并非如此。

疲劳分为两种情况。第一种是身体的疲劳，也就是疲倦，体能下降。这个主要是长途行军造成的，身体的疲劳同时会伴生心理的疲劳。第二种是力量的疲劳，挥舞不动武器。这个就不是行军的问题了，而是其他的原因造成的力量消耗。

人的潜能可以在瞬间爆发，但不能持久。而且，爆发一次之后，就很难爆发第二次了。

懂得了这些，就可以采取相应的办法去对付敌人了。一鼓作气是一个典型的例子，敌人的两次预备冲锋虽然看起来在原地不动，实际上已经消耗了大量的体能，同时在精神上产生懈怠。让敌人"一鼓作气，再而衰，三而竭"，也属于以逸待劳。

既然确定了以逸待劳的原则，就有了下面的一条。

故善战者，致人而不致于人。

**译文**：因此，善于作战的人，总是调动敌人而不为敌人所调动。

让敌人来我这里，而不是我去敌人那里。这样的翻译符合字面意思,但不符合孙子的真实想法。譬如说你引诱敌人来入侵,结果在我的国家战斗,将我的国家打成一片狼藉,就算我们获胜了,值得吗?所以说这只适合纯粹的战斗模式,只牵涉到战场,不牵涉到城市和百姓。

所谓以逸待劳,并不是说我们一直待在原地,舒舒服服地等着敌人来送死。很多时候,我们要先付出,才能以逸待劳。或者说,我们要先劳后逸,让敌人先逸后劳,最后在我逸敌劳的时候交手。

能使敌人自至者,利之也。
**译文**:能让敌人主动来到,是因为用利益诱使他们。

上一篇我们讲利诱是为了让敌人乱,这里的利诱是为了引诱敌人来,实现以逸待劳。

让敌人乱,给的通常是小利,是士兵能够抢到的眼前的好处,比如钱财辎重粮食。而让敌人来的一定是大利,让他觉得值得冒这个险。懂得了这个原则,才能以正确的方式去利诱敌人。让敌人乱的利诱,是利诱士兵。让敌人来的利诱,是利诱敌人的主将。

利诱敌人,首先要知道敌人最想得到的是什么。其次,要有耐心,自己把陷阱布置好了,敌人可能会来试探,这个时候不要急着出动。再次,注意力要集中,不能懈怠。布置好陷阱,放好了诱饵,等着敌人上钩。可是,敌人总不上钩,自己懈怠了,敌人真来了我们却没有准备好,不仅诱饵弄丢,还可能被打个措手不及。

能使敌人不得(不)至者,害之也。
**译文**:能让敌人不得不来的,是我们威胁到了他们。

自至,是敌人心甘情愿地来,就像老鼠上了老鼠夹子;不得不至,是敌人被迫来。上一句是诱使敌人来,这一句是迫使敌人来。怎样才能迫使敌人不得不来呢?

如果你攻在了敌人的要点上,敌人就不得不来救。譬如攻击他们的老巢，抢夺粮草；如果他是个孝子，攻击他的父母所在地等。

第一，你要知道他的要点在哪里。譬如说刘邦这样的人，你攻击他父亲所在的地方，他根本不在乎，就算你捉了他父亲也没用。城濮之战时，晋国攻占了卫国和曹国，迫使楚军北上。按照常理，这样的情况下楚军是不应该北上的，毕竟卫国和曹国并不是楚国本土。为什么楚军要北上？因为他们自认为是第一强国，他们正在谋求称霸，所以他们一定要来救援盟国。

第二，你要确定你是不是真的攻击他的要点，还是做个姿态而已。再说围魏救赵，魏军攻打赵国首都邯郸，齐军就攻打魏国首都大梁，使得魏军不得不回救。但是，齐军的攻打不过是虚张声势，目的是在半路消灭魏军主力。

这样的例子实在是太多了。

故敌佚能劳之。

**译文**：若敌人安逸要让他们疲顿。

将"佚"译成"安逸"其实不是特别准确，这里的"佚"实际上是指身体和精神都处于不疲劳的状态。这一句的意思就是要让敌人变得疲劳，让他们疲于奔命。在孙子去吴国之前，吴国就是通过不断骚扰楚国边境，让楚国不断出兵以致疲劳。

这里的"敌"不应该仅仅指敌军，还有敌国的意思。也就是说，让敌军疲于奔命是一种方式，还有一种是折腾敌人的国家，让这个国家都疲惫困顿甚至混乱。最常见的方法是诱导对方大兴土木，消耗国力，最终国库空虚、人民贫穷。譬如越国向吴国进贡良木，诱使吴王夫差营建宫室，结果国力大损，怨声载道。

除此之外，还有心理摧残法，利用心理攻势，让对方心理疲惫。譬如汉军通过唱楚地民歌来让楚军士兵心理崩溃，彻夜难眠，终于四散逃走。

所以，调动敌人是最常见的做法，却不应该局限于此。让敌人疲劳不应局限于身体，还有精神。

饱能饥之。

**译文**：若敌人饮食正常，要让他们有一顿没一顿。

缺吃少喝、缺医少药、饥寒交迫等，都是造成身体和精神疲劳的因素。让敌人吃不饱、穿不暖、睡不好，就等于让他们疲劳。打乱了他们的生活节奏，同样能让他们烦躁不安。

切断敌人的粮道是最常见的，除此之外，还有很多办法。如果我方强大，可以包围对方，切断粮道之外还可以切断水道，譬如司马懿包围马谡。需要注意的是，当敌人来攻击我们时，无论敌人如何强大，都不要一门心思只管防守，一定要分出力量去骚扰敌人，切断敌人的粮道，摧毁敌人的后勤。这就像前面举的足球比赛的例子，无论对手怎样强大，防守多么困难，一定要留下前锋威胁对方的防守。

安能动之。

**译文**：若敌人固守，要让他们移动。

有人将"安"译成"安顿"，不准确，这里应该有固守的意思。这句话也经常被与"佚能劳之"搞混，实际上是不同的。

"佚能劳之"的目的是让敌人劳顿，而"安能动之"是要让敌人移动，二者采取的方法可能一样，目的却是不同的。

成语"调虎离山"可以很好地诠释这一点。我们想要攻打敌人的某座城池，可以想办法将他们在城里的主力部队调动出去，然后趁虚攻占。假如某个战略要点被敌军占领，我们要想办法诱使敌军移动，才能占领这里。

要让敌人动，有很多办法，利诱、胁迫、诈降、离间等都是常用的。

## 出其不意

出其所必趋，趋其所不意。

**译文**：做出攻击敌人必救之处的架势，实际上攻击敌人意想不到的地方。

这句话对应三十六计中的"声东击西"。"出其所必趋"的目的就是"趋其所不意",把敌人逼到某个他们不得不救的地方,然后拿下我们想要的地方,而这个地方是敌人没有想到的。所以,这里的要点是你首先要弄清楚哪里是敌人"必趋"的,还要弄清楚我们真正需要拿下的地方,且不能让敌人知道我们的真实意图。

"出其所必趋"是要迫使对方去救,调动对方,而我方并不真的攻击。"趋其所不意"则是真正要发起攻击的地点,这个地点是对方没想到的,因此攻击相对比较容易。

行千里而不劳者,行于无人之地也。
**译文**:远征千里而不劳顿,是由于行进在敌人没有设防的地方。

这句话里的"不劳",并不是真的不劳顿,只是相对边走边战斗而言。能够不劳顿,是因为一路上没有敌人的设防。"无人之地"并不是真的没有人,甚至不是没有敌人,是指没有敌人的设防。

有的时候,行进在"无人之地"其实也很艰难。譬如韩信暗度陈仓、邓艾暗渡阴平,都是翻山越岭,只不过都出乎敌人意料,沿途没有敌军把守而已。

攻而必取者,攻其所不守也。
**译文**:进攻必然取胜,是由于进攻敌人疏于防守的地方。

这一句也很容易理解。攻击敌人的城池就能轻易成功的,是因为敌人的防守不强。

要做到这一点,就要声东击西,做出攻击东面的态势,诱使敌人重兵防守,而实际上是去进攻西面。

但是,除了要懂得声东击西之外,还有一点非常重要的,就是对要点的判断。譬如声东击西成功了，拿下了敌人的西城。但西城的价值如何呢？如果西城根本就没有价值或者价值很小，那你拿下西城的意义是什么？所以，首先要判断要点在哪里，声东击西的最后结果一定要夺取要点，准确判断要点之后，诱使敌人做出错误判断。三国时期马谡失街亭就是对要点的判断出了错，他以为占领高处更重要，结果被曹军切断了水道，最终丢失街亭。

如果要点有几处，那么相对来说就比较容易操作。如果要点只有一处，并且对方也很清楚，那靠声东击西就不会有什么效果。

**守而必固者，守其所不攻也。**
**译文**：防守必然牢固，就是让敌人根本不来进攻。

从字面意思来解说，就是防守必然牢固，是由于防守在敌人不会来进攻的地方。既然敌人根本就不来进攻，还守它干什么呢？孙子想要表达的是，如果我们要守住某个地方，最好的办法就是设法让敌人根本不来进攻。

让敌人不来进攻，通常有两种方式。第一种是虚虚实实，让敌人认为这个地方不值得。第二种是敌人很想来进攻，但我们通过各种牵制措施，使得他们不敢或者没有机会。

空城计属于第一种和第二种的结合，虚虚实实，使得司马懿不敢进攻。但空城计属于万不得已的冒险，不是孙子所推荐的。

围棋中有一个说法：敌之要害就是我之要害，我之要害就是敌之要害。所以，围棋的较量实际上就是双方互攻要害，高手能做的就是他能攻击你的要害，你却无法伤害他。

围棋比赛中常常看到这样的现象：某一方分明看到对方棋形的要害，很想点过去，但对方步步紧逼，让他根本没有机会。这就是第二种方式。

**故善攻者，敌不知其所守；善守者，敌不知其所攻。**

**译文**：所以，善于进攻的人，能使敌人不知该在何处防守；善于防守的人，则能使敌人不知该从何处进攻。

敌人不知道该在哪里防守，是因为他们不知道我们将要在哪里进攻。敌人不知道该从哪里进攻，是因为他们不知道我们的防守是怎样布置的。

曹操说"情不泄也"，就是保密工作做得好。但仅仅是这样还不够，还需要懂得虚实相合，误导敌人而不要被敌人所误导，迷惑敌人而不要被敌人所迷惑。

微乎微乎，至于无形；神乎神乎，至于无声，故能为敌之司命。

**译文**：真微妙啊，微妙得看不见形迹；真神秘啊，神秘到听不到声息。正因如此，所以才能成为敌人命运的主宰者。

虚实的迷惑工作做好了，敌人根本就摸不到我们的任何线索。等于敌人在明处，我们在暗处，自然，敌人的命运就掌握在我们手中了。

进而不可御者，冲其虚也；退而不可追者，速而不可及也。

**译文**：发起进攻而使敌人不能抵御，是由于冲击其防守薄弱的地方；主动撤离而使敌人无法追击，是由于动作迅速使它来不及追赶。

这是讲两件事：一是进攻，一是撤退。两件事互不相干，并不是进攻胜利之后的撤退。

我们先来说前半句：进攻敌人一定可以突破，是因为敌人的防守空虚。问题是，怎样让敌人的防守空虚？足球比赛中，双方各有阵型，每个球员的站位都要遵守基本规则，实战中还需要协同作战。进攻的一方一定会遇上对方的顽强防守，这个时候就需要在前场的倒脚，通过球的运动以及球员的跑动来拉开对方防守的空当，找到敌方的空虚。

战争中同样如此，要造成敌军某处的空虚，就要通过我方的运动迫使敌人调动,在调动的过程中出现空虚,这时候我们抓住机会趁虚而入。

后半句的理解是:我方要撤退而敌方追不上,是因为我们的速度太快。

自古以来,撤军都会担心被对方尾随。撤军分为硬撤军和软撤军:硬撤军就是堂堂正正撤军,不怕敌人来追,这种情况往往是撤军一方军力占优,有专门的精锐殿后,或者提前布置了埋伏,或者做好了交替掩护的准备;软撤军就是突然就撤,让对方来不及追,但是携带辎重撤军是一定跑不过追兵的,为了防止对方追击,往往假装要持久战,或者下战书和对方约战,让人以为绝对不会撤。实际上,下完战书就撤了,譬如晋国的阳处夫与楚国的斗勃的故事。

完全靠速度快而撤军的情况很少,除非是骑兵,譬如匈奴、鲜卑这样的军队,速度快而且没辎重,确实追不上,以车战为主的中原军队,靠速度是不行的。

所以,这里的"速"不应该是行军速度,应该是"及时"的意思。这个"及时"怎么理解?譬如说敌军合围我军,那么在敌军合围之前撤退就是及时。怎样才能做到及时?关键是形势判断。该撤的时候不要犹豫,并且采用合适的撤退手段。

故我欲战,敌虽高垒深沟,不得不与我战者,攻其所必救也。

**译文**:所以,我若想决战,敌人即使高垒深沟也不得不出来与我决战,是由于我们攻击了他们不得不救援的地方。

攻其所必救,他们就不得不出战。问题的关键是:第一,什么是敌人的"必救"?第二,他们究竟有没有"必救"的东西?

譬如说晋军包围了曹国首都,曹国人拒不出战,晋军就要挖曹国的祖坟,曹国人立马怂了,祖坟就是曹国人的必救。可是三家分晋时,智瑶包围晋阳三年,想尽各种办法,赵无恤就是不出战,对赵无恤来说,除了坚守,没有什么是必救的。

所以,"攻其所必救"是一个原则,能不能做到是未知的。你可以朝这个方向努力，但是不一定奏效。不奏效的时候，就要朝其他方向努力了。譬如智瑶围晋阳，城中缺粮，这个时候最好的办法就是利诱，城外摆放食物，告诉城里百姓可以出城来吃，动摇对方的军心，城里的军民会不顾阻拦出来吃饭。或者，可以故意露出破绽，诱使对方出城来抢粮食。还有一种方法——软性包围，就是乐毅应对齐国最后两座城池的办法，城里百姓可以随意出入，各种集市照常进行，时间一长，不攻自破。

所以，孙子给我们一个方向或者方法，是让我们去运用的，不是来束缚我们的。

我不欲战，虽画地而守之，敌不得与我战者，乖其所之也。
**译文**：我不想打，即使画地自守，敌人也不得与我作战，这是由于敌人不知道该从哪里进攻。

疑兵是最常见的手段，但绝不止于此。

画地而守，就是在地上画一个圈，敌人就不敢来攻击。就是说我根本不防守，敌人也不敢来。这是一种比较理想的状态，需要契机和周密的安排。

什么是"乖其所之"？就是令敌人弄不懂自己该去哪里。为什么弄不懂？因为看不透对方的战术安排，去哪里都担心掉进陷阱。

## 攻防的要害

故形人而我无形，则我专而敌分。
**译文**：所以，让敌人的形迹可见，而我们的形迹隐藏。这样，我方的兵力可以集中，而敌人的兵力就会分散。

简单概述这句话，就是：敌人在明处，我们在暗处。因为敌人在明处，我们就能知道他们的弱点在哪里，就能集中力量攻击。因为我们在暗处，敌人无法知道我们的动向，所以就要处处设防，兵力就会分散。

怎样让敌人在明处？怎样让他们暴露行迹？我们又怎样躲在暗处，

让敌人看不到我们?

都要靠虚实相合,试探、引诱、间谍、假象等,都是办法。

怎样做到无形? 提前部署、制造假象、提防引诱、间谍等。

我专为一,敌分为十,是以十攻其一也。则我众敌寡。

**译文:** 我方的兵力可以集中,而敌人的兵力就会分散,我们就能以十倍的兵力去攻击敌人,从而形成我众敌寡的有利态势。

让敌人的力量分散,我们的力量集中,这样就能形成局部优势,以多打少。这一段与第三篇中"十则围之,五则攻之,倍则分之"是相呼应的,或者说是在具体说明如何做到以上要求。

到这里,也验证了我们对"倍则分之"的解读。

能以众击寡者,则吾之所与战者,约矣。

**译文:** 能够以众击寡,那么与我军作战的敌人就难以有所作为了。

"约"字有很多种意思,在这里是"穷",意思是我们的对手将没有办法与我们对抗。

历史一再证明,绝对兵力的多少其实并不重要,重要的是你怎样使用这些兵力。譬如象棋,一个车的能量远远大于五个卒,因为车远比卒要快速灵活。足球也一样,合理的跑动和传球往往能让一支球队在局部发挥人数优势。

吾所与战之地不可知,不可知则敌所备者多,敌所备者多,则吾所与战者,寡矣。

**译文:** 我军发起攻击的地方,事先不可使敌人知道;敌人不知道我们的攻击地点,就必须多处防备。防备的地方多,兵力就会分散,那么我们所攻击之处的敌人就会少了。

这一章所讲的就是通过运用虚实变化,让我方兵力集中而敌人兵力分散,最终实现局部以多打少的目的。最理想的状况,就是让我们真正想要攻击的地方变得空虚。要造成敌人的空虚,首先要选择空虚的地点。沙漠空虚,可占领那里没有意义。有的地方就算空虚也很难攻,譬如华山。敌军一万人把守,你将他们调动开来,剩下一千人,可华山自古一条道,一千人的防守比一万人差不了太多,你的调动没什么意义。

我们需要敌人空虚的地方,应该就是我们最想攻击的地方,或者说,就是敌人的要害所在。如果敌人的要害多,我们的选择就多,造成敌人的空虚就相对简单。如果敌人的要害少,我们的选择就少,要造成敌人的空虚就比较难。

对于那些要害本身比较少,比较难以让他们分兵的对手,应该采用什么办法比较好呢?

第一,设法让他们产生错觉,让他们把某个或者某些不是要害的地方当作要害。譬如我方大军包围敌军于城中,敌军据城不出。我们可以假扮对方援兵在城外不远处大战,战鼓尘埃和喊杀声传来,城内敌军就可能出城接应,于是中计。第二,利诱。我们可以诱使他们分兵,所谓调虎离山,就是如此。《三国演义》中常有这样的桥段,诱使敌军来袭,等其主力出城,再端他们的老窝。

如果我们是防守的一方呢?那我们就要反过来思考了。

首先,要弄清楚有哪些要害。如果要害太多,就要减少这些要害,集中力量。譬如我们的粮草在另外一个城池,就必须搬到我们要防守的城里。曹操讨伐吕布时,就曾攻击吕布粮草所在的小沛,迫使吕布出救。这是吕布在防守上的失误。

其次,要掌握好防守的协作性。如果单从集中兵力的角度说,最好的防守就是坚壁清野,然后把所有的人员物资都集中在一个城里。但这会带来一个大的问题,就是一旦被敌人合围,基本上没有机会了。所以,古人防守作战,往往有两个防守点,分别在两座城或者一个在城里,一个在外部,形成所谓的犄角之势,可以互为呼应救援。一般来说,最好的方式是一个在城内固守,一个在外部游击,保持机动性。

既要保证防守的兵力充足，又要保持外部的必要呼应，那怎样分配兵力呢？

这就需要具体问题具体分析了。通常而言，分兵的原则应该是重兵防守，精兵在外。精兵的任务主要是骚扰敌军以及阻断敌军粮道。在这之前，首先要解决精兵的生存问题，精兵行动要快，最好有复杂地形作为掩护。

还是那句话，具体问题具体分析。

## 时间和地点的预判

故备前则后寡，备后则前寡，备左则右寡，备右则左寡，无所不备，则无所不寡。寡者，备人者也；众者，使人备己者也。

**译文：**所以，重点防备前面，后面的兵力就少；重点防备后面，前面的兵力就少；重点防备左边，右边的兵力就少；重点防备右边，左边的兵力就少；处处防备，就处处的兵力都少。之所以兵力不足，就是由于多处防备敌人而使兵力分散；之所以显得兵力多，乃是由于迫使敌人分兵防备我。

看完这段话，我们自然会认为这是在讲进攻，我方进攻，敌方防守，我方通过各种虚实布置，使得敌人不知道我方会进攻哪里，只能处处设防，兵力分散。进攻一方应该使用这个原则，诱使或者迫使敌人分兵，我方集中优势予以各个击破。

我们再来探讨一下防守方。敌情虚虚实实，我们不清楚他们要从哪里进攻，怎么办？我们首先要设法弄清敌人的真实意图，集中兵力进行防守。另外还需要有一点主动性，不能让敌人集中兵力来攻击。也就是说，尽管我们是防守方，但不能闷头挨打，要保留主动出击的选项，也要威胁敌人的要害。这叫"以攻为守"，目的是防守，攻击是手段。

以南非世界杯时的西班牙队为例，平均每场进球只有一个，却夺得了冠军。他们采取的是控球战略，进攻的速度并不快，每场射门也不多。很多人因此说他们是一支防守型的球队，但实际上他们的防守只是为了更有效地进攻,是以守为攻的踢法。

这段话里说到"无所不备,则无所不寡",就是说,在防守的时候要懂得取舍,不能无所不备,要懂得集中力量。不论敌人怎样营造虚实,其目标一定是我们的要害,所以不论敌人有怎样的动作,我们都要保证要害处有足够的兵力。

至此,我们可以总结防守方的两个原则:第一,不要无所不备,要有侧重;第二,要保持攻击的能力,让敌人不得不分兵。

故知战之地,知战之日,则可千里而会战。
**译文**:所以,预知交战地点,预知交战日期,就可不远千里与敌会战。

知战日,知战地,也就是知道了会战的时间和地点,就能预先做出准备,按照恰当的节奏去积累势,以逸待劳。这样,就算路途遥远,我们也有取胜的把握。

怎样才能预知时间和地点呢?第一,是依靠间谍情报,探知敌人的计划;第二,是根据情势分析,预判敌人的动作;第三,是依靠我军情报的虚实,迫使或者诱使对方在我们预定的时间地点决战。

不管是哪一种,实际上都要知己知彼,事先准备。所以对于一个国家来说,战备和情报工作永远不能松懈。

不知战地,不知战日,则左不能救右,右不能救左,前不能救后,后不能救前,而况远者数十里,近者数里乎?
**译文**:但若预先不知交战地点,也不知交战日期,那就左翼不能救援右翼,右翼也不能救援左翼;前锋不能救援后卫,后卫也不能救援前锋。更何况远的数十里、近的数里的友军呢!

交战,并不是约战的意思,如果是约战,双方就都知道了。

出兵之后会与敌人在什么地方遭遇,在什么地方、什么时间交战,这些都要先做判断,以便集中兵力,相互策应。

判断了交战地点和时间之后,如何阻止敌人的集结或者相互支援?可以预先派出小股部队破坏敌人的桥梁道路,使敌人无法会合。

我们前面讲到过兵势以及势的积累过程。如果事先知道战争的时间和地点,我们就可以造势,在战争开始时把势造到最高点。相反,如果不确定时间和地点,不仅无法造势,后勤辎重也都不能安排到最恰当。

除此之外,行军的准确性同样重要,若行军出了问题,没有在预计的时间抵达预计的地点,后果可能非常严重。汉武帝时曾兵分四路合击匈奴,其中三路迷路了,整个计划破产。

我们可以总结出以下的几个要点:第一,时间地点的判断要准确;第二,要误导敌军,阻止他们会合;第三,要保证行军环节不出纰漏。

## 对付越军四要点

以吾度之,越人之兵虽多,亦奚益于胜败哉!

**译文**:依我分析,越国的兵虽多,又何补益于决定战争的胜败呢?

孙子在这里提到了越国。要想获得吴王的欣赏,他的计策必须针对吴王最关心的事情,就是怎么对付越国。

当时吴国两线作战,主要兵力都在楚国人这边。相对的,应付越国的兵力就少了很多。再加上吴越两国相隔山水,越国地形复杂,因此吴国主要采取防守策略,越国对吴国则是骚扰偷袭。这样的情况下,越国人虽然不多,但每次都是集中兵力,而吴国防守,兵力分散,总显得兵力不足。

寡者,备人者也,说的是吴国。

众者,使人备己者也,说的是越国。

孙子的意思是说,就算越国人比我们多,如果大王您用我虚实相合的做法,我们同样能集中力量打击越国人的分散兵力。

故曰:胜可为也。

**译文**:所以说,胜利是可以争取到的。

在前面孙子就说过"胜可知,而不可为",为什么这里要说"胜可为也"呢?这不是自相矛盾吗?因为《孙子兵法》是给吴王看的,他要强调吴王用自己的方法就一定能够战胜越国人。

**敌虽众,可使无斗。**
**译文**:敌人兵力虽多,也可以使其分散兵力无法与我战斗。

以下内容都是针对越国的。
越国人虽然多,我们可以让他们根本没有机会集中兵力作战。怎样做到这一点呢?下面紧接着说了。

**故策之而知得失之计。**
**译文**:所以,通过谋划,知道我们军事行动的得失优劣。

分析过去的得失,给今后的战争提供借鉴。所以才说"得失之计",就是成功的经验和失败的教训,主要还是说自己。
因为吴军对越军的作战成绩不太好,吃了很多亏,所以孙子要总结一下,看看为什么总是干不过人家,找出差距,找出原因,重点改进。

**候之而知动静之理。**
**译文**:通过斥候谍报,去掌握越国人的活动规律。

候,斥候,就是现在所说的哨兵和侦察兵。在这里,还应该有间谍的意思,其目的是了解越军的活动规律。过去的战争,基本上都是吴国在明,越国在暗,越国总是派人来侦察,吴国两眼一抹黑。孙子于是提出派人去侦察越军,看看他们怎么调动兵力。

**形之而知死生之地。**
**译文**:通过测绘,去知道越国的地形。

死生之地,这里讲的是地形。形之,测绘地形,然后知道生死之地。

越国境内地形复杂,所以越军打得过就打,打不过就跑,吴军根本没有办法。孙子建议派人去测绘越国国内的地形,为主动攻打越国做准备。

角之而知有余不足之处。

**译文**:通过与敌作试探性的接触,去摸清敌人兵力的强弱。

孙子的这几句话都是实操,是方法而不是理论。这一句的意思是试探性接触敌人,小规模地较量,目的是发现双方的长处和不足,为大规模作战做准备。

当这几项都做到的时候,吴国才算是真正的知己知彼,有了战胜越国的办法。所以,这一段是孙子要解释怎样去实现对越国的"胜可为也"。

## 兵无常势

故形兵之极,至于无形。无形则深间不能窥,智者不能谋。

**译文**:所以,用于欺骗敌人的佯动伪装做到了极致,就会使敌人完全摸不到我军真正的调动部署。即便是潜伏极深的间谍也窥探不到我军的底细,那么敌人也就将无计可施。

这里还是讲如何对付越国人。毫无疑问,有间谍潜伏在吴国向越国提供情报。因此,吴军在吴越边境的兵力部署上就要真真假假,虚虚实实,让间谍也弄不清真实的情况。

因形而错胜于众,众不能知。

**译文**:通过这种佯动伪装来创造胜机,即使人们看到整个过程,也无法察觉。

形,讲的都是我军的形,不是敌军的形。只有我军的形是我们自己可以控制的。

错,置于……之上。众,不是指敌人,而是指大众。我们的虚虚实实不仅让敌人的间谍弄不清楚情况,也让大家都弄不清楚情况。

人皆知我所以胜之形,而莫知吾所以制胜之形。
**译文**:人们最终会知道我们取得胜利的部署,但是却不知道我们是如何去进行部署的。

这句话的意思是,大家知道我们最终是靠什么来取胜,譬如知道是靠以多击少,但不知道是怎样把军队集中起来的,也不知道敌人为什么分散了兵力。

也就是说,我们战胜敌人的诀窍大家并不知道,今后还能以这样的方式来获胜。

故其战胜不复,而应形于无穷。
**译文**:所以战胜敌人的方法并不固定,因为用于欺骗敌人的佯动伪装是千变万化的。

形是千变万化的,战胜敌人的方法不是简单重复,应该随机应变,不要刻舟求剑。

这一段话的第一句就是在讲我方的形:"故形兵之极,至于无形。无形则深间不能窥,智者不能谋。"接下来自然是展开来讲。

"因形而错胜于众,众不能知。人皆知我所以胜之形,而莫知吾所以制胜之形。故其战胜不复,而应形于无穷。"就是讲我方的形做到极致之后的效果,大家就算看到了,也弄不清楚我们是怎么胜的。

这就像是一个高明的魔术师,一切的手法让你看到,可你就是不知道他是怎么变的。高明的将军也是一样,他的军事布置调动就算让你看到,你都看不懂。

夫兵形象水，水之形，避高而趋下，兵之形，避实而击虚。水因地而制流，兵因敌而制胜。故兵无常势，水无常形，能因敌变化而取胜者，谓之神。

**译文**：军队运行的规律就像水的流动一样。水的流动，是避开高处而流向低处；军队的运行，是避开敌人强大之处而进攻其空虚薄弱之点。水因地势的高低而决定其流向，用兵作战则是根据不同的敌情而决定不同的制胜之策。所以，用兵作战没有固定的程式，就像水没有固定的形状一样。能根据敌情而变化并取胜，才可叫作用兵如神。

这里，孙子用水来比喻。

前面说了"故其战胜不复，而应形于无穷"，就是说战争之道不能拘泥，要懂得变化。这就像水一样，水并不是一成不变地向某个方向去，而是哪里地势低就往哪里流。战争也是，并不是说一定要攻击哪里，而是要看敌人哪里比较空虚。

所以说水无常形，兵无常势，要懂得因敌而变化。

故五行无常胜，四时无常位，日有短长，月有死生。

**译文**："五行"相生相克，没有哪一个固定是胜者；"四时"推移代谢，也没有哪一个固定不变。白天有长有短，月亮则有圆有缺。

之后，孙子又用了几个比喻，五行、四时、日月等，其实想说明的就是一点：世界是变化的，不要地静止看问题。

《虚实篇》在这里就结束了。这一篇讲怎样对付越国，针对性非常强，对其理解也都要从这个角度出发。

要转被动为主动。怎样做到？要"我专而敌分""避实而击虚"。怎样做到"我专而敌分""避实而击虚"？要运用"虚实"。

第五篇中提到过"虚实"，那是"空虚和实在"的意思，而这里的"虚实"则是真相和伪装的意思，也就是最后提到的"形"。这一篇的指向太过具体,所以在理论上并没有新的内容推出。

## 军争篇第七

　　凡用兵之法,将受命于君,合军聚众,交和而舍,莫难于军争。军争之难者,以迂为直,以患为利。故迂其途,而诱之以利,后人发,先人至,此知迂直之计者也。

　　故军争为利,军争为危。举军而争利则不及,委军而争利则辎重捐。是故卷甲而趋,日夜不处,倍道兼行,百里而争利,则擒三将军。劲者先,疲者后,其法十一而至;五十里而争利,则蹶上将军,其法半至;三十里而争利,则三分之二至。是故军无辎重则亡,无粮食则亡,无委积则亡。

　　故不知诸侯之谋者,不能豫交;不知山林、险阻、沮泽之形者,不能行军;不用乡导者,不能得地利。

　　故兵以诈立,以利动,以分合为变者也。故其疾如风,其徐如林,侵掠如火,不动如山,难知如阴,动如雷震。掠乡分众,廓地分利,悬权而动。先知迂直之计者胜,此军争之法也。

　　《军政》曰:"言不相闻,故为之金鼓;视不相见,故为之旌旗。"夫金鼓旌旗者,所以一民之耳目也。民既专一,则勇者不得独进,怯者不得独退,此用众之法也。故夜战多火鼓,昼战多旌旗,所以变人之耳目也。

　　故三军可夺气,将军可夺心。是故朝气锐,昼气惰,暮气归。故善用兵者,避其锐气,击其惰归,此治气者也。以治待乱,以静待哗,此治心者也。以近待远,以佚待劳,以饱待饥,此治力者也。无邀正正之旗,勿击堂堂之陈,此治变者也。

　　故用兵之法:高陵勿向,背丘勿逆,佯北勿从,锐卒勿攻,饵兵勿食,归师勿遏,围师必阙,穷寇勿迫。此用兵之法也。

　　《孙子兵法》的特点是前面叙述大的原则,后面则讲具体的操作。
　　什么是"军争"? 争不是斗,军争不是战斗。战斗是跟敌人拼命,对象是敌人,而争夺的对象不是敌人,只是对手是敌人。因此,敌我双方未必会发生直接的对抗。譬如争夺制高点,那么可能就是双方比赛谁先到达,而不是双方面对面的对抗。

所以,军争的较量在于谁更有远见,谁的决策更及时,谁的行动更迅速,而不是谁的实力更强,谁的力量更大等。争什么?争利,就是对战斗有利的因素,譬如高地、水源等,不是牛羊、衣帛这类物质利益。

## 争夺先机

凡用兵之法,将受命于君,合军聚众,交和而舍,莫难于军争。

**译文**:大凡用兵打仗的一般规律是,主将接受国君的任命,从征集军队到与敌人对垒,没有比与敌争夺先机更为困难的。

这段话很简单,就是说从接受国君的命令开始,整合部队,到扎营下寨与敌军对垒,这段时间里最难的就是军争。也就是说,从受命出兵到两军对垒这个过程,抢占先机是最难的。

军争之难者,以迂为直,以患为利。

**译文**:争夺先机之所以困难,是要变迂远为近切,变不利为有利。

"军争"的第一件事就是要争取比敌人先到战地,这样就能占据有利地形,以逸待劳。怎样做到这一点呢?曹操的说法是,假装要走远道,实际上抄近道。

这样当然也不错,但有个问题必须要提出来:如果敌我双方要去的是同一个地方,没有什么假象可以做。因为古代没有先进的通信条件,也没有军事卫星,等我们的假象传到敌营,敌人已经到达战地了。

管仲想要偷袭楚国,让楚国人没有防备,于是以攻打蔡国的名义出兵。到了蔡国,再直接南下攻打楚国,这就是以假象来麻痹敌人。通常可以假象来迷惑敌人的,只是进攻的一方。

但这几句话的真实含义还并不是如此,而是提出一个难题:在我军道路迂远的时候,是不是有办法缩短路途?当我军处于不利条件下的时候,是不是有办法转为有利?所以,这句话只是提出问题。解决问题,是下面的事。

故迂其途,而诱之以利,后人发,先人至,此知迂直之计者也。

**译文**:所以,要想办法让敌人绕路,要用利诱的办法让敌人沿途耽搁。这样,即使在敌人之后出发,也能比敌人先到达战地,这就是懂得迂直的运用了。

这一句是在讲解决问题的办法。

我们不能改变自己的行军路径,但是可以想办法改变敌人的,让敌人行程变长。怎样做到这一点呢?

通常有两种办法:一种是派出轻骑部队兼程前往敌军的必经之路,依靠地形阻击敌军,迫使他们改变路线或者拖延时间;一种是诱使他们沿途走走停停,不能全速前进,甚至走弯路。

故军争为利,军争为危。

**译文**:抢占先机,先敌人而到可以处于有利地位,但是同时也是很危险的。

军争存在有利的一面,也有危险的一面。争到了先机就有利,落了后手就危险。譬如双方同时争夺一个山头,先上去的就很有利,慢了一步的就只能挨打,还不如不争。

紧接着,孙子就来说为什么"军争为危"了。

举军而争利则不及,委军而争利则辎重捐。是故卷甲而趋,日夜不处,倍道兼行,百里而争利,则擒三将军。劲者先,疲者后,其法十一而至。

**译文**:若是全军携带辎重而行,必然行动迟缓。若是全速前进,则辎重在后,部队给养就会发生困难。所以,如果收起盔甲轻装前进,日夜不停,高速前进,奔走百里而与敌人争利,那就会三军主将同时被擒。解决这个问题的方法是强壮的先行,疲弱的在后,用十分之一的人前去争夺要点。

这是孙子所举的第一种危险的情况。

全军而争的话,因为要携带粮食辎重,所以行军速度缓慢,这显然是不理想的。那怎么办呢?只能抛弃辎重,轻装前进,也就是所谓的卷甲而趋,把自己的盔甲脱下来,背在身上,这样速度要快得多。

于是,昼夜兼程,直奔百里之外。这样的走法会让战士们的体能透支,武器携带不齐,就算到了战地也毫无战斗力。如果不幸让敌人先到,那就很可能全军覆没了。

国共战争时期,共产党的军队就喜欢这样强行军,靠两条腿昼夜不停地前进,以期先赶到战地,常常获胜。这不是与孙子兵法相违背吗?这就要说说冷兵器与热兵器的不同了。

冷兵器时代,对体能和力量的要求要高得多,士兵体力透支、身体疲惫的时候,战斗力会急剧下降。但是热兵器时代不同,体能对战斗力的影响远不是那么大。

所谓"三将军",就是指主帅。这里是引用秦国偷袭郑国,却被晋国伏击的崤之战,秦军三帅被活捉。

对这句话有两种截然不同的解读。第一种是通行的,也就是曹操的解读。他认为这是孙子在进一步说明上一句话,也就是说,大军百里争利,结果只有十分之一体能好的能赶到,其余十分之九还在后面行军。这样的情况下,人数少而且很疲劳,所以全军覆没。

第二种解读是杜牧提出来的。杜牧认为这句话是上一句话的解决方法,也就是说,既然全军前往都会覆没,那就干脆精选十分之一的锐卒先行,占领有利地形,等待大军随后赶到。

两种说法都对,关键看在什么情况下运用。

如果争夺的是一个巨大的城池或者河岸,那么十分之一的兵力显然不够,去了也是送死。如果争夺的是一个非常险要的关口,譬如虎牢关、温泉关等,一夫当关,万夫莫开,十分之一的兵力足够坚守一段时间,那这个时候为什么不这样做呢?如果只派出十分之一的锐卒先往,那就能给他们提供更好的条件,譬如每个人配两匹马,可以让这些锐卒不至于太疲劳。

杜牧举了一个例子:唐太宗以三千五百人占据虎牢关,窦建德十八万之众不得前。这样的例子其实非常多,不多举了。

**五十里而争利,则蹶上将军,其法半至。**

**译文**:如果驱军五十里与敌争利,则前军主将会遭受挫折。解决这个问题的办法就是分出一半精兵先行。

这句话跟上一句一样,五十里争利比一百里的疲劳程度要低一些,所以损失要小一些。至于最后那句"其法半至"和上一句中"劲者先,疲者后,其法十一而至"一样,也是有两种解读。

曹操等人依然是原先的解读方式,不说了。杜牧则依然认为这是孙子在讲解决的方法,就是说这个时候应该一半兵力轻装先行,其余一半带着辎重随后赶到。

张预举了一个例子。唐太宗曾经带领锐卒一日一夜行军两百里追杀宋金刚,依然取胜。有人问唐太宗这是什么原因,唐太宗说这是因为宋金刚战败不久,有如惊弓之鸟,因此必须趁势追杀,否则等他们缓过气来就不好对付了。这个例子就印证了杜牧的说法。

**三十里而争利,则三分之二至。**

**译文**:三十里与敌争利的话,可以留下三分之一的兵力在后押运辎重,三分之二的军队先行。

看路途远近,确定分兵的比例,一部分先行争夺地利,一部分押送辎重随后赶来。

是故军无辎重则亡,无粮食则亡,无委积则亡。

**译文**:所以,军队没有辎重装备就不能生存,没有粮秣供应也不能生存,没有物资储备同样不能生存。

为什么孙子要说这句话?

前面孙子给了三种解决方法,这三种方法有一个共同点,就是不会抛弃辎重、粮食和物资,只不过是晚一些到而已。所以,这里要解释为什么不会抛弃辎重、粮食和物资,这句话依然是在承接上述几句。

这里需要特别说一说成吉思汗时期的蒙古骑兵,他们的战法非常特别。蒙古骑兵出征时辎重非常少,每个士兵除了自己骑的马之外,另配两匹马,这三匹马足够携带士兵所用的肉、奶酪、帐篷、武器等一应物资。他们所携带的食物不多,粮食问题依靠一路上的抢夺、打猎来解决,实在没办法就杀马。

就因为解决了辎重的问题,蒙古人的行军速度非常快,因此虽然绝对人数不多,却常常能形成局部的人数优势,成为蒙古帝国横扫亚欧的一大利器。

## 军争的要点

故不知诸侯之谋者,不能豫交;不知山林、险阻、沮泽之形者,不能行军;不用乡导者,不能得地利。

**译文**:所以,不了解敌国的战略意图,就不能提前进行军事部署。不熟悉山林、险阻和沼泽等地理情况,就不能按计划行军。不用向导,就不能得地形之利。

豫交,以往的解读都译为交往。从上下文的关系看,应该是准备的意思,也就是说如果不知道敌人的谋划,我们就不能提前做出准备。

意思是要尽量避免前面几章所说的仓促行军,要占据先机,需要在三个方面先做准备。首先是要知道别国主要是敌国的谋划,这样就能提前做好各方面的准备工作。其次是要提前了解道路情况,这样就能选择最合适的行军路线并且知道多长时间能够赶到。再次是需要找到向导,有熟悉地形的人帮助,就能获得地利。

所以,上一段是提出问题,这一段是解决问题。孙子的思路是非常清晰的,逻辑也很严谨,不会东一锤子西一榔头。

孙子认为想以逸待劳,要先于敌人抵达战场,靠的不是临时的紧急行军,也不是放弃辎重、一部分人先行,而是靠事先对敌国、道路以及战斗地点地形的侦察了解。

故兵以诈立,以利动,以分合为变者也。

**译文**:所以,战争要建立于暗中准备的基础上,在有利可图的时候出动,并根据具体情况的变化灵活掌握兵力分散或集中的原则。

看上去,从上一段到这一段有些突兀,似乎孙子突然转移了话题或者思路中断了。其实不是。

上一段孙子说了要懂得迂直之计就要事先做准备,那么这一段就是从更高的高度来说明原因。

为什么说"以诈立"?并不是诈骗,而是在与对方进行战争之前就开始针对对方做准备了,譬如刺探对方的高层图谋,侦察对方的山川地形和军事配置等。总之,表面上和和气气,实际上随时准备着战争。

国与国之间没有永远的友谊,说翻脸就翻脸,如果不随时做准备,真正进入战争时就要吃亏。所以,即便是盟友,也要保守自己的军事秘密,窥探对方的军事配置。这样才能保证立于不败之地。这叫有备无患。

所以说,"诈"是战争的基础,是战争最早期的准备,此后的一切都基于此。因为早做了战争的准备,当有机可乘的时候就能迅速行动。"迂直之计"就是呼应"以诈立",后者是前者的理论基础。有了"以诈立"的思维和行动,才能做到"先知迂直之计"。

我们来总结一下,怎么做到最好的军争?

首先,要懂得"以诈立",平时就做好功课,随时掌握邻国和潜在对手的动态,提前做准备,这样才不会手忙脚乱。这就是和平时期的战争思维。其次,有了"以诈立"的基础,就要做相应的部署,譬如安排间谍刺探军情,安排专业人员进行地理测绘,在边境部署隐蔽的哨所等。总之,即便是友好邻国,也要当成敌国一样去防备。再次,有了前两项基础,一旦战争开始,就可以根据实际情况,决定军队的行进方式,是静是动,是快是慢,是分兵合击,还是全军统一行动,就都能得心应手了。

最后,如果以上几点没有做好,或者遇上了不可抗外力,实在没有办法的情况下,才会考虑锐卒先行,大军在后。

故其疾如风,其徐如林,侵掠如火,不动如山,难知如阴,动如雷震。

**译文**:因此,行动起来就可以快如疾风,可以从容有序如树林,侵袭掠扰就如烈火一般不可遏止,防守起来就像山一样坚固,行动就像黑夜一般让敌人无法察觉,我们的攻击就像雷霆一样震撼敌人。

做到了这一章开头的三点,就能够胸有成竹,目标明确了。行动起来就能够掌握节奏,该快的时候快如疾风,该慢的时候从容有序,我们知道敌人要干什么,敌人却不知道我们的想法。展开攻击的时候如同烈火雷霆一般不可阻挡,防守的时候则稳如泰山。

掠乡分众,廓地分利,悬权而动。

**译文**:夺取人民,抢占土地,则要权衡利弊再采取行动。

以上是在讲战斗之外但是战争之中的事情。

前面讲行军与作战,都是预先策划好的。但是,有些事情是难以策划的,那就是掠夺和占领。掠夺分为三种:一种是掠夺人民,一种是掠夺财产,一种是掠夺土地。春秋时期,因为地广人稀,主要是掠夺人民。楚国就曾经抢夺了陈国一千户百姓,迁到了楚国的夏口,也就是今天的武汉;晋国的赵鞅抢夺卫国的人民,迁到了邯郸和太原。掠夺财产的事情更多,某国的城市被攻占,官府的财产通常就会被掠走。至于土地,各国之间的兼并就是在掠夺土地。

发动战争的目的通常也就是这三种,在战斗之后,以怎样的方式去掠夺什么,就需要权衡了,并不是说打了胜仗就能恣意妄为了。

先知迂直之计者胜,此军争之法也。
**译文**:因此,懂得迂直之计的人就能取得胜利,这就是军争之法。

迂直之计,指整个战略。分明可以简单明了解决问题的,却搞得冗长复杂,这就是化直为迂。假如敌方要入侵我国,最直接的办法就是攻打我国首都,若我们设法让他们攻打一座易守难攻的城池,让他们损失惨重并丧失攻打首都的时机,这就是"迂直之计"。

所以,"迂直之计"就是前文所说的:故不知诸侯之谋者,不能豫交;不知山林、险阻、沮泽之形者,不能行军;不用乡导者,不能得地利。

这三句话,也是"军争之法"的要点。

## 旌旗和金鼓

《军政》曰:"言不相闻,故为之金鼓;视不相见,故为之旌旗。"夫金鼓旌旗者,所以一民之耳目也。

**译文**:《军政》写道,在战斗中用语言指挥听不见,所以就发明了金鼓;用动作指挥看不见,所以就设置了旌旗。金鼓、旌旗的设置,是为了统一全军号令便于指挥。

这一段讲的是战场上的指挥信号。春秋时期的指挥信号分为听觉和视觉两种:听觉信号由锣和鼓来完成,锣是金属做的,又称为金。击鼓就是前进,鸣锣就是后撤,更加具体的细节则各有不同。旗帜则是视觉信号的载体。一般来说,听觉信号的功能比视觉信号更强。

为了方便指挥,军队的大旗和锣鼓都要在主帅身边。从记载来看,春秋时期的战场上,主帅往往会亲自擂鼓。譬如楚庄王讨伐斗越椒,楚庄王就是亲自擂鼓;晋国和齐国的鞌之战,晋军主帅郤克也是亲自擂鼓。

旗帜也很重要,尤其是中军大旗。中军大旗不仅仅是用来指挥部队进退的,同时也影响到军队的士气。譬如中军大旗在最前面,那么三军就会拼命,因为主帅已经杀到了最前面。如果中军大旗落后,士兵就会认为主将胆小,或者中军被敌人压制,从而影响士气。如果中军大旗倒了,士兵就会认为主帅已经死亡或者逃跑,士气就可能崩溃。所以,军队中都有掌旗官,负责保护大旗。城濮之战时,晋国的中军大旗被风吹跑了,掌旗官祁瞒战后被斩首。

明朝的靖难之役,燕王朱棣被六十万大军包围,燕军伤亡惨重,朱棣本人也差点被俘。结果一阵大风刮过,吹断了对方的帅旗,六十万大军就这么稀里糊涂地溃败了。

一支军队要做到协同作战互相支援,其基础就是有效的指挥。所以,金鼓旌旗的应用水平对一支军队的战斗力有很大影响。

这在当时属于常识,兵法书中大可以不提,为什么孙子要专门提出来呢?

因为吴国是一个野蛮落后的国家,士兵非常勇敢,但是指挥系统相对落后,基本靠吼,一旦开始战斗,都是各自为战,打得过就穷追猛打,打不过就各自逃命。根据记载,在孙子之前,吴军根本没有进行过正规的阵地战。

吴国军队这个时候就算有金鼓旗帜,其应用水平也是很低的。所以,针对吴军的具体情况,孙子特地提出这一点。

春秋时期的军旗是有很多讲究的,军旗的高度、后面布条的数量都代表了主将的身份地位。关于军旗,有一系列严格的规定。篇幅所限,我们这里讲一点,那就是军旗的最上方有一条可以取下来的长布,叫作斾,平时行军的时候会被取下来,一旦装上就表明将要开战。我们看春秋战国时期的电影,战争场面中一定有军旗,从军旗的细节就能看出编剧和导演是不是懂得军旗的应用了。

民既专一,则勇者不得独进,怯者不得独退,此用众之法也。

**译文**:有了统一的号令来指挥,勇敢的人就不会单独前进,怯弱的人也不能单独后退,这就是指挥军队作战的一般原则。

使用金鼓旌旗是为了士兵能够按照指挥进退,做到行动一致,不至于混乱。孙子却强调"勇者不得独进,怯者不得独退",倒是一个很有意思的视角,这也说明至少在吴军中,作战时勇敢的士兵往往都是不听号令就冲杀过去。

即使在孙子来到之后,吴军的这种情况依然存在。在柏举之战中,吴王的弟弟夫概就不听号令,率先冲锋了。

故夜战多火鼓,昼战多旌旗,所以变人之耳目也。

**译文**:所以,白天打仗多使用旌旗,夜间打仗多使用火把和锣鼓,都是为了让士兵能够通过听觉和视觉接受指挥。

指挥作战,晚上更依赖于火和金鼓,白天多依赖于旌旗。夜晚看不清楚,所以旌旗确实不好使,只能依赖火和金鼓。白天点火并不显眼,而金鼓虽然能够被听到,但不容易判断方位,并且敌我的金鼓声混在一起,难以分辨。旌旗就很清晰,方位明确,指令也容易辨别。所以,白天主要依赖旌旗。但旌旗也有弱点,士兵必须要分心来看。

无线电被发明出来之前,战场的指挥系统几千年来并没有太多的变化和进步。有了无线电之后,指挥官的指令就能够及时地传递到作战单元了。而到了数据时代的今天,战场指挥与卫星侦察通信、大数据等结合起来,可以说与古代的战场指挥已经完全不同。

## 避其锐气

故三军可夺气。

**译文**:军队的锐气可以被打掉。

在冷兵器时代,两军相逢勇者胜,士气至关重要。士气的高昂与低落,战斗力相差何止两三倍。除了士气,还有锐气,锐气来自信心,也来自身体状况。身体状况越好,越有锐气。如果身体疲惫,饥肠辘辘,怎么可能有锐气呢?

影响士气和锐气的因素有很多,因此是可以用策略消磨敌军的士气和锐气的。对于不同背景的敌人,采取的策略自然各异。譬如我们的敌人来自文明程度较高的国家,那就让他们知道战争是非正义的;如果我们的敌人来自野蛮国家,就让他们知道战争是无利可图的。

破坏敌人的士气很重要,维持自己的士气更加重要。李靖说:"守者,不止完其壁、坚其陈而已,必也守吾气而有待焉。"所谓守吾气者,常养吾之气,使锐盛而不衰。然后彼之气可得而夺也。这就是说在防守的同时要保持士气,而要保持士气,就不能蒙头防守,需要适当的反击来激励士气。

将军可夺心。
**译文**:将帅的意志和决心也可以使之动摇。

夺什么心?信心、决心、耐心。这里归结为:意志。

相比较而言,动摇将帅的意志比打击士兵的士气更重要。将帅的意志一旦不稳,必然导致全军的士气低落。怎样动摇将帅的意志呢?恐吓、利诱、干扰等都可以,要具体问题具体分析。

李靖说:"攻者,不止攻其城、击其陈而已,必有攻其心之术焉。"所谓攻其心者,常养吾之心使安闲而不乱,然后彼之心可得而夺也。意思是进攻也不仅仅是攻城野战,还要攻心。

李靖真不愧是一代名将。

是故朝气锐,昼气惰,暮气归。故善用兵者,避其锐气,击其惰归,此治气者也。
**译文**:军队作战,上午的时候斗志旺盛,过了中午就开始懈怠,天色快黑的时候就想着要赶快回去了。所以,善于用兵的人,要避开敌人的锐气,等其懈怠和衰竭之后再发起攻击。这是对士气的运用方法。

"曹刿论战"的战例告诉我们,一鼓作气,再而衰,三而竭。孙子举了一个常见的例子:早上到中午这段时间,人的精神最旺盛,力量最充分,所以这个时候的士气是最高的;到了中午就开始懈怠疲劳了,士气就会衰落;到了下午和傍晚的时候,就急于回家,士气低落。

这很容易理解。人的意志很大程度上取决于身体状态。一个人吃饱喝足,就会意气风发,斗志昂扬,如果温饱都没有解决,自然就没有什么意志了。

古代的作战,通常在上午约战。天没亮就开始做饭、吃饭,天亮的时候就开始列阵。到决战时就正好是不撑也不饿的状态。

孙子的意思,就是当敌人上午来与我们决战的时候,不要跟他们打,让我们的士兵休息。到了中午,我们的士兵吃饱喝足,等到傍晚的时候状态正好。

这里有一个问题是孙子没有说的:这是不是约战的状态?如果敌人是不请自来,我们当然可以拒绝出战,拖到傍晚再打。可如果是双方约定了上午决战,是不是我们也要拖到下午?那跟"曹刿论战"一样,都是违背战争道德的了。

这只是影响士气的一个方面。事实上,士气受很多因素的影响,譬如让敌军疲于奔命,让敌军始终无法与我军交战。

远征而来的敌军,往往都寄希望于一战而胜,敌军初到就是战斗力最强的时候。因此,敌军远来,不要与他们交战,要消磨他们的士气。同时,要骚扰他们,让他们失去安全感,士气就会更低。

世界上有很多以少胜多的案例,其中一个很重要的因素就是兵力占优势的一方被拖的时间太长,以至于士气低落。

孙子在前面说到了势,造势的过程之一就是提升士气。到战斗开始的时候让士气提到最高,这就是成功的造势。所以这里说到三军可以夺气,也就是要破坏敌人的势。懂得怎样造势,也就懂得怎样破坏敌人的势,也就懂得怎样夺敌军的士气。

有的时候,需要通过某种诡计或者谎言来达到打击敌人士气、提升自己士气的目的,譬如明末李自成的口号是"迎闯王,不纳粮",这明显是在骗人，可是效果不错。事实上，很多人就借用所谓的异象来达到这个目的，元末农民起义军的"石人一只眼，挑动黄河天下反"就是。

这里再说一说"朝气锐，昼气惰，暮气归"。张预说："朝喻始，昼喻中，暮喻末。非以早晚为辞也。凡人之气，初来新至则勇锐，陈久人倦则衰。"意思就是朝、昼、暮并不是一定指一天的早上、中午和傍晚，而是指敌军初来时，相持的不同阶段。

以治待乱，以静待哗，此治心者也。

**译文**：以我军的严整等待敌人的混乱，以我军的沉着冷静等待敌人的轻躁喧闹，这是治心。

孙子前文所说的是"将军可夺心"，所以这里说到的"治心"，治谁的心？当然是将军的。

治，是比较、比拼的意思。为什么说"以治待乱，以静待哗"就是治心呢？

我们说过，将军可以夺心是夺信心、决心和耐心。当我军展示出强大战斗力的时候，就能动摇他的信心了。我军能够出其不意，令敌军主将无法捉摸，因此陷于沮丧，这时候就动摇他的信心了。

譬如敌军主将以为我军实力很弱，可是临了却发现我军人数众多，众志成城，于是信心大减。古代作战很多时候要采取多插旗帜、树枝扬灰等方式虚张声势，《三国演义》《水浒传》里有很多案例。

用什么方式能够夺走敌军主将的决心呢？想办法让他们认为战胜我军的价值其实没有那么大，或者设法让他们有后顾之忧。

信心和决心都会影响到耐心，反之，没有信心或决心，必然反映为缺乏耐心。敌军主将失去耐心，队伍就会散乱、哄闹。所以"以治待乱，以静待哗"所要表达的就是要夺取敌军主将的耐心。

这两个"待"字其实非常形象，就是等待。我方坚决不出战，等到敌军主将失去耐心，敌军必然散乱喧哗。

所以我们知道，三军可以夺气和将可以夺心，有一个共同的方法就是拖延,比耐心。

到这里,又要说一说象棋和围棋了。其实,下象棋或围棋在很大程度上就是比拼耐心。象棋的防守比进攻要容易,每个高手都知道要先做好防守,伺机进攻,剩下的就是比拼耐心,看谁先沉不住气。围棋也一样。要成为一个真正的名将,有耐心绝对是必要条件。

春秋时期,楚庄王包围了宋国首都睢阳,宋国就是不投降。最终,楚庄王下令在睢阳城外开荒种地,展示必攻的决心和耐心,宋国只能开城投降。

以打猎和钓鱼为例,二者都是先设置陷阱和钓饵,然后耐心地等待猎物前来。经验丰富的猎人和垂钓者懂得怎样设置陷阱和鱼饵,心中有数,也就有耐心。

以近待远,以佚待劳,以饱待饥,此治力者也。

**译文:**以近距离应对敌人的远距离,以休闲安逸应对敌人的奔走劳顿,以足食应对敌人的饥饿,这是治力。

前面所说的治气,是讲气势;治心,是讲心理。这里的治力就是讲力量和体能了。以近待远,以佚待劳,以饱待饥,这些前面都讲过了,不必重复。

孙子告诉我们,与敌人作战,应当从对方士兵的士气,将军的信心、决心、耐心和整个军队的体能方面去削弱敌人。要有这样的意识,才能找到方法。

从这个顺序来看,孙子似乎还是最重视士气,体能反而是次要的。

无邀正正之旗,勿击堂堂之陈,此治变者也。

**译文:**不要去拦截军容齐整、部署周密的敌人,也不要去攻击阵势堂皇、实力强大的敌人,这是对应变的应用。

正正之旗,指的是行军;堂堂之阵,指的是列阵。行军之中军旗齐整,列阵的时候阵容严整,这都说明士气高、将军有信心、士兵的体能好。因此,不要攻击这样的军队。

这不难理解。如果一支军队军容齐整,步伐有力,还喊着号子,令人望而生畏。相反,如果一支军队步履蹒跚,东倒西歪,旗帜杂乱,士兵嘈杂,谁会害怕呢?

吴王夫差率领吴军与晋国争霸,双方互不服气。后来夫差请晋军主帅前来观看吴军列阵,吴军三军分别穿白色、黑色和红色盔甲,号令整齐,口号震天,当场就把晋国人震慑住了。

其实这也是对上面一段话的反向总结。前面说我们在与敌人交战之前,要削弱他们的士气,打击对方主将的信心、决心和耐心,消耗他们的体能,然后再与敌人交战。而这一段的意思就是,在敌人的士气、主将的决心信心和耐心都很强大,敌人的体能很好的时候,就不要攻击。

为什么说这是"治变"呢?就是说,当你原定去拦截行进中的敌人,或者与敌军进行阵地战,却发现他们非常强大时,就要改变计划了。

曹操攻打邺城,袁尚率军来救。曹操说:"如果他从大道来,证明他有信心有士气,我们需要避其锋芒。如果他们从西山小路来,证明他们本身心虚,那我们就迎击他们。"袁尚从西山来,曹操迎击,遂大败袁尚。

关羽在襄阳战败,逃往汉中。部将建议走大道,关羽没有信心,坚持走小道,结果被俘。如果走大道,吴国恐怕反而不敢拦截。

战争有的时候就像玩德州扑克,就算手中没有好牌,也要虚张声势。

## 用兵的禁忌

故用兵之法:高陵勿向,背丘勿逆。

**译文**:所以,用兵打仗的一般法则是:敌人占据高山,慎勿仰攻;敌人由山上冲下,切勿迎击。

高陵勿向,就是不要仰攻。背丘勿逆,就是敌人从高处下来,我们不要迎上去交战。

如果敌人在高处,我们怎么办呢?既不能进攻,也不能迎击,这不是很麻烦吗？这就需要想办法把敌人引到平地上来了。

如果敌军在山上扎营，我军就不要在山脚，应该保持距离，不要给敌人俯冲的机会。但具体问题必须具体分析。譬如马谡失街亭时，马谡在山上扎营，王平认为，诸葛亮让我们来阻拦司马懿，占据山口就行了。可马谡认为不仅要阻止司马懿，还要战胜他，我们在山上，司马懿在山下，我们居高临下，一个冲锋就能击败敌人。但马谡忘了司马懿兵多，并且深谙兵法。司马懿包围了街亭，设置路障沟壕，加上强弓硬弩，待山上有兵下来就用乱箭射回，根本不给马谡冲锋的机会。如果山上有水，倒也无所谓了，可没有，马谡就傻眼了。

所以，不要以为居高临下就必然占有优势，如果人家根本不和你交战，这个优势也就没有用了。

佯北勿从。
**译文**：敌人假装败退，不要追击。

若敌人假装战败而奔逃，为避免中埋伏，不要追击。这个道理很简单的，类似的例子太多了。怎样判断敌人是不是假装战败？

比如：交战时间不长，敌军就逃跑了；逃跑非常有序，甚至互相掩护；逃跑的速度非常快……通常就是早就预备好的。

如果遇上敌人诈败，怎么办？从战场上的情况看，只要敌人逃跑，我军战士是一定要追的。要让战士们不追，除非主帅下令鸣锣收兵。所以这个时候，主帅的判断和决策一定要迅速。

锐卒勿攻。
**译文**：敌人士气高昂，不要进攻。

锐卒，就是气势正盛的敌军。

李靖随河间王李孝恭讨伐萧铣，萧铣大将文士弘率领精锐数万来救，李孝恭想要出战，李靖说："文士弘是萧铣的健将，并且是救败之师，恐怕难以抵挡。最好避其锋芒,等他们气势衰落之后再出击,一定能击败他们。"李孝恭没有听从,果然战败。

饵兵勿食。
**译文**:敌人用小股部队或老弱残兵诱惑我们,不要贪取。

饵兵,不是物资,而是部队。饵兵就是作为诱饵的部队,引诱敌军露出破绽,然后大军合击。怎样判断是不是饵兵?

饵兵通常有两种:老弱病残,这是最常见的;小股部队故意行为嚣张,要引起我军的注意。饵兵要么没有战斗力,譬如老弱病残,要么战斗力极强,难以在短时间内消灭,极具威胁。

当敌军人数不多或者多是老弱病残时,不要急于消灭他们,要观察他们的行为举止,如果他们行为嚣张、毫不紧张的话,多半就是饵兵。同时要派人探看是否有大军相随。

对阵的时候也是这样。当敌人派遣小股部队冲锋的时候,不要与他们交战,用弓箭手将他们拦在阵地之外。

孙子在很多情况下都不建议与敌军展开战斗,一定要做足了铺垫,有了十足把握之后才出动。可以看出孙子受管子的影响是非常大的。

归师勿遏。
**译文**:敌军若是撤军,不要阻击拦截。

这是心理学的问题。

什么叫"归师"?就是归家、归国的军队。当一支军队踏上归途的时候,人们就开始憧憬着与家人相见了。一旦有了这样的憧憬,就会不顾一切,什么力量也挡不住。

非洲的野牛和角马尚且如此。每年迁徙的过程就是它们的归乡之路。即便知道前面有河流、险阻,有狮子、鳄鱼,它们一样坚定地向前走。这个时候的狮子和鳄鱼不敢贸然猎食,只能守在不远处看着这些绝美的食物大军过去,找机会抓住掉队的猎物。

所以,千万不要阻拦归师,不要想着将他们一网打尽。即便军队强大到可以拦截归师并且将他们全部消灭,但损失也是巨大的。慕容泓率领他的族人东归家乡,符睿领军拦截,结果兵败被杀。

围师必阙。
**译文**:包围敌人,要留下缺口。

这还是心理学的问题。把敌人四面围住,让他无路可逃,除了拼命没有别的选择。可如果给他留一点活路,就会动摇他们的军心,敌人不会集中全力拼命,内部可能还会发生分歧。

人就是这样,没有活路的时候,用百分之百的力量拼命,可只要有百分之一的希望,拼命的力量就只有百分之三十了。所谓困兽犹斗,兔子急了也会咬人,都是一个道理。

同样的原理,与敌人交战之前,不要将其逼到绝境,给他们留下一点希望,他们的斗志就不会那么坚决了。

曹操攻打壶关,一开始是四面包围,放话说要坑杀所有敌方士兵,结果拿不下来。后来放开了一面,改坑杀为招降,城中守军果然弃城而出。

穷寇勿迫。此用兵之法也。
**译文**:敌人陷入绝境,则不要过分逼迫。这些都是用兵的一般法则。

什么是"寇"? 就是入侵者、外来者,这个时候也指敌人。

敌人因为战败或者粮草跟不上,没办法只能逃回,就叫作"穷寇"。穷寇是逃回,和归师的概念又不一样。穷寇的心态既惴惴不安又愤怒,如果逼得太紧,他们就会拼命,如果逼得不紧,他们就只管逃命。所以,对穷寇只需要尾随追杀,但是又不能追得太紧,否则会被反咬。

杜牧所举的赵充国的例子很有说服力。汉代名将赵充国率军讨伐零羌,零羌军队见汉军强大,于是逃走。零羌要渡过湟水,赵充国在后面慢慢地追。有人建议追上零羌，赵充国说："穷寇也，不可迫。我们在后面慢慢跟着，他们就会不管不顾地逃跑。如果我们追得太急，他们就会回头跟我们拼命。"果然，因为争相渡河，零羌军淹死数万人，汉军在零羌军半渡的时候杀到，大胜。

归师勿遏，围师必阙，穷寇勿迫。这讲的就是根据敌人的心理做出具体的安排。事实上，战争也是心理战，所以要研究人的心理，了解人的心理变化。在战争原则中，这三点是很重要的，但是心理学在战争中的应用绝不仅仅是这三点，譬如前面所说的四面楚歌、楚庄王的激将法等，都是心理学的应用。

《军争篇》到这里就结束了，我们来做一个小结。这篇讲战争的准备和战斗本身。战争的准备阶段讲究"诈"，讲谋略和侦察。战斗本身讲技巧，不能傻干、蛮干。

从另一个角度说，这一篇又是针对吴国军队的不足所写的，尤其是最后三段。孙子提出了三个观点：故军争为利，军争为危；先知迂直之计者胜；治气、治心、治力和治变。

孙子又提出了七个方法：高陵勿向、背丘勿逆、佯北勿从、锐卒勿攻、饵兵勿食、归师勿遏、围师必阙、穷寇勿迫。

孙子还提出了两个概念：迂、直。

## 九变篇第八

凡用兵之法，将受命于君，合军聚众。圮地无舍，衢地合交，绝地无留，围地则谋，死地则战，途有所不由，军有所不击，城有所不攻，地有所不争，君命有所不受。

故将通于九变之利者，知用兵矣；将不通九变之利，虽知地形，不能得地之利矣；治兵不知九变之术，虽知五利，不能得人之用矣。

是故智者之虑，必杂于利害，杂于利而务可信也，杂于害而患可解也。

是故屈诸侯者以害,役诸侯者以业,趋诸侯者以利。

故用兵之法,无恃其不来,恃吾有以待之;无恃其不攻,恃吾有所不可攻也。

故将有五危,必死可杀,必生可虏,忿速可侮,廉洁可辱,爱民可烦。凡此五者,将之过也,用兵之灾也。覆军杀将,必以五危,不可不察也。

这一篇为什么叫"九变"?历史上有两种说法,一种是九地之变,另一种则是认为"九"是最大的数,"九变"不是指确切的数,而是代指很多的意思。

两种解读都不是太好,比较而言,似乎后一种稍好一些。也就是说,所谓"九变",就是很多变化的意思。

## 行军五地

凡用兵之法,将受命于君,合军聚众。

**译文**:大凡用兵打仗的一般法则是,主将从国君那里接受使命,征集民众组成军队。

这段话在前面已经说过,不再重复。

圮地无舍。

**译文**:不要在圮地扎营。

圮,词义为桥。孙子自己在《九地篇》中下了定义:山林、险阻、沮泽,凡难行之道者,为圮地。意思就是山高水险、林木茂密、水网纵横,凡难以通行的,就叫圮地。

圮地扎营容易被攻击,难以列阵运动,是兵家之忌。

衢地合交。

**译文**:交通枢纽的地方,要派兵占领。

什么是"衢地"？《九地篇》的定义是"诸侯之地三属,先至而得天下众者,为衢地"。

孙子所要表达的是:占领某个通往相邻国家的交通枢纽,就能震慑邻国。这是行军过程中需要做的。事实上,这几句都是在讲行军过程中的注意事项。

绝地无留。
**译文**:经过绝地的时候,不要停留。

什么是"绝地"？《九地篇》的定义是"去国越境而师者,绝地也",绝地与地形无关,而是部队越过边境进入地方国土,这个时候孤军行进,四面是敌,要迅速前进,直逼敌人要害。

围地则谋。
**译文**:来到围地,不能硬来,要想办法。

《九地篇》对"围地"的定义是:"所由入者隘,所从归者迂,彼寡可以击吾之众者,为围地。"意思是在我军行动比较困难的地形,譬如险隘、小道、山谷等,兵力优势无法得到发挥。

这个时候就不能蛮干的,要想办法。孙子说"围地则谋",强调的是"谋",相对的是"不谋",也就是蛮干。至于怎么谋,孙子没有说,自然要按具体情况来想办法。

三国时期邓艾伐蜀就是这样,正面进攻就会形成"围地",所以邓艾选择小路穿过秦岭,直捣蜀国核心。

死地则战。
**译文**:陷入死地,只能拼死一战。

死地,并不是一定要死的地方。《九地篇》的定义是"疾战则存,不疾战则亡者,为死地"。死地具备以下几个条件:第一,战败必死,无路可逃;第二,敌人实力比我们强大;第三,有机会和敌人拼命;第四,唯有战胜敌人才有活路。

典型的死地就是背水列阵,一旦战败无路可走,唯一的生路就是战胜敌人。项羽和韩信都曾经背水列阵,都取得了胜利。

所以孙子说,一旦陷入死地,只有拼命,而且不能犹豫,一旦犹豫,将士就会产生畏惧心理。

途有所不由。
**译文**:有的道路可以不走。

什么是"有所不"?就是不一定非要。于是,就有了变化。所谓"九变",就是下述这五个"有所不"。

孙子的意思是,原先确定的路途,如果中间发现什么问题,是可以变化的。这样解读,才能读出变化。

这里的变化,应当是临时的。譬如我们攻打敌人,原本的安排是走大路,可是临时发现大路可能有埋伏,于是改走小路。总之,事先的战术部署不是一成不变的,要根据当时的情况做出选择。

军有所不击。
**译文**:有的敌军可以不打。

原先确定的攻击目标不一定就必须要攻击,要根据实际情况来做出调整。同样,原先并不在攻击计划中的目标,也可以成为攻击目标。

什么情况下的敌军可以不攻击呢?通常来说,饵兵勿食,锐卒勿击,但也不尽然。如果敌人既不是饵兵也不是锐卒,但攻击他们可能会打草惊蛇,或者耽误时间,破坏了大的计划,这种情况也可放弃。

城有所不攻。

**译文**：有的城邑可以不攻。

这一句跟上一句是同样的意思，譬如城濮之战，晋军就不攻打楚丘。

春秋时期经常有这样的情况，就是一国攻打另一国时通常都是直接攻打对方的首都，不会攻打途经的城池。

有这样一场战争：郑国联合齐国和鲁国攻打宋国首都睢阳，宋国派出司马孔父嘉联合卫国军队攻打郑国首都，郑国军队不得不回去。孔父嘉和卫国军队绕道撤军途中，路过戴国，想顺手捞一票。结果戴国没打下来，还被郑国军队追上，宋卫两国军队几乎全军覆没。

地有所不争。

**译文**：有的土地可以不争。

也是同样的意思。譬如前面说要争夺高地，但有的时候也不一定非要如此。什么时候争，什么时候不争，要看具体情况。

君命有所不受。

**译文**：国君的有些命令也可以不听从。

这一句最重要。前面四个"有所不"是纯技术层面的，怎样有利怎样做就好，但这句话涉及君主的权力和威严。通常情况下，国君的命令是必须要遵守的。什么情况下不接受君主的命令呢？君主的命令是错误的时候。

这里需要进一步说明的是，《孙子兵法》里是"君命有所不受"，而后来的说法是"将在外，君命有所不受"，二者的区别是很明显的。春秋时期，国君常常亲征，但有的时候并不担任主帅，这个时候，主帅才是决策者。即便国君有命令，主帅也可以拒绝。后来就不一样了，皇帝被认为并且自以为无所不能，经常预设命令或者遥控，主帅如果不接受的话，风险是非常大的，就算打了胜仗，如果没有听皇帝的，回去同样可能被杀。

五个"有所不"在讲权衡利弊，主帅必须随时明白自己的处境以及战争的目的，有所为有所不为，有所变化。导致部队陷入困境的事情不做，没有意义的事情不做，拖延战争时间的事情不做。总之，一切以达到目的为原则。

## 意识和方法

故将通于九变之利者，知用兵矣。
**译文**：所以，将帅若能懂得应变的重要性，就算懂得如何用兵了。

什么叫作"九变之利"？通常的说法是九变的好处，但是译成九变的重要性更贴切一些。

将不通九变之利，虽知地形，不能得地之利矣。
**译文**：将帅若不懂得应变的重要性，虽然了解地形，也不能充分发挥地理条件的有利作用。

你了解地形，却不知道怎样利用；有了足够的情报，却不懂得怎样去分析。这就如你有了好的食材，却不知道怎样炒菜一样。
所以，懂得方法、思维方式是很重要的。

治兵不知九变之术，虽知五利，不能得人之用矣。
**译文**：用兵作战，若不懂得如何去实施应变策略，就算知道这五个"有所不"的重要性，也是不能正确使用自己的军队的。

前面一句讲地形，后面一句讲"五利"。前一句是"九变之利"，后一句是"九变之术"。有什么区别？
如前所述，"九变之利"就是九变的重要性，是意识层面的。首先要有意识，譬如要意识到身体的重要性，才会主动去调养和保健。而"术"就是办法。所以，"九变之利"讲意识，"九变之术"讲方法。先要有意识，后要有方法。

为什么潮州、温州那么多大富商呢?是他们比其他地方的人聪明吗?不是。是他们世世代代经商,从生下来就开始培养赚钱的意识,眼中所见的,第一反应就是怎么赚钱。这就叫作"知经商之利"。有了这个意识,自然就会去思考,去揣摩,去观察,去学习,去总结,就有了"经商之术"。

所以不管面对什么样的政策,能赚钱的总是赚钱,不会赚钱的总是赚不到钱。就是因为没有意识。有了意识,就能想到办法。

这里我们又要提到岳飞的那句名言:阵而后战,兵家之常;运用之妙,存乎一心。什么叫"存乎一心"?就是有意识。为什么有的名将百战不败?就是因为有"九变"的意识。

那"以不变应万变"又如何解释呢?这里的"不变"并不是不懂得变,而是在研究了九变之后得出的结论:不变就是最好的变。

举个例子。战国时期,魏、楚和秦先后实行了变法,可齐国不变。这是不是错误的?不是。魏、楚、秦要变法,是因为他们有变法的必要,可齐国国富民强,变法只是乱折腾,不变法是对的。

是故智者之虑,必杂于利害。

**译文**:所以,明智的人思考问题,必须同时兼顾利和害两个方面。

要正确理解这句话,必须要承接上一句。也就是说,这是从上面的话中总结出来的结论。

对任何事情都不要只看到好处,也不能只想坏处。行军打仗,先抵达战地当然有好处,但是要明白的是,先抵达战地的目的是有更大的把握战胜敌人,而不是为了比谁先到。所以在行军的过程中,必须要先保证部队的安全,再争取抢先抵达战地,而不是一味求快。

孙子的意思,就是任何时候都要从正反两个方面去考虑问题,这样才能不盲目乐观,也不盲目悲观。

杂于利而务可信也。
**译文**：充分考虑到利的一面，才有信心和动力。

考虑到有利的一面，就有信心和动力朝着目标努力。有的人天生乐观，总是自信满满，这种人往往行动力很强，想到了就去做。

杂于害而患可解也。
**译文**：充分考虑到害的一面，祸患才能预先排除。

考虑到不利的一面，就是事先做好防备，堵住漏洞。反过来，如果不能从正反两方面去考虑问题呢？只考虑有利的一面，就会轻敌冒进；只考虑危险的一面，就会畏首畏尾，逡巡畏进。

孙子说我们应该"智者之虑，必杂于利害"。我们结合敌人的情况来看。

如果敌军的主帅能做到"智者之虑，必杂于利害"，那是非常危险的，我们必须要小心应付。如果敌军主帅不能够"杂于利害"，我们要怎么应对呢？这就分成了两种情况：一种是敌军主帅很骄傲，谁也不放在眼里，这样的主帅只看到有利的一面，不考虑危险的一面。什么样的主帅是这样的呢？那种成长一帆风顺，很容易就到了这个位置的人通常就是。譬如长平之战的赵括、《三国演义》中夏侯惇的儿子夏侯楙、苻坚的儿子苻睿等，这几位本身资质不错，但是考虑问题不周。对付这样的人，最有效的办法就是示弱诱敌，布置好陷阱等着他们跳。

另外一种，是敌军主帅胆小怯懦，只看到危险。什么样的人会这样呢？从小娇生惯养，没有经过战争，赶鸭子上架的那种。还有就是身体不好，影响到情绪，遇事只往坏处想等。对付这样的敌人，适合虚张声势，设置疑兵，散布谣言，展示武力，在心理上给他压力，使他犹豫、多疑和崩溃。

所以，战争之前，要了解敌军主帅的出身、经历，以此判断他的行为处世，确定适当的办法。同时，也要了解敌方的政治形势。

是故智者之虑，必杂于利害。这个道理说起来简单，但是做起来非常难。因为一个人对于问题的思考，不仅仅受理性的影响，还受情绪的影响。自己的情绪是很难克服的，悲观情绪下，往往对有利的因素视而不见。

我们还是用围棋来打比方。在李昌镐职业生涯的后期，很多棋手的水平并不低于他，但是在与他对阵的时候还是没有信心，分明有机会获胜，却还是没法实现。但是后来李昌镐连续几次在决赛中输给中国年轻棋手，是因为他的实力不行了吗？还是因为中国年轻棋手水平很高？原因在于年轻棋手不怕他，因此能够"杂于利害"，抓住机会。

巅峰时期的李世石常常呈现出强大的逆转能力，即使大龙被围剿，最后却总能翻盘，靠的就是在不利形势下依然能够发现有利因素的能力。

## 削弱敌人的三种方法

是故屈诸侯者以害，役诸侯者以业，趋诸侯者以利。

**译文**：所以，要让敌国屈服，就要想办法祸害他们。要让敌国不得安宁，就要让他们致力于各种工程，譬如修建宫殿长城等。要诱使他们四处征战，就要采用利诱的方式。

上一章讲要看到自己的利与害，同样地，也要去分析敌方的利与害。知道了敌方的害，就能逼迫他们；看到了敌方的利，就能诱惑他们。就是要想办法在决战之前消耗敌人的实力。

这三句话必须放在一起来解读。

首先，我们来对比关键字：屈、役、趋。要正确解读这三个字，要首先弄明白这几件事情发生在战争的预备阶段，这个阶段要做的事情是消耗敌人，让他们实力受损，从而使我方在战争开始的时候处于优势。

屈，是力屈的意思，使敌人在力量和意志上都受到挫折。有的人解读成屈服，就是让敌人认输。这显然是错的，敌人都屈服的话，后面就不会有战争了。

什么是役？就是劳役。什么是趋？就是去。

三者最主要的区别是："屈"的对象是对方的整个国家，包括这个国家的军队、百姓、官员、国君等。"役"的对象是对方的百姓和官员，因为各种役的主体都是百姓，而官员作为组织者和管理者，也是重要的部分。"趋"的对象是对方的军队，能够因为利益而被调动的部分。

害，就是祸害的意思，从各个方面去祸害敌军，让他们受到伤害。业，就是事业，让他们把民力国力投入到没有价值或者价值不大的事业中去。利，就是利益，通过利诱让他们的军队东奔西跑，难以休息。

具体怎么操作呢？

"害其所恶也。"只要是敌人所恶的，就是我们要做的。搞破坏、暗杀、破坏他们的君臣关系、派兵骚扰、破坏他们与其他国家的邦交等都是办法。譬如吴国常年在边境骚扰楚国、秦国派间谍离间魏国国君和信陵君的关系等。

"役诸侯者以业。"就是让敌人把国力消耗在无意义的事情上，譬如孙子离开吴国之后，越国向吴国进献檀木，诱使夫差耗费人力物力修建姑苏台。战国末期韩国曾派人说服秦国修建郑国渠，也属于这个办法，不过事情暴露，秦国并没有因此受到损害。

历史上很多王朝的覆灭都与劳民伤财的工程有关，譬如秦朝，长城、阿房宫、秦始皇陵的修建导致秦朝国力疲敝，民不聊生，百姓怨声载道，最后不得不揭竿而起。隋炀帝修大运河也是一样。

"趋诸侯者以利。"我们可以散布谣言，诱使敌人以为攻打某国有利可图；派出间谍，引导敌人发动与其他国家的战争；可以假装与敌人友好，诱使他们和我们一起做某件事情。

这三种方法的目的都是折腾、削弱敌人。换言之，只要能够折腾和削弱敌人的，都是我们应当做的。如果某件事不在这三种方法以内，却能够削弱敌人，去不去做呢？当然。

我们也可以反过来想，但凡让我们劳师动众、劳民伤财的事情，都有可能是敌人的阴谋，都必须要谨慎对待。

## 将有五危

故用兵之法，无恃其不来，恃吾有以待之；无恃其不攻，恃吾有所不可攻也。

**译文**：所以，用兵打仗的一般法则是，不要指望敌人不来入侵我，而要依靠自己随时的准备；不要指望敌人不来攻击我，而要依靠自己的防守让敌人找不到攻击的方向。

这两句话可以总结成两个词：自强，常备。作为一国将帅，不仅仅是战时领军出征，还要在平时保持训练和警惕，常备不懈。

类似的说法在《孙子兵法》中还有不少，孙子一直在强调这种思维。《司马法》中也有类似表述：国虽大，好战必亡；天下虽安，忘战必危。

故将有五危，必死可杀。

**译文**：将帅有五个方面的弱点可以被利用。只知硬拼，只知进不知退，对于这样的将领，可以在战场上杀死他。

什么是必死的将军？就是打仗不要命，只知前进不知后退，有勇无谋，譬如项羽、夏侯惇、李逵等。关羽北伐时也是如此，抱有必死之心，却完全没有想到自己的老窝会被端掉。

如果跟这样的人硬碰硬，即便战胜了也会有很大的损失。所以对付他们最好的办法就是诱敌深入，设置埋伏，一举歼灭之。这就是"必死可杀"。

必生可虏也。

**译文**：对于贪生怕死的，可以活捉他。

什么是必生的将军？就是贪生怕死的。这样的将军在打仗之前就想着怎样让自己安全，还没开战就已经准备逃命了。对这样的人，就要表现出强势迫使他退缩；之后包围他，他没有必死的决心，就只能投降。这就是"必生可虏"。春秋时期宋国军队就比较怕死，所以主将常常被活捉。

邲之战中，晋军主帅荀林父在开战之前就派赵婴齐准备逃跑的渡船，这个举动使得晋军上下失去信心，战败成为必然。东晋的桓玄与刘裕在江上决战，桓玄在自己的大船边上备着小船准备随时逃命，将士无心作战，结果自然是大败。

忿速可侮。
**译文**：对于刚忿急躁的，可以侮辱他，让他失去理智而冒进。

什么是"忿速可侮"？就是敌军主将性格暴躁易怒，这时候就要想办法羞辱他，让他因愤怒而失去理智。城濮之战中先轸就用这个办法来对付楚军的成得臣。三国时期，诸葛亮曾经用同样的办法羞辱司马懿，可是没用，司马懿不上当。

廉洁可辱。
**译文**：廉洁的最在乎名声，对于这样的人，可以造谣毁坏他的名声，他就会气急败坏，或者急于为自己正名而采取不理智的行为。

廉洁可辱，就是敌方主将历来廉洁，看重自己的名声，这个时候要想办法破坏他的名声，使他烦恼窝火，注意力不能集中。

爱民可烦。
**译文**：对于宽仁爱民的，可以利用百姓的问题来烦扰他，让他手忙脚乱，顾头不顾尾。

爱民可烦，就是敌方主将爱护自己的百姓，那就对他的百姓下手，让百姓成为他的拖累，从而让他无法全力来对付我们。

三国时期，曹操攻打新野，刘备原本可以全军撤离，可他要带着百姓一块儿走，结果被曹军追上，损失惨重。这就是"爱民可烦"。这样做本身有点无耻，但战争是残酷的，有的时候也不能不这样做。

凡此五者，将之过也，用兵之灾也。覆军杀将，必以五危，不可不察也。

**译文**：以上五点，是将帅的软肋，对他们领兵打仗来说都是负累。军队覆灭和将帅被杀，都由上述"五危"引起，是不可不予充分重视的。

在开战之前，需要了解敌方主帅，分析和利用他的弱点。但要真正了解一个人并不容易。譬如张飞这样的人看上去是不怕死的，但实际上粗中有细，如果对他的判断错误可能反而陷入圈套；周瑜看上去像文弱书生，实际上非常强硬，对他若判断错了，同样遭殃。

我们也要换位思考看看自己的主帅是不是也有类似的问题。如果主帅太刚猛，就需要给他配一个谨慎的副将或者监军；如果主帅胆小怕死，那就不应该委以重任。总之，我们用以对付敌人的，很可能也是敌人用来对付我们的。

第八篇《九变篇》到这里就结束了。这一篇的要点是"智者之虑，必杂于利害"。考虑到有利的一面，也考虑到不利的一面，这样就能随机应变，做出正确的决策。

孙子运用了一种思维方式：换位思考。用围棋的说法，就是"敌之要点就是我之要点"。

孙子提出了一个策略：屈诸侯者以害，役诸侯者以业，趋诸侯者以利。

## 行军篇第九

凡处军相敌，绝山依谷，视生处高，战隆无登，此处山之军也。

绝水必远水，客绝水而来，勿迎之于水内，令半渡而击之，利。欲战者，无附于水而迎客，视生处高，无迎水流，此处水上之军也。

绝斥泽，唯亟去无留，若交军于斥泽之中，必依水草而背众树，此处斥泽之军也。

平陆处易，右背高，前死后生，此处平陆之军也。凡此四军之利，黄帝之所以胜四帝也。

凡军好高而恶下，贵阳而贱阴，养生而处实，军无百疾，是谓必胜。丘陵堤防，必处其阳而右背之，此兵之利，地之助也。

上雨，水沫至，欲涉者，待其定也。

凡地有绝涧、天井、天牢、天罗、天陷、天隙，必亟去之，勿近也。吾远之，敌近之；吾迎之，敌背之。

军旁有险阻、潢井、蒹葭、林木、蘙荟者，必谨覆索之，此伏奸之所处也。

敌近而静者，恃其险也；远而挑战者，欲人之进也。其所居易者，利也；众树动者，来也；众草多障者，疑也；鸟起者，伏也；兽骇者，覆也；

尘高而锐者，车来也；卑而广者，徒来也；散而条达者，樵采也；少而往来者，营军也；辞卑而益备者，进也；辞强而进驱者，退也；

轻车先出，居其侧者，陈也；无约而请和者，谋也；奔走而陈兵车者，期也；半进半退者，诱也；

杖而立者，饥也；汲而先饮者，渴也；见利而不进者，劳也；鸟集者，虚也；夜呼者，恐也；军扰者，将不重也；旌旗动者，乱也；吏怒者，倦也；杀马肉食者，军无粮也；悬瓿不返其舍者，穷寇也；

谆谆翕翕，徐与人言者，失众也；数赏者，窘也；数罚者，困也；先暴而后畏其众者，不精之至也；来委谢者，欲休息也。兵怒而相迎，久而不合，又不相去，必谨察之。

兵非益多也，惟无武进，足以并力、料敌、取人而已。夫惟无虑而易敌者，必擒于人。

卒未亲附而罚之，则不服，不服则难用。卒已亲附而罚不行，则不可用。故令之以文，齐之以武，是谓必取。令素行以教其民，则民服；令素不行以教其民,则民不服。令素行者,与众相得也。

行军,顾名思义,就是行军,这一篇讲的就是从出发地到战地之间行进过程中的策略。行军中的两个要点:第一,快速,或者说准时;第二,安全。要做到快速,就要熟悉地形,知道什么样的地形下该怎样行军。要安全,就要做好侦察,不要陷入敌军的伏击。如果与敌人遭遇,要懂得怎样利用地形与敌人作战。

在快速和安全之间,哪一个更重要?当然是安全。所以必须要按照这个思路来解读。

北方多平原,晋国与楚国的战争几乎都在平原。因此,这一篇讲山水地形,主要是针对吴国和越国的地形特点。

请注意,这一篇中有很多词需要做出准确定义,历来的解读在这方面多半是蒙混过关甚至完全错误的。因此,我们必须要按照正确的思路进行说文解字,才能做出正确的解读。

## 行军三要领

凡处军相敌。

**译文**:大凡行军临敌。

处军,我军的行动安排,包括行军和驻扎;相敌,对敌军的侦察。怎样"处军相敌"呢?后面就要说了。

绝山依谷。

**译文**:穿越山地要沿河谷而行。

绝山,就是翻越山;依谷,就是沿着谷。什么是谷?就是山谷,什么是山谷,就是两山之间的流水道。这个流水道可能是小溪,也可能是河流,还可能是枯水期间没有水的河道。

为什么要沿着河谷穿越山地呢?曹操的说法是近水草,张预则说不仅近水草,还据险固。

近水草当然是一个方面,但是这样的说法不完整。

我们经过山地时会发现山里的道路多半是沿着河流建造的。因为水往低处流,沿着河道能让人少走一些上山下山的路,同时,河流的冲击往往会带来相对两岸的平地,在这里修路的成本会低很多。

所以,沿着山谷走不仅仅是近水草,还会少走弯路,途中经过大的冲积平地的可能性也大,利于扎营和休息。这才是沿着山谷前进的理由。

但风险也是很大的。如果上游大雨涨水,沿着山谷前进就可能被淹;山谷地势较低,如果有敌人在山上埋伏,我军就会非常危险。

怎样预防这样的危险呢?接下来就讲了。

视生处高。
**译文**:要先在高地观察安全的扎营地点。

视生,就是探看安全的地形;处高,就是到高处。生,孙子所说的生地,安全的地形。

行军途中,军队驻扎最重要的是安全。什么位置安全,就驻扎在什么位置。

"视生处高"所讲的就是为了确保在山谷行军过程中的安全,要先派人登上高处,探看地形,侦察敌军。

在古代,这一类侦察兵被称为斥候。在经过山地之前,要先派斥候去高处侦察。斥候与本部之间采用旗语沟通。

战隆无登,此处山之军也。
**译文**:遇上突兀而起的高地不要攀登,这是在山地行进的原则。

隆,凸起。战隆,就是突兀而起的高地。这样的高地往往是没有被侦察到或者无法侦察的,贸然登上有很大的风险,要尽量远离并保持警惕。简单说,遇上这样的地形,要选择绕道而过,不要纠缠。

以上就是行军过程中通过山路的要点。总结一下：第一，要沿河谷而行；第二，要派出斥候到高处侦察，提防敌人的埋伏；第三，遇上情况不明的地形，绕道而行，不要冒险。

我们来看一些例子。

崤之战时，秦军过崤谷时沿谷地行军，但并没有先派出斥候在高处侦察，因此中了晋军的包围，被歼灭。

围魏救赵的故事中，庞涓在马陵道被杀，为什么？庞涓并不是浪得虚名的，之所以被伏击，在于他轻敌。

类似的战例还有很多，最根本的原因还是侦察意识不足。

孙子对于经过山地的行军规则是基于吴越之间的地形的。问题是，吴越之间的山多半比较平缓，崇山峻岭较少。如果到了西部和南部地区，譬如四川、贵州，没有办法沿河谷行军，怎么办？从历史经验来看，真是没什么办法。东汉名将马援，无论是打交趾还是征剿五溪蛮都无比吃力，就是因为在崇山峻岭中行军困难。

有两个非常成功的案例可以说一说。一是韩信明修栈道，暗度陈仓，算是找到了一条小路；二是三国时期邓艾灭蜀国，冒着生命危险从山上滚下去，抛弃辎重粮草马匹，一路上冒着荆棘，步行进了四川。

## 行军途中怎样过水

绝水必远水。

**译文**：行军中渡过水之后，迅速远离。

绝水，是越过水的意思，包括河、湖泊、海洋等。

"远水"是什么意思呢？这句话并不难理解，绝水必远水，就是渡过水之后，要尽快离开水边。

孙子并没有对此给出解释，但我们非常清楚：如果渡过水之后停留在水边，那敌军从正面来到，我军就没有退路。如果敌军在上游放水，我军就有危险。而且水边的泥土较松软，也不利于辎重的转移。如果身后没有足够的空间，很多战术也无法运用。

因此，不管从什么角度来说，渡水之后都应该立即向前挺进，留出足够的空间布防和支援后续部队的渡水。

有一部电影叫《诺曼底登陆》，讲的是"二战"时期盟军从英国登陆欧洲大陆的一场战斗，盟军在登陆之后迅速建立滩头阵地，与德军血战。为什么没有在登陆之后迅速远离海边呢？不是他们不想远离，是德国人不惜代价阻止他们。试想，如果盟军能够在抢滩之后迅速把阵地前移，何至于被德军压在狭窄的海滩上，在缺乏掩体的情况下被炮击呢？

所以我们也可以设想一下，你的部队越过河流之后就停在河边，这时候敌军从正面以强弓硬弩远距离攻击，你的处境是不是和诺曼底的盟军一样？

绝水必远水，这样的说法是有道理的。

如果全天都可以渡河，什么时间段比较好呢？当然是早上，越早渡过去，就越有时间远离。

客绝水而来，勿迎之于水内，令半渡而击之，利。

**译文**：敌人渡水过来，不要在水面上迎击敌人，而是等他们的一部分兵力已经渡水过来，其余兵力还在水上以及对岸的时候发起攻击，这样是最有利的。

在行军过程中的战斗实际上都是遭遇战。客绝水而来，就是敌军渡水而来。这个时候，如果在水上与敌军交战就纯粹是拼体力了。应该等敌人的一部分兵力已经渡水过来，无法全体列阵的时候攻击，是最为恰当的。如果更晚一些，敌军全部渡河就晚了。

孙子对这一句的总结，很显然来自春秋时期的泓之战。楚宋两军交战，楚军渡河的时候，有人建议宋襄公半渡而击，被宋襄公拒绝了，他认为这不符合自古以来的战争规则，是不道德的。在宋襄公时期，遵守战争道德还是主流的思想。孙子明确提出要半渡而击，表明他已经完全不受战争道德的约束了。

欲战者，无附于水而迎客。

**译文**：如果要作战，不要列阵于水边。

什么是"附于水"？就是在水上或者水边的意思，依附于水。简单地说，不要背水作战。前面说"绝水必远水"时，说到了背水作战的坏处。

但有人可能会说，秦朝末年，项羽就是背水作战，大破秦军，怎么解释？那是置之死地而后生的典型案例，一般情况下是不提倡背水而战的。

这与前一句话的根本区别是：前一句中敌我双方在水的两侧，我方面水；这句话中敌我双方在水的同侧，我方背水。

视生处高。

**译文**：要先在高地观察有利的作战地点。

孙子再次强调要在高处侦察。也就是说，任何情况下都要有侦察的意识。

无迎水流，此处水上之军也。

**译文**：不要逆流而上，这是沿水行军的要领。

逆水而行必定是由低往高，遇上敌人吃亏。如果可以从不同的地点渡一条河的话，尽量选择上游。

这些，就是行军过程中遇上水怎样处理的原则了。我们可以大致总结一下。

首先，安全第一。必须派斥候侦察地形地貌。渡水要在一天中的早些时候，保证过去之后能够迅速向前挺进，不至于被敌人压制在水边，造成背水作战。其次，渡江河尽量选择上游，最大程度避免逆流而上。再次，如果遭遇敌军渡河，不要急着迎战，可在敌人渡过一半的时候出击。

## 沼泽和平地行军

绝斥泽,唯亟去无留。

**译文**:通过沼泽地带,一定要赶快离去,不要停留。

斥泽,就是沼泽的意思。

过沼泽地时要迅速通过,不要停留。沼泽地不能扎营,不能列阵,没有掩蔽,行走困难,如果被敌人在岸上远程攻击,逃都逃不掉。

过沼泽地应该分成三个部分:精锐在前,抵达干地之后,立即组织防御阵型,并派出侦察兵。主力大部队在确认安全之后渡过,辎重在最后。

若交军于斥泽之中,必依水草而背众树,此处斥泽之军也。

**译文**:若在此地与敌人遭遇,则要依傍水草、背靠林木,这是在沼泽地带作战的方法。

如果沼泽地比较大,我军和敌军在沼泽之中遭遇,怎么办?孙子说,要依傍水草、背靠林木,这是在沼泽地带作战的方法,有水草林木的地方水和沼泽比较浅。

平陆处易,右背高,前死后生,此处平陆之军也。

**译文**:在开阔的平原地区行军,后部尽量占据高位,前为死地后为生地,这是平原屯扎的方法。

平原行军相比于前面三种行军方式是比较安全的。首先,平原行军的视线比较远,敌人无法设伏。其次,平原行军能够保持队形,遇上敌人方便列阵。第三,平原行军比较轻松。

所以,平原行军最紧要的是纪律,不要自己乱了就行。

即便是在平原行军,也要尽量寻找有高地的地点驻扎,让自己的部队背靠高地,面朝低地,这样,自己的身后就是生地,面前则是死地,就占有了地形的优势。

此外，平原扎营还有几个要点需要注意。第一，要远斥候，也就是要向四个方向派出侦察兵，防范敌人的袭击。第二，要在营寨建立临时敌楼，在高处观察。第三，要在道路建立多层路障，甚至挖壕沟。第四，要把辎重放置在营寨的中央，四周布置弓箭手，中央有机动的精锐。

做到了这些，才算是能够安心地休息。

一般来说，平原行军被包围的可能性不大，因为敌军大部队运动的话会有很大的声响，我方可以及早警备，并且四面都可以突围。

凡此四军之利，黄帝之所以胜四帝也。

**译文：**这四种地形下均处置得当，就是黄帝战胜所有对手的原因。

四军之利，就是指山、水、斥泽和平原四种地形下的应对方法。所谓四帝，并不是那个时候真的有四个皇帝，而是指四面的敌人，也就是所有的对手。

孙子的意思，就是将这四种情况下的行军处理好了，黄帝就胜了。换言之，其他人的行军处理得都不好。

其实孙子也就是揣测而已，他并不知道黄帝是怎么打仗的。那孙子这么说是不是纯属胡编呢？当然不是，孙子是一个逻辑思维能力很强的人。

黄帝的时代，是一个部族大迁徙的时代，黄帝、炎帝都从西面来，蚩尤从南面来，还有从北面来的，大家从三个方向挺进中原。所以，各部落都在行军过程中，并没有攻城这回事，所有的战争都是遭遇战。这个时候行军的方式尤其重要。不懂得行军的正确方式，不仅路上损失惨重，遭遇敌人的时候也会非常疲劳，非常被动。

所以黄帝掌握了正确的行军方式，就能够以逸待劳，临机应变，从而立于不败之地。因此孙子才说，黄帝靠四军之利就夺取了天下。

其实，行军并不仅仅是上述四种情况，还有沙漠行军、草原行军，这些孙子都没有接触过，因此也就没有提及。

## 什么是右背高

凡军好高而恶下，贵阳而贱阴。

**译文**：大凡屯扎，喜欢高地，不喜欢洼地；喜欢向阳的一面，不喜欢阴暗的一面。

无论是屯扎还是作战，军队都应该占据高处。这一点在前面讲过很多，这里就不再赘述了。

"阴阳"前面也讲过，山的南侧和水的北侧属于阳。这里所说的就是山的南侧。孙子这样的说法当然是基于北方的气候，如果是广东这一带，可能情况会稍有不同。到了夏天，在广东晒一天太阳，不如在荫凉的地方躲一天。

养生而处实，军无百疾，是谓必胜。

**译文**：屯军在万物生长的地方，将士不容易患病，才有获胜的把握。

"养生"就是利于生活如水草丰富，水源充足的地区。"处实"就是道路坚实，进退有路，别住在沼泽地里，也别住在坑洼里。

做到了这些，将士们的健康就有保障，不至于生病。

孙子在完成这部兵法之前应该在江南生活了一段时间，否则不会对此有感受。譬如北方比较干燥，虽然山南山北居住有区别，家里南屋北屋住着的感受不同，但还不至于到生病的程度。可是到了江南，因为比较潮湿，长期住在没有阳光的地方就很容易生病。至于岭南就更是这样了。

总结这段话，孙子不仅仅考虑到作战，还考虑到将士们的生活和健康问题，确实非常全面。

丘陵堤防，必处其阳而右背之，此兵之利，地之助也。

**译文**：在丘陵堤防这样的地形，要让精锐部署在高处。这样会更加有利,因为利用了地形。

如遇丘陵堤防,要占据南面朝阳之处。

这里有个问题:什么是"右背之"?

我们来做一个相对合理的解释。孙子的时期,大国军队通常为三军,晋国是上中下,楚国是左中右,齐国大致也是左中右。右背之的右就是右军的意思。

军队扎营的时候可以有两种方向,一种是横向,一种是纵向。横向就是左中右三军的前部都在山下,后部都在山上。纵向就是左军在山下,右军在山上,中军在两军之间。

相对来说,纵向更合理。因为利于指挥。我们设想一下,当敌人来攻击的时候,我军以左军迎敌,中军后援,右军则可以机动,由山上杀下。这样,每个作战单元都是独立的,便于指挥调动。

如果是横向,当敌人来攻击时,三军的前半部迎敌,后部做机动。这个时候的指挥就会有问题。

我们用自由搏击做比喻。徐晓东挑战传统武术,结果打得传统武术的太极、咏春等一败涂地。我看了一些视频,发现传统武术有一个致命的问题——现代搏击术注重防守,基本上是一只胳膊在前防守,另外一只胳膊在后蓄势进攻。可传统武术是两只胳膊都在前面,一块防守一块进攻。结果呢?不仅防守不住,还因为胳膊在前面,没有蓄势的过程,导致进攻的力度也不够。

右背高,就是右军在高处。这样,左军充当左胳膊负责防守,右军充当右胳膊,在山上蓄势杀下。或者我们说,以左军为前军部署在山下,右军为后军部署在山上。

所以孙子的核心就是要在山上布置独立的作战单元,并且最好是精锐。这样利于指挥和调动,战斗力非常强。

扎营的时候如果有高坡,一定要让精锐在高处。

有些不懂兵法的将军恰好相反,把精锐摆在前面,老弱病残在高处。结果一旦前面交锋,山上的老弱病残根本用不上。

以赛跑为例。有的人能跑八百米,所以前一百米只能算热身,真正进入状态在一百米以后。有的人跑十米就喘气,这种人跑一百米直接就跪了。所以,一定要让精锐在高处,向山下冲锋的过程恰好是他们的热身。

此外,山坡也有不同,有的陡有的缓,有的平有的多坑。所以,什么位置适合防守,什么位置适合冲锋,都要事先做出安排并且预做准备。

总之,孙子给了一个原则,但是如何做,还要自己想办法。

## 行军中的观察

上雨,水沫至,欲涉者,待其定也。

**译文**:上游下雨涨水,一定产生水沫,要想涉渡,就需等到水势稳定以后。

这里有个经验,那就是上游涨水的两种不同情况。

一种是水库放水或者决堤,这个时候大水向下流是没有预兆的,水会来得很快很猛,难以预备。另一种是上游下雨,水是逐渐涨起来的,会有水沫先到下游,这时涨水是可以预判的。孙子说的就是后一种情况。

如果水很污浊,说明上游有滑坡,是因为水势太大而滑坡还是因为偶然情况,这需要进一步观察。不管怎样,如果水很污浊,也是需要加倍小心的。

再进一步说,只要水的情况异常,都要加倍小心。

孙子为什么提到这个问题?因为这种情况在吴越地区很常见。

凡地有绝涧、天井、天牢、天罗、天陷、天隙,必亟去之,勿近也。

**译文**:大凡遇上绝涧、天井、天牢、天罗、天陷、天隙这样的地形,必须尽快离去,不要接近。

这里,孙子列出了六种典型的地形。都有哪些呢?

我们来看看梅尧臣的说法。绝涧(前后险峻,水横其中)、天井(四面峻坂,涧壑所归)、天牢(三面环抱,易入难出)、天罗(草木蒙密,锋镝莫施)、天陷(卑下汙泞,车骑不通)、天隙(两山相向,洞道狭恶)。

这都是非常糟糕的地形,其共同点是行走困难,一旦被敌人占据有利地形,我军基本就没有还手之力。

所以要尽量避开这样的道路,如果不能避开,要将部队分解成小的单元,分别迅速通过。这样,即使遭遇埋伏,也不会损失太大。

这个,讲的是行军。

吾远之,敌近之;吾迎之,敌背之。

**译文:** 我军要远离它,而让敌人靠近它;我军要面向它,而让敌人背靠它。

这六种地形,曹操称之为"六害",要尽量远离它,让敌人去靠近它,去背靠它。

怎样让敌人去靠近它、背靠它呢?引诱他们,或者迫使他们。譬如敌人来犯,我们可以先布置兵力,迫使敌军不得不在这样的地形行军和驻扎。我们也可以诈败,将他们引到这样的地形中来。譬如诸葛亮南征,就用计将藤条军引入天牢地形。

军旁有险阻、潢井、蒹葭、林木、蘙荟者,必谨覆索之,此伏奸之所处也。

**译文:** 驻军附近若有山险水阻、坑坎沼泽、芦苇丛生、林木茂密、草树蒙笼之处,必须认真地进行全面彻底地搜索,因为这都是隐藏敌军间谍的地方。

部队驻扎绝不是搭个帐篷、建个栅栏那么简单,必须要对周围的环境有足够的了解。对于什么地方可能会有敌军侦察兵,什么地方可能会有伏兵,都要做出观察、搜索和判断。

那么,险阻、潢井、蒹葭、小林、蘙荟到底该怎么定义呢?我们只需要记住一个原则就好——只要一眼看不透的地方,都有可能藏奸。但是,并不是所有能藏奸的地方都危险。譬如河对面有一片树林,需要去搜索吗?未必,只要注意观察就好了。譬如我们驻军在高处,视野很好,能看很远,山谷对面有一处洼地,要搜索吗?似乎也不必,因为敌人很难过来。

由此又说明占据一处好地形非常重要,省心省力。

敌近而静者,恃其险也。
**译文**:敌人迫近却不躁动的,是因为他们有险可据,有恃无恐。

因为双方很近,所以随时可能发动攻击。这个时候,就会不断地有侦察的动作,有各种响应,有躁动甚至恐慌。

如果敌人很安静,那就说明敌人占据了险要的地形,有恃无恐,不担心我们的攻击。

从这一条开始,以下几条都是经验,从书本上学到的可能性不大,孙子可能得自父亲的传授,或者是他在搜集素材的时候遇到的有战斗经验的人。

我们通过敌人的举动,可以判断敌人的真实想法和目的,这样才能制定针对性的策略,才能不陷于敌人的圈套。

通过对周边环境的观察,能够判断敌人的动态,这样才能及时地进行应对。

所以,一个好的将军,要懂得观察和分析,要懂得心理学。而谋士是干什么的?就是要在这些细节方面去帮助主帅。

远而挑战者,欲人之进也。
**译文**:离我军较远却来挑战的,是诱使我军前进。

挑战,当然是小股部队干的事情。敌军主力离得远,一旦我军出击,敌军挑战的小股部队很容易就逃走,我军就会追击前进,这就算是被诱使了。

所以,在敌军挑战的情况下,首先要弄清楚敌军主力在哪里,才能做出正确的决定。

**其所居易者,利也。**
**译文**:敌军营地发生变化,是因为有了更有利的地点。

这是一个至今难以解读的问题,十一家注把"易"理解为平地,"利"理解为利诱我军。

如果把"易"解释为"变换"的话,就容易理解得多。当然,这也未必是正确答案,不过比从前的看上去合理一些。

**众树动者,来也。**
**译文**:看到林木摇动,是敌人暗中杀到。

十一家注的说法,林木之所以动,是因为敌军砍伐树木开道。这个解说恐怕也难以成立。

那时候可没有电锯,砍一棵树是很费劲的。而且,要开出一条能够走战车的道路,仅仅砍树也是不够的,树根也要挖出来。眼看就要与敌人作战了,还在砍树开道,这仗也不用打了。

孙子所要表达的是,当敌军从树林中穿行或者在树林旁行军的时候,这片树林的树叶一定会晃动,所以通过对远处树林的观察,可以发现敌军的动态。

**众草多障者,疑也。**
**译文**:用草来做掩蔽,多设置障碍物,是要让我们产生疑惑。

所谓"众草",就是用草来作为掩蔽,这些草可以是生长在草地里的,也可以是割来覆盖的。总之,草的作用是掩蔽,是不让你看清楚我这里到底有什么。

"多障",就是多设置路障,用来阻止对方侦察和前进。

所以,"众草"和"多障"就是不让你摸清他的虚实,不知道他们究竟在干什么。

鸟起者,伏也。
译文:鸟雀惊飞,是下面有伏兵。

我军行进,不知道山后的情况,如果这个时候山后的鸟群飞起,就说明有人在行动,有伏兵。

兽骇者,覆也。
译文:野兽骇逃,是敌人大举来袭。

通常情况下,野兽看到人是会躲开的。但是,要让野兽惊骇而逃,一定是遇上了大量的、速度很快的人。所以,根据野兽骇逃,就可以判断敌人正在大举来袭。

## 行军中的经验总结

尘高而锐者,车来也。
译文:尘埃起得又高又直,是敌人的战车杀来。

尘土又高又直,是因为行车的速度非常快,而且前车刚过,后车又到,等于接力把尘土推高。车快,则尘土高,这一点我们都有经验。

卑而广者,徒来也。
译文:低矮而面积大,是敌人的步卒正在杀来。

尘土低矮面积大,那是因为步兵的速度慢很多,但是面积更广一些。

散而条达者,樵采也。
**译文**:疏散而呈条状,是敌人在采集树木,准备扎营造饭。

为什么尘土疏散而呈条状就是采集树木呢？一来,采集树木是没有规律的,激起的尘土会比较疏散;二来,砍下树木之后,不是抱着回去,而是在地上拖回去,拖一路,尘土当然就成了线条。

少而往来者,营军也。
**译文**:尘土稀少而往来移动,则是敌人正在安营扎寨。

安营扎寨的时候士兵走动比较随机,速度不快而且分散,因此尘土不多。

辞卑而益备者,进也。
**译文**:措辞谦卑,却在加强战备的,意味着敌人将要进攻。

辞卑,就是示弱。示弱的目的是让敌人掉以轻心,疏于防备。这样,就能出其不意,攻其不备。一个典型的例子就是三国时期吕蒙袭击荆州之前,故意在关羽面前"辞卑",让关羽放松警惕。

辞强而进驱者,退也。
**译文**:措辞强硬而又做出要进攻架势的,实际上敌人要逃跑。

敌人想要我军全力防守,不做攻击准备,这样就不用担心被我军追击了。
前面讲的阳处父的例子就是如此,这样的例子还有很多。

轻车先出,居其侧者,陈也。
**译文**:轻车先出,部署在两翼的,是准备列阵。

这个大致像奥运会开幕式，旗手先到场地，站好位置，之后运动员入场，按照旗手的位置定位，就不会乱。轻车先出的作用，一是定位，二是警戒。

无约而请和者，谋也。
**译文**：双方没有提前约定，却主动来求和结盟的，一定有阴谋。

无缘无故前来示好或者结盟，必然有他的意图。要么就是麻痹你，然后袭击你；要么就是麻痹你，让你不要干预他们。总之，必有所图。

奔走而陈兵车者，期也。
**译文**：敌人急速奔走列阵，是因为约定了会师的时间。

期，是约会，不是约战的意思。这里的期，是与本国军队和别国友军相约会师的意思。

这个时候就要当心敌军增兵了。

半进半退者，诱也。
**译文**：半进半退的，是在诱使我军上钩。

半进半退的意思应该是做出犹豫不决，进退不定的假象，诱使敌人来攻击。通常，如果我们发现敌军半进半退，就会判断敌军的内部或者后方出了问题，因此犹豫不决。这个时候可以发动进攻。所以，也同样可以做出这个假象诱使敌人来攻击，布置埋伏。

作战就像下棋和打桥牌，一个好的将军，一定也是一个好的棋手和牌手。为什么这样说呢？因为一个好的将军不仅要知道自己应该怎么做，还要侦察判断敌人会怎么做，进而给出应对的策略。这就像下棋，不仅要懂得下棋的原则和技巧，还要懂得判断对手的思路和意图。甚至，更好的棋手还会通过对手的身体语言做出判断，以此修正自己的策略。

假如双方形势相当,这时候你发现对方一个下意识的动作显示他对自己的形势判断很悲观,他可能会铤而走险,你就可以给他下套了。有的棋手擅长表演,也会故意给对手制造假象。

至于打桥牌,更是如此,整个叫牌的过程,就是形势判断的过程,你面对的是三家的情报,其中一个是队友,两个是对手,如何判断呢?麻将也是,你面对的是三个对手,不仅要判断形势,还要确定是以一敌三,还是坐山观虎斗。

说了这么多,目的就是一个:不能只关注自己,要侦察、分析敌人。很多人解读《孙子兵法》之所以总是让人不知所云,就是只想到自己应该怎样,却不知道孙子不仅仅讲自己,还讲敌人。

怎样判断敌军的作为呢?要派出间谍和侦察兵,获得敌人的准确信息。侦察兵要懂得从哪些方面观察敌军的动向。所以,要对侦察兵进行系统训练。观察到敌军的情况,要懂得分析。当我军主帅获得这些信息以及侦察兵的初步分析之后,就要进行进一步的分析和通盘的判断。一个好的将军,要懂得怎样使用侦察兵,更要懂得怎样去分析侦察到的信息。

## 行为分析

> 杖而立者,饥也。
>
> **译文**:敌兵把兵器当拐杖用,说明他们饥饿无力。

对于侦察结果,当然要做出分析,否则侦察就没有意义。而这一类分析判断的方法,不仅仅需要经验、常识,还需要有心理分析的知识才能掌握。实际上,心理分析是《孙子兵法》中非常重要的一个方法。

敌兵把兵器当拐杖用,说明他们饥饿无力。这个应该是经验。有人会问,把兵器当拐杖用,为什么不是累而是饿呢?这个问题确实需要更进一步地分析。

我们通常会有这样的经历:走了很远的路,非常累,终于可以歇脚了,就会说"累死了",然后一屁股坐在地上。就是说,人累的时候,是腿部肌肉感觉疲劳,因此想坐或者躺。饿的时候,是肚子空虚不好受,腰直不起来,但是不想坐。所以,把兵器当拐杖用,主要原因是饿。一屁股坐在地上,主要是累。

汲而先饮者,渴也。
**译文**:敌军打水的士兵在打水之前自己先喝水的,是因为口渴难耐。

派士兵去取水,士兵自己先喝饱再取水,说明士兵非常渴。所以,从取水士兵的表现,就能知道敌人整个部队都比较渴。

见利而不进者,劳也。
**译文**:敌人见到好处而不去夺取,是因为太过疲劳。

见到好处却不去抢夺,是因为疲劳。我们知道,当一个人非常疲劳的时候,会影响到他的意志和欲望。但是这里要注意,这里的劳,是非常疲劳。当敌人见到好处都不愿意去抢夺的时候,就意味着他们非常疲劳了。

乌集者,虚也。
**译文**:敌军像乌鸦一样拥集在一起,说明心中没底。

这句话是有歧义的,有些版本作"鸟集者,虚也",历来的解读都是"敌人军营上有鸟聚集的话,说明敌军已经走了,这里是空营"。
我们来看这一段话,前面三句讲的是敌军饥饿、口渴和疲劳,是讲怎样判断敌军的身体状况,后面就该讲怎样判断敌军的心理和精神状况。因此,这里不是鸟集,而是乌集,虚,是心虚的意思。
乌集是怎样的?不知道大家有没有注意过,乌鸦是成群结队飞行的,相互之间的距离很近,落下来则是成片的,所以叫乌集。
军队行进,应该是有序的,队列之间需要距离。可是当将士们信心不足,总是担心遇上伏击或者被追杀的时候,就会不自觉地相互靠拢,队列的距离缩小,甚至成片。所以,当我们发现敌军龟缩在一块行进的时候,就知道他们没有信心了。这就是"鸟集者,虚也"。

其实,群居动物的本能都是这样的,当它们心虚胆怯的时候,就喜欢扎堆,羊群遇上狼的时候,就是拼命扎到一块儿。鸡鸭鹅也无一不是如此。南极的企鹅过冬,也是扎成一堆取暖。

人类也是如此,遇上危险、心虚胆怯的时候,就喜欢扎堆。所谓抱团取暖,就是这个意思。

所以,当看到敌人缩到一块儿的时候,就知道他们是真的很害怕。

夜呼者,恐也。

**译文**:敌军夜间惊呼,说明内心恐惧。

恐是什么?是出自心底的害怕,自己吓自己。

为什么恐就会大声喊叫呢?自己给自己壮胆,就像半夜过坟地,很多人会唱着歌过去。现代心理学说,很多人说话的声音很大是因为缺乏安全感。狗也一样,越小的越爱叫,吉娃娃是最爱叫的,因为个子太小,没安全感。

白天没信心,晚上一定担心被劫营,所以就会恐惧。

军扰者,将不重也。

**译文**:军士自相扰乱,说明主将没有威力。

为什么士兵会扰乱躁动?因为对主将没信心。想想看,如果诸葛亮领军,士兵会躁动吗?不会,因为大家相信主帅把一切都算到了,都安排好了,我们是安全的。相反,派个太监来统军,整天只知道吃喝,肯定稍有风吹草动就会让士兵躁动起来。

主将无能,军中自乱。

旌旗动者,乱也。
**译文**:旌旗无序摇动,说明指挥混乱。

前面讲过,古代军队的信号系统包括旗帜和锣鼓。战斗的时候,锣鼓的作用更大,但是行军的时候,旌旗的作用更大。军队行进的秩序主要靠旌旗来指挥,如果旌旗乱动,就意味着队伍的秩序和指挥出了问题。

吏怒者,倦也。
**译文**:执法的军吏烦怒,说明敌军疲惫。

军吏不仅仅是执法人员,管理粮食的、营垒布置的人,都属于军吏。这么说吧,负责军中事务的低级官员都是军吏,他们有一定的权力,但负责的事务繁杂,很辛苦。

倦,疲倦,指的是精神、头脑累了,这个时候就容易犯困、情绪不佳,易动怒。再加上手里还有点小权力,所以军吏的烦怒往往会发泄出来。

军吏疲倦说明敌军的事务比较多,要么是组织管理能力差,要么就是临时有变动。

那怎样才能观察到军吏是不是烦怒呢?如果是靠近侦察,可以从军吏的高声呼喝斥责中判断。如果是远距离,可以从军吏的身体语言判断。

杀马肉食者,军无粮也;悬瓯不返其舍者,穷寇也。
**译文**:杀马而食,说明敌军缺粮。烧水做饭的陶罐用完之后不收拾,士兵不返回自己的营地,说明要逃跑了。

对于军队来说,不到实在没有粮食的时候,是绝对不会杀马的,因为马不仅作战时需要,运输时需要,逃命时也需要。所以,一旦敌人开始杀马,就说明没粮食了。

什么是穷寇?就是只想着逃命,逃去哪里都已经不重要了。

锅也不要了,营地也不要了,甚至盔甲都扔了,当然就是为了逃命了。

## 对主将的观察

谆谆翕翕,徐与人言者,失众也。
**译文**:主将絮絮叨叨、慢声细语地讲话,是因为不能服众。

从这一句开始,以下四句话的主语都是主将,不是全军。

主将如果跟人絮絮叨叨,说话声音不高,那就是指挥不动了。譬如某个高官在台上说话底气足,习惯了发号施令。某一天被免职了,你就会发现,他骤然之间变得温和慈祥了很多,说话也轻声细语,开始抱怨了。总之,人很弱势了。

军队也是如此,主将令行禁止的时候,说话一定是高声大气,指指点点。一旦要装出很亲民的样子,要博同情求理解,就说明他不能服众。

数赏者,窘也。
**译文**:频繁赏赐,是因为主将处境窘迫。

处境窘迫,就是说主将处境比较困窘。譬如说你是主将,可是你没什么本事,全靠老丈人在朝中当权。但老丈人被免职了,你说处境是不是很尴尬?这时候,就要拉拢人心了。

数罚者,困也。
**译文**:动辄处罚,是因为主将处于困境之中。

困比窘严重很多,困是看不到出路,非常危险。这个时候,靠拉拢人心已经不好使了。譬如队伍被敌人两头堵,无路可走,这个时候就要担心手下是不是会投降,是不是要把自己的脑袋拿去请功。可能看谁都像叛徒,怎么办?那就靠杀人来吓唬他们。问题是你越暴虐,士兵就越想杀你,《三国演义》中,吕布就是这样完蛋的。

先暴而后畏其众者,不精之至也。
**译文**:先对自己的部众刻薄暴虐而后又害怕其部众,那是最蠢的做法。

以上三种情况都是说主将和手下将士之间的关系出了问题。所以孙子随后就提醒说主帅一定要处理好和部众之间的关系,并且举出了一个最糟糕的情况,那就是先对部众暴虐,之后又害怕部众会收拾自己,这种就是最愚蠢的主将了。

来委谢者,欲休息也。
**译文**:敌人派使者前来勾兑,是想休息。

这句话什么意思?我们可以用一个词来概括:缓兵之计。

什么情况下使用缓兵之计?没有准备好战斗,或者前期损失太严重,需要整合补充,或者连番作战太疲劳,需要休息。总之,缓兵之计为的是争取时间接着干。

我记得有这样一个战例。说敌军攻城数日,眼看城池就要被攻破。这个时候,守将老王派人前去谈判:"按照我国法律规定,如果守城一百天而援军不到,这个时候投降,家属就不会受牵连。您看现在已经九十天了,能不能不要攻城,我保证十天后投降。"敌军信以为真,结果老王利用这十天修缮城墙,让战士休息,准备防守物资,十天之后继续干。

兵怒而相迎,久而不合,又不相去,必谨察之。
**译文**:敌若逞怒而来,久不与我交战,而又不退去,就一定要认真地分析了。

敌军与我军对垒,但是不打,也不走,这是要干什么?毫无疑问,要拖住我们。这可能有很多种原因,所以孙子在这里只说一定要认真分析,并没有说会是什么。

敌军拖住我们,有可能是为了等待援军来切断我们的退路,或者合围我军;也有可能是敌军拖住我军,同时在其他地点攻击我方;还有可能是在等待我军出问题、犯错误,譬如长平之战,秦军悄悄换上白起出任主帅,不战不走,等待间谍搞定赵王,以赵括取代廉颇。

所以这个时候,我军必须在多个层面观察分析,做好侦察防备。

## 多多并不益善

兵非益多也。

**译文**:兵力不是越多越好。

其实前面都说了,冷兵器时代,由于通信、指挥、运输等方面的限制,并不是兵力越多越好。

赵国的赵奢是战国名将,曾经和齐国的田单辩论打仗需要多少兵力的问题,田单认为三万足够,赵奢认为越多越好。事实上,孙武和田单的思维比较接近。

冷兵器时代远征军的最佳人数是三万人,国内国外都是如此。

惟无武进,足以并力、料敌、取人而已。

**译文**:关键是不要贸然行动,只要能够集中兵力、准确判断敌情和让部众信服就行了。

兵力少没关系,关键是不要鲁莽行动。要懂得集中力量,制造局部的兵力优势,了解敌人的动态,同时保证自己的将士上下一心。做到这些,就足以取胜了。

这就像双方拿枪对射一样,你有一百发子弹,对方只有一发,你说一百发打过去,总有一发打死你。可是对方射击练得好,一发子弹直接枪杀你,那九十九发有什么用? 打仗也是,兵力少没关系,只要集中力量、找准时机,攻打要害软肋,就足以一击致命。

夫惟无虑而易敌者,必擒于人。

**译文**:只有那种没有头脑而又轻敌的人,才一定会被敌人活捉。

孙子说,不管兵多兵少,没大脑而且轻敌的,一定失败。其实这句话反过来也可以印证:如果你没有大脑,那么兵力越多,你就越轻敌,死得越快。相反,如果兵力少,你就不会那么轻敌,反而不那么容易死。

所以,对蠢货来说,兵力越多越糟糕。

这个道理很有价值,如果你是个蠢货,钱越多你死得越惨。因为钱多你就会胡来,胡来就是作死。

卒未亲附而罚之,则不服,不服则难用。卒已亲附而罚不行,则不可用。

**译文**:士卒尚未亲近归附就严厉处罚,他们就会不服,不服就难以使用。士卒已经亲近归附,却不能严格执行军法军纪,就没法使用。

用一句话来表达:胡萝卜加大棒,恩威并施,才能让士兵卖命。这句话是说对驴就要这样,驴才会老老实实拉磨。

故令之以文,齐之以武,是谓必取。

**译文**:所以,要以政治道义的方式团结大家,要以严厉的军法去规整大家,这样就一定能有效指挥部队。

用好处来收买人心,让他们来跟你干。用惩罚来树立威信,告诉他们该怎么干,不能怎么干。

令素行以教其民,则民服;令素不行以教其民,则民不服。

**译文**:平时就能严格执行法令,训练指挥部众,部众就会服从;平时不能严格执行法令,训练指挥部众,部众就不会服从。

执法要公平,赏罚要及时,这样士兵就会服气,就会愿意服从命令。队伍的战斗力就能发挥出来。

令素行者,与众相得也。
**译文**:平时能严格执行法令,就能与部众互相支持了。

"行军篇"到此结束了。本篇主要讲的就是行军中的事项,一方面是我军应该怎样做,另一方面是侦察分析判断敌军会怎样。其中,有经验之谈,有人性的考量,有心理学的运用,可以说非常有新意。

在春秋时期,行军与作战的区别还是比较大的。通常,交战双方都采用对阵的方式决定胜负。因此,行军是行军,交战是交战。崤之战是有记载的最早的伏击敌军的战争,也就是说,行军不再是简单的行军,行军中可能就会开战。所以从这个时候开始,行军和作战就不能截然分开了。

到孙子时期,吴军与楚军的作战几乎没有正面列阵交锋的时候,都是伏击战或者遭遇战,行军与作战已经完全结合了。孙子在这里首先进行了总结,分析了行军的重要性和行军的变化,提供了更多的灵活作战方式。

直到近现代,西方军队的作战理念中,行军与作战都是分开的。

曾经有人设想在罗马军队、马其顿军队和阿拉伯军队称雄西方的时期,他们与中国军队交战会怎样。很多人认为中国军队不是他们的对手。但是,我敢百分之百确定,如果真的遇上,他们能活着回家的概率不高。在战术层面上,当时的中国军队绝对碾压西方。

这一篇提出了两个新的观点。第一个是"兵非益多也,惟无武进,足以并力、料敌、取人而已"。第二个是"令之以文,齐之以武,是谓必取",对士兵要恩威并施。

不过，这一篇主要还是在讲行军作战中的经验、技巧，实用性非常强。

## 地形篇第十

地形有通者、有挂者、有支者、有隘者、有险者、有远者。

我可以往，彼可以来，曰通。通形者，先居高阳，利粮道，以战则利。

可以往，难以返，曰挂。挂形者，敌无备，出而胜之，敌若有备，出而不胜，难以返，不利。

我出而不利，彼出而不利，曰支。支形者，敌虽利我，我无出也，引而去之，令敌半出而击之，利。

隘形者，我先居之，必盈之以待敌。若敌先居之，盈而勿从，不盈而从之。险形者，我先居之，必居高阳以待敌；若敌先居之，引而去之，勿从也。

远形者，势均，难以挑战，战而不利。

凡此六者，地之道也，将之至任，不可不察也。

故兵有走者、有弛者、有陷者、有崩者、有乱者、有北者。凡此六者，非天地之灾，将之过也。

夫势均，以一击十，曰走；卒强吏弱，曰弛；吏强卒弱，曰陷；大吏怒而不服，遇敌怼而自战，将不知其能，曰崩；将弱不严，教道不明，吏卒无常，陈兵纵横，曰乱；将不能料敌，以少合众，以弱击强，兵无选锋，曰北。凡此六者，败之道也，将之至任，不可不察也。

夫地形者，兵之助也。料敌制胜，计险厄远近，上将之道也。知此而用战者必胜，不知此而用战者必败。故战道必胜，主曰无战，必战可也；战道不胜，主曰必战，无战可也。故进不求名，退不避罪，唯人是保，而利合于主，国之宝也。

视卒如婴儿，故可与之赴深溪；视卒如爱子，故可与之俱死。厚而不能使，爱而不能令，乱而不能治，譬若骄子，不可用也。

知吾卒之可以击，而不知敌之不可击，胜之半也；知敌之可击，而不知吾卒之不可以击,胜之半也;知敌之可击,知吾卒之可以击,而不知地形之不可以战,胜之半也。

故知兵者,动而不迷,举而不穷。故曰:知彼知己,胜乃不殆;知天知地,胜乃可全。

前面在"九变"和"行军"两篇中,孙子都讲过地形,为什么这里又讲?因为之前的篇目主题都不是地形,而孙子认为地形非常重要,必须要单独成篇。

## 六种地形

地形有通者、有挂者、有支者、有隘者、有险者、有远者。

**译文**:地形有六种——通、挂、支、隘、险、远。

孙子认为,这是地形的六种基本形式。

我可以往,彼可以来,曰通。通形者,先居高阳,利粮道,以战则利。

**译文**:我可以去,你也可以去,叫作通。这种地形,先去占据高处,最好向阳,保障好运粮的通道,这样出战会比较有利。

这种地方就是所谓的四战之地,四面的交通都很便利。注意,这并不是说这个地方本身就是平地。譬如古人常说洛阳是四战之地、荆州是四战之地,因为这样的地方无险可守,敌人随时可以来。为什么要先占据这样的地方?一是因为要占据有利地形;二是可以以逸待劳。

但是,这里有一个至关重要的问题,就是对时机的判断:晚了就被敌人先占领了;早了敌人根本就不准备来,那么你占领这个地方就成了靶子。历史上有这样一段故事:有人建议唐太宗拿下荆州,但李靖反对,他认为荆州是战略要地,又是四战之地,一旦占领荆州,必然成为众矢之的。

所以,通地不是应该轻易占据的,特别是在群雄并起的混战年代。

可以往，难以返，曰挂。挂形者，敌无备，出而胜之，敌若有备，出而不胜，难以返，不利。

**译文**：可以出击，但是撤军比较困难，这样的地形叫作挂。这种地形下，如果敌人没有防备，可以袭击敌人获胜。如果敌人已经有了防备，我军出战没有把握，一旦失利，难以撤退，不好。

挂地，形象一点说，就像是挂在墙上。从墙上下来很容易，但是要爬上去就很难。如果敌人没有防备，我们能很迅速地出击，但是一旦出击失败，要想返回，就很难了。譬如我军处于高地，这时候出击容易，但是一旦失败，往高处逃可就费劲了。

处于挂地是占据优势的，不用担心敌人的攻击。但是，要击败敌人，就要掌握好时机，时机判断错了，自己就会陷于困境。

如果敌军处于挂地，我军就要后撤到足以抵消他们下冲势能的地方。也就是说，当敌军处于高处，我们不要在山脚扎营，要后撤。

我出而不利，彼出而不利，曰支。支形者，敌虽利我，我无出也，引而去之，令敌半出而击之，利。

**译文**：谁先出击谁吃亏的地形叫作支，这种地形下，就算敌人利诱我们，也不出击。我们可以假装撤退，等待敌人出击到一半的时候，回头击败他们。

支地，形象一点说，就是两个人顶着一块大石头，谁试图向对方走，谁就会被石头砸住。或者就像三足鼎立的鼎，哪一个支点试图向前走，就会承受更多重量，就会被鼎砸到。

支地就是这个意思，谁试图进攻，谁就吃亏。譬如双方各自占据一个山头，那他们之间的山谷就是支地，谁要想通过山谷进攻对方，谁就吃亏。或者就像沼泽地，谁试图通过沼泽地去进攻对手，谁就吃亏。

所以，不要进入支地，而要诱使敌人进入。

隘形者,我先居之,必盈之以待敌。若敌先居之,盈而勿从,不盈而从之。

**译文**:隘就是狭窄的地形,如果我军先占领,可以布置兵力迎击敌人。如果敌人先占领,也全力迎击我们,不要与他们对战。如果对方兵力不足,则可以去夺取。

隘形,就是地势狭窄,譬如两山夹一谷。先占领的可以设置防御,敌军很难通过。如果敌人已经防备完善,就不要去争夺了。若是敌人人数不多,还有战斗的空间,就可以去夺取过来。

险形者,我先居之,必居高阳以待敌;若敌先居之,引而去之,勿从也。

**译文**:险就是险要的地形,我军先到的话,要占领高处,最好朝阳。如果敌人先占领,我军应当后撤,不在这种地形与敌人交战。

险形,就是地势险要,先占据的拥有优势。敌人处于险要地势,我军完全被动,所以就要远撤。

所谓高阳,高最重要,阳是次要的。

远形者,势均,难以挑战,战而不利。

**译文**:远这种地形,双方势均力敌,难以交战,不利。

什么地形是远?大致是双方距离较远,中间又无法停留,如果要挑战,必须一口气过去,否则体力必然大量消耗,于交战不利。

凡此六者,地之道也,将之至任,不可不察也。

**译文**:这六个方面是作战地形的基本原理,带兵打仗之人,一定要深明其理。

按照孙子的说法,地形就分为以上六种。请注意了,这六种地形的划分原则不是按照地理的概念,而是根据双方进退的概念。所以,当我们遇上一种具体的地形条件的时候,要自己去判断这属于哪一种。换言之,要确认哪一种地形,不仅要看地形条件本身,还要看双方所处的位置。

孙子划分的地形条件对于现代战争来说有了很大的变化,因为现代战争拥有空中力量。譬如沙漠就属于远地,要发动攻击很难,但有了空军就是另一回事了。

## 六种败象

故兵有走者、有弛者、有陷者、有崩者、有乱者、有北者。凡此六者,非天地之灾,将之过也。

**译文**:作战有所谓走、弛、陷、崩、乱、北六种败象。这六种败象,并非由自然条件造成,而是由将帅的过失造成的。

这里讲六种败象,看上去跟地形没有关系。不过孙子延伸了一下,说这六种败象都是主将造成的,不要打了败仗就说是敌人占据了有利地形,要从主将身上找原因。

为什么孙子要说这样的话,要把这一段放在地形篇里?

这又要说到背景了。吴国与楚国打仗总是占便宜,于是吴国将领就说这是自己的功劳,认为自己指挥得当,组织良好等。可是与越军作战就总是吃亏,这个时候就不说自己指挥失误组织混乱了,而是说地形更适合越军发挥等。总之,打了胜仗,是主将厉害,打了败仗,就赖地形。所以孙子说:主将不行就是不行,别赖地形。

现在来说说这六种败象。

夫势均,以一击十,曰走。

**译文**:在敌我双方势均力敌的时候,却形成以一击十,这叫"走"。

势均,就是双方实力相当,人数相当。这个时候,却搞成了以一击十,说明判断失误、调动失误、组织失误,因此在局部被对方以多打少。这就像下中国象棋,左路的车马炮被对方一个车压制住,右路则被对方集中兵力进攻。这种情况下,会损失一部分兵力,也可能丧失战略要点,只能撤退。所以,这叫走。

卒强吏弱,曰弛。
**译文**:士卒强而将佐弱,士卒各自为政,这叫"弛"。

吏,不是那些事务性的办事人员,而是主将以下的其余将佐,他们辅助主将来指挥士兵作战。这些将佐如果不得力,士兵就会瞧不起他们,作战的时候就会不听指挥,纪律就会松弛懈怠。这里的问题就是主将不能任用合适的将佐,或者主将没有能力培养得力的助手。

吏强卒弱,曰陷。
**译文**:将佐强而士卒弱,将佐独自作战,这叫"陷"。

将佐很强,士兵很弱,结果就是将佐孤军奋战,自己冲上去,士兵都趴窝了,就把将佐们陷在敌人阵地里了。为什么会这样?可能是训练不够,可能是对士兵太苛刻,这些都是主将的问题。

大吏怒而不服,遇敌怼而自战,将不知其能,曰崩。
**译文**:手下大将脾气暴躁,不服从主将之命,遇敌怼而擅自出战,主将又不知他的才能,这叫"崩"。

大吏,就是大将,容易发怒,脾气暴躁,一旦开战就不服从主将指挥,而是凭着脾气跟敌人死拼,主将也不知道他的能力,于是,整个部队就呈现分崩离析的状态。请注意,孙子在这里提到"将不知其能",怎么说呢?就是这样的猛将不是不能用,而是看你怎么用。

将弱不严,教道不明,吏卒无常,陈兵纵横,曰乱。
**译文**:主将懦弱缺乏威严,管理教育无章法,官兵关系紧张失常,布兵列阵又杂乱不整,这叫"乱"。

上面的一句说的是大将不听指挥,因为大将脾气不好。这一句说的是主将太弱,平时军法松弛,管教不力,结果整个军队都乱七八糟。在邲之战中,晋国就是这个状态。

将不能料敌,以少合众,以弱击强,兵无选锋,曰北。
**译文**:主将不能正确判断敌情,而以少击众、以弱击强,溃围决胜,又无选拔之精锐,那就必然要败北,这叫"北"。

主将的分析能力很差,与敌军作战总是陷入以寡敌众、以弱击强的境地,同时,还不知道怎样选拔精锐,这样的部队一定是每战必败的。

关于选锋,其实很多名将都这么做。杜牧举了两个例子,一个是唐代名将李靖,李靖选拔"战锋队",专门挑选精锐勇士充当每次战斗的先锋。还有东晋大将军谢玄北镇广陵,招募北方流民中的骁勇者组建了精锐部队三万人,就是当时名震南北的北府兵。当时晋朝军队已经被北方民族打残了,以至于汉人认为自己不是对手,但是北府兵一出,立即扭转局势,汉人终于明白自己并不弱。

以上的这六种情况,都是主将的能力不足造成的。作为主将,必须要了解这六种情况,努力去避免它。

凡此六者,败之道也,将之至任,不可不察也。
**译文**:以上六种情况,都是造成战争失败的原因,是主将的重大责任所在,不可不明察。

主将应当审视自己的能力、个性和管理方式,不要以为自己战力很强或者计谋很多就一定适合带兵打仗,要让士兵愿意为你打仗并且听从指挥,并不是一件简单的事情。孙子之后的另一位著名军事家吴起在这方面就做得很出色,他爱兵如子,深受官兵的爱戴,同时军纪严明,战术纪律非常好。因此,他一生作战从未失败。

## 地形与地利

夫地形者,兵之助也。

**译文**:地形是应该拿来利用的。

地形对每个人来说都是公平的,因为每个人都可以看到。但是,怎样去利用地形,就真的是考验功力了。懂得利用,那么地形就是你的助力;不懂得利用,地形就是你的敌人。

料敌制胜,计险厄远近,上将之道也。

**译文**:判断敌情把握胜机,考察地形地势和行军的远近,这是高明的将军要做的。

料敌制胜,能够合理地利用地形条件,这就是一个良将需要具备的素质了。我们看诸葛亮带兵,都是在出征之前就已经把地形了解清楚,到了实际战地还要自己去观察,然后依据地形来进行相应的部署。

假如两个将军作战都很勇猛,那么谁能够独当一面呢?那就先看看谁对地形的理解更好。像李逵这样只知道杀人的猛将,是绝对不能担当重任的。

所谓天时不如地利,重点在于要懂得把地形变成地利。

知此而用战者必胜,不知此而用战者必败。

**译文**:明白这一点并应用于作战,一定能取胜;不明白这一点就作战,就会失败。

所谓必胜必败,都是相对而言。高手遇上高手,大家都懂得应用地形,谁胜谁败就取决于其他因素。蠢货遇上蠢货,谁也不懂,那就看运气了。

故战道必胜,主曰无战,必战可也;战道不胜,主曰必战,无战可也。故进不求名,退不避罪,唯人是保,而利合于主,国之宝也。

**译文**:因此当有必胜把握的时候,即使国君命令不打,也要坚决作战;没有把握取胜,即使国君下令出战,也绝不出战。所以,既不为求取胜利的名声,也不怕承担违抗君命的罪名,只求将士们不遭受无谓的损失,这样的主将才是对君主有利的,才是国家的宝贝。

战道必胜,是有取胜把握的意思。但是,并不是仅仅依靠地形就能够确定胜利与否,而是从各个层面去做分析。

"君命有所不受"在孙子的时期是合理的,是可以做到的。不过在秦之后,事情就完全不一样了。秦之后是高度集权的统治,皇帝的权力无限放大,可以无理由杀人。皇上的话被称为圣旨,即便被证明是错误的,也不能违抗。某些鸡毛蒜皮的事情,皇上胡说八道其实也损失不大。可是,在那些很专业的事情上,皇上也来胡说八道,就危险了。打仗不仅专业而且危险,专制集权下的皇帝完全不知道自己有几斤几两,尤其是那些没有打过仗的,总以为打仗是一件很轻松很好玩的事情,就喜欢指手画脚。很多朝代都是这样灭亡的。

但是有一个例外需要说一说,那就是宋太祖赵匡胤。赵匡胤派兵出征之前都是先确定好策略交给将军去执行,如果将军在前线有什么问题,还会派人回来请示,赵匡胤再给新的指示。在那个通信很不发达的时代进行这种远程指挥原本是很荒唐的,可偏偏赵匡胤这样的做法取得了巨大的成功,究其原因有三点:第一,赵匡胤本身就是武将出身,战斗经验丰富,所以给出的策略往往都是好的;其二,赵匡胤所派出的将军实力都很强,有怀疑的地方宁愿选择等待,在等待的过程中能够安排好防守;其三,当时主要的对手都是赵匡胤亲自率军攻打的,而他交给手下将军打的仗,往往对手比较弱。

越是高明的君主，往往越能给手下自主权。

我们这里举两个这方面的例子。

岳飞大胜金兀术之后挥军北上，可是宋高宗十三道金牌下令撤军。最终岳飞顶不住了，只能撤军。有人可能会说，如果岳飞当时违抗君命直捣黄龙，最终灭了金国，为宋朝一统天下，那么宋高宗是不是就不会杀他？错了，那更要杀他了。相反，如果第一道金牌岳飞就撤军的话，可能就不会有后来的风波亭之死了。

《三国演义》中司马懿与诸葛亮对峙，当时司马懿兵多，但是没有胆量与诸葛亮交战，问题是不交战的话又怕被手下说成胆怯，最后就想了一个办法。司马懿对士兵说："不是我怕诸葛亮，是因为来之前皇上说了坚守不战，如今我也想去跟他们拼命，这样吧，我上表请战。"

于是，司马懿派人回许昌，请求与诸葛亮决战。但是在此之前，又派人找了一个皇帝信任的大臣去说不能和诸葛亮交战。结果，皇上收到司马懿的请战信之后，下令不许出战，并且派了特使前往，堵在军营门口阻止大家出战。

诸葛亮听说这件事，当时就指出司马懿千里请战就是在作秀。

所以，秦朝以后，孙子的这一条意见就不成立了，一来皇上不会容忍，二来也不值得为皇上如此卖命。

## 知己知彼知地形

视卒如婴儿，故可与之赴深溪；视卒如爱子，故可与之俱死。厚而不能使，爱而不能令，乱而不能治，譬若骄子，不可用也。

**译文**：看待士卒如同看待婴儿一样，那就可以和他们一起去共患难；看待士卒如同看待爱子一样，那就可以和他们一起共生死。但若一味厚养而不能驱使，一味宠爱而不能使他们听从号令指挥，违法乱纪而不能整治，那士卒就有如娇生惯养的孩子，不能打仗了。

这是讲主帅和士兵的关系，爱兵如子，但是不能溺爱，不能爱成娇子。要掌握一个原则：关心他们的起居、身体、家庭等，涉及军法绝不姑息。

这方面的例子非常多,最常被提起的就是吴起。一个士兵非常勇猛,有一次没有得到命令就冲锋了,吴起的部队大胜,士兵立了大功,但仍然违反了军纪。吴起先奖赏了他,然后杀了他。

所以,爱护士兵要有原则,不能纵容。

爱护士兵有两种方式,一种是精神上的爱护,抚慰和鼓励他们;一种是物质上的爱护,奖赏和提拔他们。哪种好呢？难说,最好是二者兼有。只有精神鼓励,那就是画大饼,多了就不灵了,只有物质鼓励,士兵就会斤斤计较,没奖励就不卖命。

爱护士兵有真心的,有作秀的,最好是既有真心,又会作秀。

公司的治理也是这样。作为老板,既要让员工感受到你对他们的关心,也要让他们对你心存敬畏。郭德纲有句话说得好：台上无大小,台下立规矩。对于军队来说,训练和作战的时候要让士兵畏惧主帅。平时生活中,要让士兵亲近主帅。对于公司来说也是,工作中要敬畏老板,工作以外要感受到老板的关怀。

要做到这些,其实很不容易。

知吾卒之可以击,而不知敌之不可击,胜之半也;知敌之可击,而不知吾卒之不可以击,胜之半也;知敌之可击,知吾卒之可以击,而不知地形之不可以战,胜之半也。

**译文**：知道自己的部队可以出战,而不知道敌人不可以被攻打,获胜的可能只有一半;知道敌人可以被攻击,而不知道自己部队不具备攻击敌人的能力,获胜的可能也只有一半。知道敌人可以被攻击,也知道自己部队具备攻击敌人的能力,但不知道地形不利于作战,获胜的可能也只有一半。

知道敌人不行,却不知道自己也不行,这是什么？知彼不知己。知道自己行,却不知道敌人也行,这是什么？这是知己不知彼。知道敌人不行,也知道我们行,这算知己知彼了吧？这还不够,还必须了解地形。

如果不了解地形,知己知彼也不好使。我们都是勇士,敌人都是草包,可是攻击路线都是沼泽,能攻击吗?不能。

　　故知兵者,动而不迷,举而不穷。故曰:知彼知己,胜乃不殆;知天知地,胜乃可全。
　　**译文**:所以,懂得用兵打仗的人,他行动起来不会迷惑,变化多端。所以说:了解对方,也了解自己,就能立于不败;如果再了解天时地利,那么,取胜就是必然。

　　前面孙子说过知己知彼,这里又重复,不过加上了知天知地,这很重要。春秋末期,楚国曾经发兵袭击郑国,按照战斗力对比,这是稳胜的。可是到了郑国之后,楚军正碰上寒流,一个晚上冻坏士兵上万,狼狈逃回。这算是知己知彼,却不知天地。

　　地形篇到这里就结束了,这一篇在《孙子兵法》中是比较短的,且并不是完全在讲地形。这一篇讲到了地形的六种概念:通、挂、支、隘、险、远,强调了地形的重要性,总结来说就是七个字:知己知彼知地形。

## 九地篇第十一

　　用兵之法,有散地,有轻地,有争地,有交地,有衢地,有重地,有圮地,有围地,有死地。
　　诸侯自战其地者,为散地;入人之地不深者,为轻地;我得则利,彼得亦利者,为争地;我可以往,彼可以来者,为交地;诸侯之地三属,先至而得天下众者,为衢地;入人之地深,背城邑多者,为重地;山林、险阻、沮泽,凡难行之道者,为圮地;所由入者隘,所从归者迂,彼寡可以击吾之众者,为围地;疾战则存,不疾战则亡者,为死地。
　　是故散地则无战,轻地则无止,争地则无攻,交地则无绝,衢地则合交,重地则掠,圮地则行,围地则谋,死地则战。

古之善用兵者,能使敌人前后不相及,众寡不相恃,贵贱不相救,上下不相收,卒离而不集,兵合而不齐。合于利而动,不合于利而止。敢问敌众而整将来,待之若何?曰:先夺其所爱则听矣。

兵之情主速,乘人之不及,由不虞之道,攻其所不戒也。凡为客之道,深入则专。主人不克,掠于饶野,三军足食。谨养而勿劳,并气积力,运兵计谋,为不可测。

投之无所往,死且不北。死焉不得,士人尽力。兵士甚陷则不惧,无所往则固,深入则拘,不得已则斗。是故其兵不修而戒,不求而得,不约而亲,不令而信,禁祥去疑,至死无所之。

吾士无余财,非恶货也;无余命,非恶寿也。令发之日,士卒坐者涕沾襟,偃卧者涕交颐,投之无所往,诸、刿之勇也。故善用兵者,譬如率然。率然者,常山之蛇也。击其首则尾至,击其尾则首至,击其中则首尾俱至。敢问兵可使如率然乎?曰:可。夫吴人与越人相恶也,当其同舟而济遇风,其相救也如左右手。是故方马埋轮,未足恃也;齐勇如一,政之道也;刚柔皆得,地之理也。故善用兵者,携手若使一人,不得已也。

将军之事,静以幽,正以治,能愚士卒之耳目,使之无知;易其事,革其谋,使人无识;易其居,迂其途,使民不得虑。

帅与之期,如登高而去其梯;帅与之深入诸侯之地,而发其机。若驱群羊,驱而往,驱而来,莫知所之。聚三军之众,投之于险,此谓将军之事也。九地之变,屈伸之力,人情之理,不可不察也。

凡为客之道,深则专,浅则散。去国越境而师者,绝地也;四达者,衢地也;入深者,重地也;入浅者,轻地也;背固前隘者,围地也;无所往者,死地也。

是故散地吾将一其志,轻地吾将使之属,争地吾将趋其后,交地吾将谨其守,衢地吾将固其结,重地吾将继其食,圮地吾将进其途,围地吾将塞其阙,死地吾将示之以不活。

故兵之情:围则御,不得已则斗,过则从。是故不知诸侯之谋者,不能预交;不知山林、险阻、沮泽之形者,不能行军;不用乡导者,不能得地利。四五者,一不知,非霸王之兵也。

夫霸王之兵，伐大国，则其众不得聚；威加于敌，则其交不得合。是故不争天下之交，不养天下之权，信己之私，威加于敌，则其城可拔，其国可隳。施无法之赏，悬无政之令，犯三军之众，若使一人。犯之以事，勿告以言；犯之以利，勿告以害。投之亡地然后存，陷之死地然后生。夫众陷于害，然后能为胜败。

故为兵之事，在于顺详敌之意，并敌一向，千里杀将。是谓巧能成事。是故政举之日，夷关折符，无通其使，厉于廊庙之上，以诛其事。敌人开阖，必亟入之，先其所爱，微与之期，践墨随敌，以决战事。是故始如处女，敌人开户；后如脱兔，敌不及拒。

这一篇和地形有关系，但其所讲的地不是地形，而是境地。当然，有的境地是地形造成的。

## 九种境地

用兵之法，有散地，有轻地，有争地，有交地，有衢地，有重地，有圮地，有围地，有死地。

**译文：** 在用兵的法则中，战场可以分为散地、轻地、争地、交地、衢地、重地、圮地、围地、死地。

孙子在《九变篇》讲行军的时候，就讲到了五种地形，即圮地、衢地、绝地、围地、死地。孙子可能认为在行军中应该留意的是这五种地形，但是在交战中应该留意的就是九种了，确切地说不应该是地形，而是境地。

我们结合下文的句子进行解说。

诸侯自战其地者，为散地。是故散地则无战。
**译文：** 战场在本国境内叫散地。因此，在散地要避免作战。

为什么这种情况叫作散地，因为在本土作战，士兵有退路有牵挂，因此不能专心作战，也没有必死之心。战事稍微不利或者胶着，士兵就会想赶紧回城池固守,或者赶紧回家转移家人,因此容易散乱。

所以,在散地不要迎击敌人。

该怎么办呢?守城。守城就不存在上面的问题了,一旦城破,哪里还有退路?老婆孩子还怎么保护?所以,守城就能够专心。守城的同时,要坚壁清野,不给敌人留下粮食物资,有机会还可以骚扰敌军。待敌军撤军的时候,还可以围追。

我们换一个角度来看问题,散地是敌国入侵,往往是"朝气锐",这时不宜硬碰,应该坚守不战,消耗敌人的锐气。

散地,可以是平原也可以是高山,与地形没有关系。

入人之地不深者,为轻地;轻地则无止。入人之地深,背城邑多者,为重地。重地则掠。

**译文**:进入敌国境内不远叫轻地,在轻地不要停留。深入敌境,背后城邑已经很多的,叫重地,深入重地要劫掠当地的粮草物资。

散地是敌人进入我的地盘,那我进入敌人的地盘会如何呢?反过来思考就行了。敌人进入我的地盘,我坚守不战,那么我进入敌人的地盘,就要速战。但是,从进入敌人地盘的深度这个角度出发,孙子又区分了两种。第一种是进入敌人地盘很浅,这叫作轻地,这个时候还有退路,一旦不利可以逃回来,这个时候作战也很难死战。所以,轻地要迅速通过,不要久留。

另一种是进入敌人地盘很深,这叫作重地。这个时候,就没有退路可言了,一旦战败,就会陷入敌人的重重包围,难以逃命。所以,这个时候不存在注意力的问题,必须死战。但是这个时候又面临另外一个问题,那就是生存。敌人在这个时候会坚守不出,并且骚扰我们的后勤补给,怎么办?只能就地取材,就地解决补给问题,所以要抢掠。

任何侵略者都是抢掠者,因为他们要解决生存的问题。

只有两种情况下侵略者不会抢掠,第一种是他们的后勤补给能力非常强大,第二种是他们迅速取得胜利,能够从敌人那里获得补给。

所以，别听什么王者之师，那都是胜利者美化自己而已。战争永远是残酷的，战地人民总是悲惨的。

这就是战争，不要抱任何幻想。

我得则利，彼得亦利者，为争地。争地则无攻。

**译文**：我军占领对我有利，敌军占领也对敌有利的，叫争地。在争地不要进攻。

这个其实容易理解，谁先占领高山险要谁就占据先机。这里的"争"是争先的意思，先于敌人占领这里。一旦晚了，被敌人先占领了，就不要再去进攻了。

我可以往，彼可以来者，为交地。交地则无绝。

**译文**：我军可以去，而敌军也可以来的，叫交地。在交地不要断绝与后方的联系。

《地形篇》中写道："我可以往，彼可以来，曰通。通形者，先居高阳，利粮道，以战则利。"那么，"通形"和"交地"有什么区别呢？

主要是强调的角度不同。通形强调的是地形，所以从地形的角度去应对，也就是占据高地，保护粮道。交地强调的是境地，因为这是敌人随时可以来到的地方，所以不能断了与后方的联系，不仅要保持信息畅通，还要能够随时出动援兵。

诸侯之地三属，先至而得天下众者，为衢地。衢地则合交。山林、险阻、沮泽，凡难行之道者，为圮地。圮地则行。所由入者隘，所从归者迂，彼寡可以击吾之众者，为围地。围地则谋。疾战则存，不疾战则亡者，为死地。死地则战。

**译文**：多国交界的地点，先到就能在心理上威慑多国的，叫衢地。交通枢纽的地方，要派兵占领。山高水险、林木茂密、水网纵横，凡难以通行的,叫圮地。在圮地要迅速通过。进军之路狭隘,回归之路迂远,敌人可以少击众的,叫围地。陷入围地要运用计谋。疾速进战就可以存活,不疾速进战就会败亡的,叫死地。进入死地就必须全力作战了。

这一章所讲的五种境地,前面都已经讲过,不再重复。

"死地"不是指地形地势,而是指敌人将我军压制在无路可逃的状态。这个时候,唯有战胜敌人才有活路。

## 夺其所爱

古之善用兵者,能使敌人前后不相及,众寡不相恃,贵贱不相救,上下不相收,卒离而不集,兵合而不齐。

**译文**:古时善于用兵的人,能使敌人前后脱节,使敌人相互之间缺乏信赖,使敌人贵贱不相救援,上下不相支持。士卒要么零散,要么杂乱不整。

孙子所说的"善用兵者"确实很厉害,能够让敌人成为一盘散沙,任我宰割。"卒离而不集"的意思是士兵分散,不能合在一处。"兵合而不齐"的意思是就算士兵合在一处,但是杂乱不堪,根本没有战术配合可言。

每一个领兵的人都希望能够做到这一点。孙子对此并没有详细论述,需要大家自己去思考。

其实我们可以用一个足球比赛的例子来理解这个问题。

梅西被誉为足球史上第一人,没有人能在一对一的情况下防住他。为什么梅西过人的技术这么厉害呢?梅西技术好、速度快而且灵活这些当然很重要,但更重要的是,梅西的传球和射门都很厉害,这就让防守他的球员很崩溃——既要防他过,防他射,还要防他传。在你判断之间,梅西早就一个假动作越过你了。其实梅西过人从没有花哨的动作,有的时候甚至连假动作都不用,为什么?因为防其他的球员,你防的是他从你哪一边过,而防梅西,你还要防他怎么传球,怎么射门,等于同时在防三个梅西。

所以,当一支军队拥有多方面能力的时候,就有了各种攻击敌人的方式,防不胜防,不知道怎么防。譬如你有精锐骑兵,敌人就不得不分兵保护粮道,你有远程攻击能力,敌人在行进过程中就会胆战心惊,你善于夜战,敌人晚上就睡不好。

从历史经验来看,组建一支精锐机动的骑兵部队是每个名将都在做的事情。

如果本身不具备全面的作战能力,也就失去了奇正之术的实施能力。中原王朝的军事理论一向是一套一套的,为什么有时打不过北方民族?因为作战能力不足。

合于利而动,不合于利而止。

**译文**:符合我们的战略利益就行动,不符合就等待。

"不合于利"的意思不是不合于眼前的利益,而是不合于整体的战略利益。譬如眼下敌人人多势众,这时候出击是不利的。但是如果能够牵制敌方主力,让我方可以攻击敌方都城,那就要果断出击。

如果眼前是敌方的小股部队,我方可以轻易歼灭他们,这当然是有利的,但这也同时暴露了我方主力部队的行踪,整体上是不利的,那就不能出击。

所以,孙子在这里强调的是整体和局部的关系,局部的动作要符合整体的利益。

敢问敌众而整将来,待之若何?曰:先夺其所爱则听矣。

**译文**:那么请问——若敌人众多且部队严整而来,怎么对付他们呢?答案是:先夺取它的所爱,那它就会乖乖地听从我的摆布了。

敌人来势汹汹,我们怎么办?孙子说:夺其所爱。

第一,什么是敌之所爱?险要算,粮道算,后方的政敌算不算?都算。所以,要弄清楚什么才是他的最爱。譬如当年岳飞要直捣黄龙,这时候金国人只好出动秦桧,结果是十三道金牌召回岳飞。秦桧就是岳飞的"所爱"。

第二,怎么样去夺?能不能夺?这也很重要。

所以,要知道敌人的所爱,还要知道哪个才是我们可以夺取的。

兵之情主速,乘人之不及,由不虞之道,攻其所不戒也。

**译文**:出兵打仗最要紧的是速度,乘敌人猝不及防,以敌人意想不到的方式,攻击他疏忽无备的地方。

速度是一切的基础,尤其是对攻击的一方来说。再好的设想,再好的策略,如果速度跟不上,都无法实施。所以,后面三句话得以实现的前提,就是速度。

凡为客之道,深入则专。主人不克,掠于饶野,三军足食。

**译文**:大凡进入敌国作战的一般原则是,越是深入敌境,部队越是要集中。若是不能攻克敌军城池,就要在富足的乡下掠夺粮草和军事物资了。

这段话的传统断句是"凡为客之道,深入则专,主人不克。掠于饶野,三军足食",这是错误的。

这段话想要表达的意思是,深入敌人腹心地段之后,如果不能战胜敌人,攻下城池,就必须要抢夺城外的老百姓。所谓饶野,饶是富饶的意思,也就是抢夺城外的富人区,贫民窟就不要抢了。

所以,对于老百姓来说,遇上打仗,啥也别说,立即逃走,能带的都带上,不能带的都藏起来。因为军队总是吃饭,打仗就要物资。

但是,掠于饶野是有策略的。有的军队是无分别地掠夺,一家也不放过,这样的抢掠最没有技术含量,一定会被仇恨。

谨养而勿劳,并气积力,运兵计谋,为不可测。

**译文**:将士要注意休息,不要劳顿,增强士气养精蓄锐,部署兵力巧设计谋,让敌人无法预知我军的行动。

一方面要抢劫百姓,一方面还要谨养而勿劳,人员的轮休配置要合理。

这一段紧接上一段,深入敌国之后,要沉得住气,一边靠抢劫补充粮草,一边要养精蓄锐,不能有任何松懈,随时准备战斗。

投之无所往,死且不北。

**译文**:将部众投向无路可走的绝境,他们战死也不后退。

什么是"无所往"?孙子在后面解释了,就是死地,只要战败就无处可逃,或者说战败必死的境地。再次强调,死地不是灭地。灭地是根本没有任何机会与敌人交战,而死地还有机会,战胜敌人就能活下去。在灭地,只有绝望,灭亡。在死地,还有一线机会。

所以,在死地就只能死战,不死就有机会,死了也拉你垫背。

孙子对人性的理解真的很透彻。

死焉不得,士人尽力。

**译文**:有这样必死的决心,还有什么做不到的?将士们一定会全力战斗。

这句话正确的断句是:死,焉不得?士人尽力。直译过来就是:死战,还有什么做不到的?将士们一定会全力作战。

兵士甚陷则不惧。

**译文**:士卒深陷危境就忘记了恐惧。

这是心理学的概念,在危险到来之前,人们是很害怕的,越想越怕,越怕越想。可是,当危险真的来了,不得不拼死一搏的时候,人反而会忘掉危险。

譬如有的人要参加表演或者演讲,开始之前紧张到汗流浃背,可一旦上台就忘记了紧张。

无所往则固,深入则拘。不得已则斗。
**译文**:无路可走则意志坚定,深入敌后则心无旁骛。别无他法就会拼命死战。

"无所往"就是死地,而深入敌人的腹地,实际上也是死地,因为一旦战败,你很难逃回去。所以这两种情况下,士兵就会下定决心要死战了。固,是坚固的意思,指思想意志坚固。拘是拘束的意思,指心思念头集中在怎样死战上,不去想别的事情。

是故其兵不修而戒,不求而得,不约而亲,不令而信。
**译文**:所以,这样的军队不用提示就会加强戒备;不用要求就会完成任务;不用约定就会亲如兄弟;不用号令就能遵守军法。

把士兵带到了死地,就等于从"要我死战"转化到了"我要死战"。这个时候,不需要动员,不需要激励,不需要忽悠。就像把一个人扔进鳄鱼池子,他立马就会拼死游回岸边。

禁祥去疑,至死无所之。
**译文**:同时禁止议论消除疑惑,他们就至死也不会崩溃。

"祥"有很多含义,可以是征兆的意思,比如吉祥,就是吉利的征兆。也可以是灾祸、祭祀的意思。在这里,祥指装神弄鬼。

所以这里的字面意思是"禁止装神弄鬼,打消人们的疑虑"。但孙子是说在决战之前,不要让士兵受到各种干扰,不要让他们有时间去胡思乱想,否则,他们可能会产生其他的心理波动,影响决一死战的决心。

这一章,用一句话来总结:人,都是逼出来的。

## 主帅不可冲动

吾士无余财,非恶货也;无余命,非恶寿也。

**译文**:我军将士没有多余的钱财,并不是不爱财物;他们拼命死斗,并不是不想多活。

行军打仗时,如果士兵贪财,那么行军是累赘,作战是顾虑。每个人都一样,当他得到财物之后,就想早点回家,把东西运回去,根本无心恋战。抢夺财物的过程中,士兵之间会产生矛盾。抢到之后,士兵也会因为你多我少而互相嫉妒憎恨。所以,作为将帅,战争结束之前绝对不能允许士兵抢夺财物,要做到"吾士无余财"。

如果士兵经过一场战争却没有收获,会不会影响他们的求战欲望呢?这就要通过奖赏来刺激了,得到奖赏的前提是取得战争的胜利。

令发之日,士卒坐者涕沾襟,偃卧者涕交颐。

**译文**:当作战命令发布之日,士卒们坐着的泪洒衣襟,仰卧的泪流满面。

没有一个人想死,也没有一个人不怕死。上战场就有很大可能会死,人们伤心,所以会哭泣。

要让他们不怕死,怎么办?下面一句就是孙子给的答案。

投之无所往,诸、刿之勇也。

**译文**:把他们投到无路可走的死地,就会像专诸和曹刿那样勇敢杀敌了。

士兵会怕死,怎么办?把他们投到死地,让他们没有时间害怕,让他们除了拼命没有其他的选择。这个时候,人人都会像专诸和曹刿那么勇敢了。

专诸是春秋时期著名的刺客,他受命于吴国公子光,刺杀了吴王僚,自己也当场被杀。这个公子光是谁呢?就是吴王阖闾,杀死吴王僚之后,公子光当上了吴王。

曹刿似乎是指曹沫,鲁国的勇士,齐桓公和鲁庄公结盟的时候,曹沫劫持了齐桓公,迫使齐桓公交还了侵占鲁国的土地。

狗急跳墙,兔子急了咬人,都是这个道理。

故善用兵者,譬如率然。率然者,常山之蛇也。击其首则尾至,击其尾则首至,击其中则首尾俱至。敢问兵可使如率然乎?曰:可。

**译文**:善于指挥作战的人,能使部队像率然一样。率然是恒山的一种蛇,这种蛇,打它的头部,尾部就来救应;打它的尾部,头部就来救应;打它的腹部,头部和尾部都来救应。请问:可以使军队像率然那样吗?回答是:可以。

率然是一种蛇的名字。

为什么突然说到这里?因为拼命虽然重要,但这还不够,还要协作,要让将军和士兵都明白,单打独斗是不行的,要保住命,就要互相支援。或者说,当将士们意识到无路可走的时候,他们的协作精神就会迸发出来。

夫吴人与越人相恶也,当其同舟而济遇风,其相救也如左右手。

**译文**:吴国人和越国人相互仇视,但当他们同舟共济时,相互救援就像人的左右手一样。

当人们遇上危难的时候,平时的恩怨都会放到一边。像吴国和越国这两个相互仇恨的国家在同一条船上的时候都会相互协作配合,那些被投入死地的士兵当然也就不会去计较平时的恩怨，一定会携手战斗。

所以，主帅要懂得这个道理，迫使士兵协同作战。

是故方马埋轮，未足恃也。

**译文**：因此，把马拴在一起把车轮埋起来以断绝逃跑的念头是不够的。

置之死地，将士们就会拼命。但是，仅仅拼命是不够的，还要有相互的协作和保护。因此，作为主帅，绝不仅仅是把士兵投入死地就完事了。

齐勇如一，政之道也。

**译文**：能使三军之众不仅勇猛而且整齐如一，才是主将的能力体现。

所以，平时的训练很重要，战术纪律很重要，即便是拼命的时候，依然会遵守战术纪律，坚持相互协作。能让士兵做到这一点，平时的训练一定要按实战标准去进行，纪律一定要严明。而能做到这些的主帅也一定非常有能力。

刚柔皆得，地之理也。

**译文**：能够利用各种地势的，才是掌握了地利。

还要懂得利用地形地势。孙子的意思是拼命的时候也不要忘记动脑筋。对士兵来说，可以激动、感动，不可以冲动；对主帅来说，不能激动不能感动更不能冲动，要随时保持冷静。拼命是士兵的事，管理好战术纪律是军官的事，主帅要随时观察决策，冷静判断。

简单说，不要认为兵法就是拼命，兵法是让士兵拼命，而自己保持冷静。

## 主帅要会忽悠

故善用兵者，携手若使一人，不得已也。

**译文**：所以，善于用兵的人，能使三军携手如一人的办法，就是把他们逼入死地。

怎样把士兵带入死地呢？当然有技巧。

将军之事，静以幽，正以治，能愚士卒之耳目，使之无知。
**译文**：作为统帅，要保持沉静让人无法捉摸，保持严厉使部队纪律严明。要能蒙蔽士卒的视听，不让他们知道打仗之外的事。

通俗地说，主帅不要话太多，不要让士兵摸透自己，要显出高深莫测的样子。也就是说，主帅装也要装出很沉静、胸有成竹的样子。只有这样，才能把将士们忽悠住。

让士兵打仗，最好是让他们服从命令，不要有自己的想法，该让他们知道的让他们知道，不该让他们知道的不能让他们知道。

易其事，革其谋，使人无识。
**译文**：改变一些事情，撤销一些谋划，让士兵无法辨别。

这样的译文并不准确。易，不应该简单说成是改变，还有遮掩伪装的意思；革，不单是撤销，还能是改变的意思。这句话要表达的无非就是通过一些手段，让士兵无法判断主将的真实想法。

不要让士兵懂得太多，否则他们就会分心，就会质疑战争的必要性，就会计算自己的得失。

易其居，迂其途，使民不得虑。
**译文**：改换防地，绕道行军，使士兵没时间去思考。

这一句与上面一句表达的是同样的意思，就是采用各种手段让士兵无法判断主帅的意图，也没有精力和时间去多想。

帅与之期,如登高而去其梯;帅与之深入诸侯之地,而发其机。

**译文**:主帅对部众下达命令,就如登高而抽去梯子那样让他们无路可退。将帅统率部队深入敌境才告知他们。

上屋去梯,就是不给你退路,等你明白自己到了死地的时候,已经晚了,只能拼命了。

若驱群羊,驱而往,驱而来,莫知所之。聚三军之众,投之于险,此谓将军之事也。

**译文**:就像驱赶羊群,驱过来,赶过去,他们都不知要去哪里。聚合三军部众,将他们投入险境,这就是统帅要做的事情。

简而言之,把士兵当成牛羊就好了,不让他们知道太多,想太多。要让他们拼命的时候,就把他们弄到险地去。后来说"慈不掌兵"就是这个意思,要下得了狠心,也不要对把士兵带进死地有什么愧疚。

九地之变,屈伸之力,人情之理,不可不察也。

**译文**:不同地形下的利用,攻防进退的运用,人情人性的考虑,这些都不可忽视。

孙子从三个方面去总结:要懂得利用地形、要知道进退、要懂得心理学。

上述部分实际上都是从心理学方面入手的。将军带兵,要懂得控制、利用士兵的心理。战斗来临之前,要让士兵恐惧,之后要让他们超越恐惧,变成无畏。这个节奏掌握得好,百战百胜,这个节奏掌握不好,就只能靠运气。

凡为客之道,深则专,浅则散。

**译文**:大凡攻击敌国,进入敌境深则士兵的内心更坚定,进入敌境浅则军心容易动摇。

这就是心理学方面的运用,人有退路,意志力就容易动摇,没有退路,就只能拼命。

去国越境而师者,绝地也;四达者,衢地也;入深者,重地也;入浅者,轻地也;背固前隘者,围地也;无所往者,死地也。

**译文**:进入敌境,就是进入绝地。四通八达的地方,是衢地。深入敌境,是重地。进入敌境不深,是轻地。身后险固而前面阻隘,是围地。走投无路的,是死地。

以上的定义在前面都解说过,这里不再重复。

是故散地吾将一其志,轻地吾将使之属,争地吾将趋其后,交地吾将谨其守,衢地吾将固其结,重地吾将继其食,圮地吾将进其途,围地吾将塞其阙,死地吾将示之以不活。

**译文**:所以,在散地,主将要使士卒专注;入轻地,主将要明确士卒的归属,防止有人逃走;处争地,主将要在队伍的最后,督促士卒快行军;遇交地,主将要提醒士卒谨慎防守;逢衢地,主将要巩固交通枢纽的防守;深入重地,主帅要想办法保障士卒的饮食;碰上圮地,主帅要催促士卒赶快通过;陷于围地,要堵塞士卒可能逃走的缺口;置之死地,那就要让士卒确信面临必死的绝境,除了殊死搏斗之外没有活路。

与此前的内容相比,孙子在这一段是要表达更深一些的意思。此前说的是行军的原则,这里承接上一段,说的是针对士卒的做法,讲的是主将如何督促、激励、忽悠士卒,让他们听从指挥,发挥潜力。

## 置之死地而后生

故兵之情:围则御,不得已则斗,过则从。

**译文**：作为战士的常情是这样的——一被围困,就想防御;迫不得已,才会拼命;深陷危境,就会言听计从。

这几句也是从心理方面入手,讲的是不同情势下士兵的自然反应。当被敌人包围的时候,士兵想到的是怎样防御,这个时候就不会去想怎样进攻。当敌人杀到眼前的时候,就只能拼命。当处境非常危险的时候,就会对主帅的命令言听计从,因为这个时候只能听从统一指挥,协同作战,才有活路。

这就需要技巧了。如果你不希望自己的士兵出战,就要制造我们已经被包围的假象。如果你希望士兵拼命,那就将他们置于死地,或者让他们以为自己进入了死地。如果你要让士兵绝对服从命令,就要制造情势危急的气氛。所以,主帅在某种程度来说就是编剧,或是导演,为了达到自己的战术目的,需要懂得气氛的渲染。

对于"过则从",张预举了一个非常恰当的例子,就是班超"不入虎穴,焉得虎子"的故事。东汉时期班超带领几十人出使某国,恰好匈奴几百人也出使该国。班超告诉大家:"如果这个国家决定和匈奴交好的话,我们必死无疑。所以我们必须先下手为强,干掉匈奴人。"虽然双方人数悬殊,可是没有别的办法,大家只能听从班超的。结果大家都知道了,班超带领大家乘夜色袭击了匈奴使团,将其歼灭。

其实,班超也是渲染了气氛,他们实际上还可以连夜逃走,或者,他们也可以寄希望于这个国家保持中立。

是故不知诸侯之谋者,不能预交;不知山林、险阻、沮泽之形者,不能行军;不用乡导者,不能得地利。

**译文**：不了解列国诸侯的战略意向,就不能预先针对性地结交盟友;不熟悉山林、险阻、沼泽等地理情况,就不能以最安全快速的方式行军;不用向导,就不能得到地利。

这段话与上面的话没有太大联系。这也是孙子再次强调这三个方面的作用,此前已经说过,这里不再说。

四五者,一不知,非霸王之兵也。
**译文**:前几个方面的事,如果有一项不知道,就不能算是"霸王之兵"。

这里的"四五者"有些难解,孙子的意思是,上述要点对于一个主将来说都必须掌握,缺少一点都不行。

夫霸王之兵,伐大国,则其众不得聚;威加于敌,则其交不得合。
**译文**:所谓"霸王之兵",讨伐大国,能使其民众不愿加入军队;把兵威加到敌人头上,能使其盟国不敢干预。

什么是霸王之兵?要理解这个概念,就应该首先理解春秋时期的"霸"是什么意思。霸不是欺负人,而是帮助周天子维持天下的秩序,匡扶正义的意思。所以,霸王之兵首先是正义之师,敌国的百姓都不愿意对抗;其次是实力强大,敌人的盟国都不敢出兵相助。

春秋时期,齐桓公就是这样的霸主。

古人写字不容易,不像现在用电脑,哪里错了直接修改,简单易行。古人写字,首先要买竹简回来,在上面打眼。之后用墨在上面写字,再用刀子把字刻在上面,再在刻字的地方涂墨,然后晾干,最后再用绳子串起来,这才算完。整个程序,费时费力还要花钱,所以一个人要写点东西,要下很大的决心、费很大的工夫,是个大工程。

我猜测,孙子在写《孙子兵法》的时候,难免写着写着有了新的灵感,可是前面的都已经写好串好了,要再插进去可就太费功夫了。所以没办法,只能接在后面。于是,我们就发现《孙子兵法》的一些章节写到后面就跑题了,实际上应该放在前面才对。

这里的"霸王之兵"就是这么回事,写到这里的时候突然想起了霸王之兵,并且这个概念对吴王很有吸引力,必须要写。没办法,只能接在这里了。

这个时候,吴王还没有当霸王的想法,孙子写这些,就是给他树立一个理想和目标,让他重视自己的兵法,重用自己。换句话说,就是忽悠吴王一下。

是故不争天下之交,不养天下之权,信己之私,威加于敌,则其城可拔,其国可隳。

**译文**:所以,不用去争着与天下诸侯结交,也不刻意培植自己的势力,只要自己强大,一旦把兵威加到敌人头上,就能攻取他们的城邑,毁灭他们的国家。

这一段话实际上有两种解读。

第一种,前面一部分的主语是"敌国",后半部分的主语是"我们"。意思是如果敌国不结交盟国,不培植自己的势力范围,只相信自己,那么,我们就能够战胜他们。

第二种,主语是"我们",我们不用结交盟国,不用培植自己的势力,只要做好自己,就能战胜敌国。

从前后文的意思来看,应该是第一种更合理一些。因为前面孙子说了要"预交",这里怎么会说"不争天下之交"呢?但是从文字角度来说,第二种更合理。难道这里有漏字吗?

实际上,这段话可以忽略。

施无法之赏,悬无政之令。

**译文**:奖赏不依常法,军令不按常规。

我们知道,治军的原则是赏罚有据并且要赏罚及时,这也是管子一再强调的。那么,为什么孙子会提出"施无法之赏,悬无政之令"呢?难道就不怕这样会造成混乱吗?

我们可以理解为,这是在战斗之前做出的临时号令。比如,两军对阵,主将突然下令:活捉敌军主将者,赏千金,封万户侯,这就是"施无法之赏,悬无政之令",用来激励士气。也就是说,这是在让士兵"投之亡地,陷之死地"之前的做法。

　　犯三军之众,若使一人。犯之以事,勿告以言;犯之以利,勿告以害。
　　**译文**:指挥全军部众就像指使一个人一样。只让他们去做具体的事情,而不向他们说明谋略意图。只让他们知道己方有利的一面,而不让他们知道将要承担的风险。

　　让他们去做,不要告诉他们为什么做。
　　为什么不让士兵知道不利的一面?因为一旦知道了,可能会生出胆怯和退缩的心理,从而不去拼命战斗。

　　投之亡地然后存,陷之死地然后生。夫众陷于害,然后能为胜败。
　　**译文**:把他们投入亡地,他们就会拼命求活;让他们陷入死地,他们就会死里求生。军队陷于危亡的境地,就能在极为不利的情况下充分发挥主观能动作用,从而夺取战争主动权,化害为利,转败为胜。

　　人在危急的时候,总是能发出超乎想象的潜能。一个人拼命的时候,十个人也害怕。孙子的意思,就是把士兵带进不拼命就必死的境地,士兵就只好拼命,就能发挥出十倍于平时的力量了。
　　为什么背水一战的军队往往能击败数倍于自己的军队呢?一来,背水作战的战士更拼命;二来,两军作战,并不是每个人都在作战,而是前面的作战,后面的跟随,等到前面的战死了,后面的再上。通常,拼命过程中的人是不会害怕的,因为已经忘记了害怕,必须全心全意去拼命,可是在后面观看的人就不一样了,他们还有时间去害怕,如果他们看到前面的人被砍死的惨状,听到凄惨的叫声,再看到红了眼的敌人,他们当然怕。
　　为什么人数少的军队可以打败人数多的呢?因为他们杀死了最前

面的敌人之后,后面的敌人害怕了,逃跑了。

所以,想要以少胜多,气势必须要出来,第一击必须要凶狠。还有很重要的一点是,要让敌人拉开距离。最好的办法是先诱敌,敌人在追赶的过程中必然拉开前后距离,那么当我们消灭敌方先头部队的时候,后面的敌人不仅会害怕,而且有时间逃跑。相反,如果敌人非常密集,那么就算后面的敌人想逃跑也没有时间,就只好跟你拼命了。

当初项羽背水一战击败秦军,夷陵之战吴军击败蜀军,以及淝水之战晋军击败前秦,都是这样,前方战败,后方逃命,于是一溃千里。

再强调一次,要以少胜多,一定要给敌人害怕的时间和逃跑的空间。要掌握好节奏,有的时候要急攻,有的时候要缓攻。

陈庆之是南北朝时南梁名将,率领七千人北伐,战胜北魏数十万大军,直到占领洛阳。靠的是什么?就是置之死地而后生的策略以及陈庆之激励士气的技巧。

## 像豹子一样猎食

故为兵之事,在于顺详敌之意。

**译文:** 所以,用兵打仗这种事,关键就在于考量敌人的意图。

"顺详敌之意"是什么意思?是了解敌人的意图。孙子一直在强调常备,要随时了解敌人的动向。

并敌一向,千里杀将。是谓巧能成事。

**译文:** 集中兵力于正确的方向,千里奔袭,擒杀敌军主将。这就是所谓的巧能成事。

这一句是紧接上一句的,在随时掌握敌人动态虚实的情况下,集中精锐兵力,直捣敌人心脏,杀死敌人的主将,这样不用大军决战就解决问题了。这叫巧能成事。

打个比方。我们要炸毁敌人的桥梁,就要先弄清楚应该炸哪一根桥柱,然后派出精锐,集中炸药,一举炸毁这座桥,这就是巧能成事。那么,不巧的办法是什么? 就是狂轰滥炸,或者每根桥柱都炸。

是故政举之日,夷关折符,无通其使。
译文:因此,一旦策略确定,就要封锁关口,禁止通行,不让敌军的间谍来往。

一旦决定了要行动,就要封锁消息,不让敌人知道我们的意图和动向,关闭关口,严查来往人员。
这里所说的"使",不是使节,而是通风报信的人。

厉于廊庙之上,以诛其事。
译文:在祖庙商量行动方案,不得泄露这一件事。

厉,就是砺,也就是磨刀的意思,在这里是指进行策略准备。春秋时期,重大决策都在祖庙里做出。这就是说各种决策都要停留在最高层,不能泄露出去。

敌人开阖,必亟入之。
译文:敌人一旦露出破绽,己方就要立即乘机而入。

这句紧接上句。当我们了解敌人的动向和布局,对敌人封锁我们的动态,并且制订了行动计划之后,就等待。等到敌人露出了破绽,或者发生内乱等,总之时机来到,就立即毫不犹豫地进行攻击。

先其所爱。
译文:直扑其要害。

这里的"所爱"并不固定指什么,也许是粮草,也许是要地,也许是父母妻子,总之,这就是围棋中的第一要点。

微与之期。
**译文**:而不必与之约战。

出其不意攻其不备,不要按照战争规则和敌人约战。这也是特指越国,越国人打仗不讲武德,所以我们也不讲。

践墨随敌,以决战事。
**译文**:破除成规,因敌变化,灵活决定自己的作战行动。

"践"字有两个意思,一是遵循,一是灭。根据上下文,这里就是灭的意思。"墨"是规矩、规则的意思,古人通常用"绳墨"来表达规矩。

孙子在这里既然已经说到要偷袭敌军,就已经是不守规则了,难道还要过来强调规则?当然不是,这里要说的就是抛弃既定的规则,随机应变,按照实际情况灵活变化。

是故始如处女,敌人开户;后如脱兔,敌不及拒。
**译文**:开始时,要像处女一样沉静以等待时机;敌人一旦暴露弱点,就要像脱兔一样迅速采取行动,使敌人来不及抵抗。

处女和脱兔的对照就是一静一动,一个缓慢一个迅捷。孙子说"敌不及拒",强调的是速度而不是力量。

所以这里的意思是在一开始很沉静,让敌人摸不清我们的想法,因而轻视我们,放松警惕,这个时候就可能露出破绽。敌人一旦露出破绽,我们就以迅雷不及掩耳之势发起攻击,敌人就来不及抵抗了。

孙子没有见过豹子猎食,其实豹子就是这样,远远地埋伏好,一动不动,等待猎物走近,或者慢慢地向猎物靠近。到了一定的距离,突然一跃而出,让猎物来不及逃走。

《九地篇》到这里就结束了,这一篇的重点并不是地形,而是处境。结合心理学的应用,是这一篇的要点。这一篇提出了一大作战思维:投之亡地然后存,陷之死地然后生。这一点,对后世的影响非常大。

总的来说,这一章针对越国的意图非常明显,实用性很强。

## 火攻篇第十二

凡火攻有五:一曰火人,二曰火积,三曰火辎,四曰火库,五曰火队。

行火必有因,烟火必素具。发火有时,起火有日。时者,天之燥也。日者,月在箕、壁、翼、轸也。凡此四宿者,风起之日也。

凡火攻,必因五火之变而应之:火发于内,则早应之于外;火发而其兵静者,待而勿攻,极其火力,可从而从之,不可从则止。火可发于外,无待于内,以时发之,火发上风,无攻下风,昼风久,夜风止。凡军必知五火之变,以数守之。

故以火佐攻者明,以水佐攻者强。水可以绝,不可以夺。

夫战胜攻取而不修其功者凶,命曰"费留"。故曰:明主虑之,良将修之,非利不动,非得不用,非危不战。

主不可以怒而兴师,将不可以愠而攻战。合于利而动,不合于利而止。怒可以复喜,愠可以复悦;亡国不可以复存,死者不可以复生。故明主慎之,良将警之。此安国全军之道也。

运用火攻的战例在中国历史上特别多,世界历史上似乎少见,这可能与《孙子兵法》有关系。

三国时期,赤壁之战是火烧连船,夷陵之战是火烧连营。至于历史上火烧敌军粮草的事情,那就多如牛毛了。

曹操说火攻要特别考虑时日,这应该是赤壁被烧之后的感受。

## 五种火攻

凡火攻有五:一曰火人。

**译文**：大凡火攻有五种——一是以烧人为目的。

火攻的第一种以烧人为目的,可以是烧军营,通常在晚上进行。如果敌人列阵在枯草之中并且正在下风口,那就可以纵火去烧。诸葛亮火烧藤甲军就是一个案例。

用火攻,风向很重要,而风向和季节关系很大。

二曰火积。

**译文**：二是以烧粮草为目的,烧粮库。

烧敌人的粮草并不会直接削弱敌人的军力,但是能削弱敌人的持久战力,同时在心理上给敌人造成压力,且粮草易燃,靠远距离射火箭也行,深夜派人潜入也行,比较容易得手。所以这是一个可行的方案。

三曰火辎,四曰火库。

**译文**：三是以烧辎重为目的;四是以烧财物为目的,即烧仓库。

战略物资如器械盔甲财货等都装在车上没有卸下来,就是"辎",装运辎重的车就叫作"辎车"。到了军营,卸下来放进帐篷或者屋子,这就是"库"。所以,烧辎重和和烧仓库目的是一样的,只是放火的地方不一样。烧辎重应该是在敌军行军途中,或者刚到目的地来不及卸车。

这里有一个思路:面对数量庞大的敌军时,一个好的办法就是烧毁他们的粮草辎重。因为人数越多,粮草辎重的损耗就越大,一旦烧毁,受到的影响也就越大。原本人数多就不利于持久战,再烧了他们的粮草辎重,那就要溃败了。

五曰火队。

**译文**：五是以上四种方法同时进行。

"火队"是很难解读的,不知道是不是在流传的过程中抄错了。十一家注认为"火队"就是烧敌人的队伍或者兵器。显然是错的。

前四种已经把该烧的都烧了,还有什么需要烧的?倒不如说"火队"就是前面四种同时进行,排着队来烧。

行火必有因。
**译文**:实施火攻,必须有引火之物。

这里的"因",就是引子,就是点火的工具。

烟火必素具。
**译文**:这些引火之物平时就要有所准备。

没有打火机的情况下,古人点火不是一件容易的事情。所以,队伍里一定要有点火的高手才行。

发火有时,起火有日。时者,天之燥也。日者,月在箕、壁、翼、轸也。凡此四宿者,风起之日也。
**译文**:点火要讲究时机,起火要讲究日期。所谓一定时间,是指气候干燥;所谓一定日期,是指月球行经箕、壁、翼、轸这四个星座的时候。当月球行经这四个星座的时候,就是风起的日子了。

天气潮湿的时候,不仅点火困难,燃烧也困难。所以,点火要看准时机,冬天气候比较干燥的时候容易下手。至于什么时候有风,孙子所说的是中国古代的星相学,究竟准不准,确实不好说。但是,有经验总比没经验好。

凡火攻,必因五火之变而应之:火发于内,则早应之于外。
**译文**:大凡实施火攻,就必须根据上述五种不同的方式灵活运用,派兵配合接应。若在敌人内部放火,就须及早派兵从外边策应。

点火当然不是点完就没事了,还需要有配套的军事行动。如果在敌人的军营内点火,就要在外布置军队,准备攻击。如果是烧粮草辎重,则可以在敌军前来救援的道路上设置埋伏,攻击其援军。

火发而其兵静者,待而勿攻,极其火力,可从而从之,不可从则止。
**译文**:若火已烧起,而敌人仍然保持安静的,要观望等待一下,不要贸然进攻,等火势已尽,再看情况,可以进攻就进攻,不可以进攻就停止。

敌营里起火,可是敌军并不乱,说明他们训练有素,主帅控制力极强。要么就是对方早有防备,甚至可能布下陷阱。这个时候,就不能盲目进攻了,要等敌人乱了再进攻,如果敌人不乱,那就不进攻。

火可发于外,无待于内,以时发之。
**译文**:不过,也可以从外面放火,而不必等待内应,只要时间合适就行。

如果天气干燥,敌营又处于干草之上,那我们就可以在上风口放火,不需要内应。

火发上风,无攻下风。
**译文**:放火要在上风,不可从下风迎击敌人。

放火当然要在上风,否则就是烧自己了。
在上风放火的时候,不要在下风攻击敌人,理由有两点:第一,这会将对方置于死地,逼着对方拼命;第二,有火就有灰,会顺风而来,正好迷住士兵的眼睛。

昼风久,夜风止。

**译文**:白天风刮久了,到夜间就会停下来。

民间似乎有这个说法,大致是地球自转,太阳和月亮到了另一个方位,于是白天和晚上的风向也就变了。

凡军必知五火之变,以数守之。

**译文**:大凡指挥军队作战,都必须懂得上述五种火攻形式的灵活运用,通过推算风向风势来预防敌人的火攻。

知攻也要知守,孙子其实一直在强调这一点。就如围棋常说:敌之要点就是我之要点,我之要点就是敌之要点。

## 非利不动

故以火佐攻者明,以水佐攻者强。水可以绝,不可以夺。

**译文**:所以,用火来辅助进攻显得聪明;用水来辅助进攻显得强悍。但水却只能阻断敌人,而不能摧毁敌人。

水也好,火也好,只要运用得好,都是致命的。孙子去世后约一百年,晋国的智瑶首次运用水攻,水淹晋阳,可一时疏忽,反而淹了自己,结果全军覆没。秦国名将白起水淹鄢陵、三国时期关羽的水淹七军等,都是经典案例。

不过,水攻多半是在包围对方或者双方对峙的情况下应用,对于机动作战来说较难使用,这大概也是孙子认为水攻不能摧毁敌人的原因。

夫战胜攻取而不修其功者凶,命曰"费留"。

**译文**:战胜敌人攻取城池之后,却不能兑现好处,称之为"费留"。

要正确理解"不修其功"和"费留",需要联系上下文。前文在讲火攻与水攻,显然与此没有联系。我们看后文强调的实际上是"非利不动",所以"费留"就类似于赔钱赚吆喝、损人不利己。下面的话,都是在强调。

故曰:明主虑之,良将修之,非利不动,非得不用,非危不战。主不可以怒而兴师,将不可以愠而攻战。合于利而动,不合于利而止。怒可以复喜,愠可以复悦;亡国不可以复存,死者不可以复生。故明主慎之,良将警之。此安国全军之道也。

**译文**:所以,明智的国君事先要考虑清楚,良将要执行落实。事非有利,就不要行动;非有所得,就不要用兵;非危急迫切,就不要开战。国君不可因一时的愤怒而发动战争,将帅也不可因一时的恼怒而贸然出战。有利可图就行动,无利可图就停止。愤怒还可以再喜悦,恼怒也可以再高兴。但国家亡了,就不能复存,人死了就不能再生。所以,明智的国君要慎重,贤良的将帅要警惕,这是安定国家和保全军队的要诀。

这一段基本上是重复前面的内容。

火攻篇在这里就结束了。这一篇孙子提出了火攻的五种方式:火人、火积、火辎、火库、火队。但是具体的论述并不充分,大致是因为此前这样的案例不多。

大概中间讲了太多行军打仗的内容,孙子担心激起吴王的战争欲望,所以在结束时还要再收一收,与开头呼应,回到上兵伐谋、至善不战的主调上来。

## 用间篇第十三

凡兴师十万,出征千里,百姓之费,公家之奉,日费千金;内外骚动,怠于道路,不得操事者,七十万家。

相守数年,以争一日之胜,而爱爵禄百金,不知敌之情者,不仁之至也,非民之将也,非主之佐也,非胜之主也。

故明君贤将所以动而胜人,成功出于众者,先知也。先知者,不可取于鬼神,不可象于事,不可验于度,必取于人,知敌之情者也。

故用间有五:有乡间,有内间,有反间,有死间,有生间。五间俱起,莫知其道,是谓神纪,人君之宝也。

乡间者,因其乡人而用之;内间者,因其官人而用之;反间者,因其敌间而用之;死间者,为诳事于外,令吾间知之而传于敌间也;生间者,反报也。

故三军之事,莫亲于间,赏莫厚于间,事莫密于间,非圣贤不能用间,非仁义不能使间,非微妙不能得间之实。微哉微哉!无所不用间也。

间事未发而先闻者,间与所告者兼死。凡军之所欲击,城之所欲攻,人之所欲杀,必先知其守将、左右、谒者、门者、舍人之姓名,令吾间必索知之。

必索敌间之来间我者,因而利之,导而舍之,故反间可得而用也。因是而知之,故乡间、内间可得而使也;因是而知之,故死间为诳事,可使告敌。因是而知之,故生间可使如期。五间之事,主必知之,知之必在于反间,故反间不可不厚也。

昔殷之兴也,伊挚在夏;周之兴也,吕牙在殷。故明君贤将,能以上智为间者,必成大功。此兵之要,三军之所恃而动也。

间谍自古就有,但孙子是最早把它放到兵法里来说的。

## 五类间谍

凡兴师十万,出征千里,百姓之费,公家之奉,日费千金;内外骚动,怠于道路,不得操事者,七十万家。

**译文:** 大凡出兵十万,征战千里,百姓的耗费,公家的开支,每天都要花去千金之巨。全国上下骚动不安,人们因奔波于道路而疲惫不堪,不能从事正常耕作的多达七十万户。

其实这段话孙子在开头就说过,这里再说,是为了把后面的话题引出来。

相守数年，以争一日之胜，而爱爵禄百金，不知敌之情者，不仁之至也。

**译文**：抗衡数年，只为争夺一时的胜利，却爱惜爵禄和金钱，以致不了解敌情，实在是太不仁了。

备战数年耗时耗钱，却舍不得花费百金派人去做间谍，这实在是太愚蠢了，太不仁了。为什么说太不仁？因为如果充分了解敌军的情况，就会少战死很多人。因为舍不得几百金，就可能付出很多将士的生命，甚至导致整场战争的失败。

非民之将也，非主之佐也，非胜之主也。

**译文**：这样的将帅不配当将军，不配辅佐国君，也不是称职的国君。

做不到这点，就不是好将军，不是好宰辅，不是好国君。

故明君贤将所以动而胜人，成功出于众者，先知也。

**译文**：明智的国君和贤能的将帅之所以战而必胜，成功超出众人，就在于事先就能察知敌情。

从这一句转入正题，开始讲如何用间。

先知者，不可取于鬼神，不可象于事，不可验于度。

**译文**：而预知敌情，不可从鬼神那里取得，不可从求签问卜那里去推知，也不可从推测而知。

孙子反对装神弄鬼，什么掐指一算、一阵妖风吹断了军旗、托梦等，都是不合理的。

必取于人,知敌之情者也。

**译文**:必须从人——了解敌情的人那里去获得。

鬼神是不可靠的,靠得住的只能是间谍的情报。这一章,是在讲用间的重要性。

故用间有五:有乡间,有内间,有反间,有死间,有生间。五间俱起,莫知其道,是谓神纪,人君之宝也。

**译文**:间谍有五种——乡间、内间、反间、死间和生间。五种间谍若都能使用起来,敌人就会觉得我军难以捉摸,这就叫作"神纪",也是国君克敌制胜的法宝。

从各种记载可以推断出,在孙子之前,各国之间使用间谍是比较常见的。

到战国时期,用间谍用得最好的是秦国,在灭赵和灭魏的过程中,间谍都起到很大作用。秦国的间谍不仅刺探情报,甚至混到了高层。当然,秦国也直接收买高层。

秦国用间之所以厉害,很大程度上是因为他们采用了尉缭的建议,而尉缭应该是中国历史上首个特务机关的负责人,此前各国用间都没有专门人员负责。

间谍到近代受到极大的重视,其作用和地位都非常高,比如苏联时期的克格勃、美国的中央情报局、英国的军情六处、以色列的摩萨德都是非常著名的特务机关,其负责人在国内都是呼风唤雨的人物。

乡间者,因其乡人而用之。

**译文**:所谓乡间,是利用敌国百姓做间谍。

这个容易理解,就是收买敌国的百姓做我们的间谍。好处是花费相对比较少,可以多收买几个。坏处是,他们能知道的军情不会太多。

内间者，因其官人而用之。
**译文**：内间，是利用敌国的官吏做间谍。

收买敌方体制内官员做间谍，好处是情报会比较多，比较高级。坏处是难度大，需要瞄准一个目标，派人靠近、拉拢他或者威胁他，找准时机让他成为卧底。

反间者，因其敌间而用之。
**译文**：反间，是利用敌国间谍传递假情报。

反间计是利用敌方的间谍给敌方传递假情报，《三国演义》中周瑜利用蒋干除掉蔡瑁、张允，就是典型的反间计。

死间者，为诳事于外，令吾间知之而传于敌间也。
**译文**：死间，是为了欺骗敌国，让我这里的间谍给敌国送去假情报。

死间更复杂一些，是假装投靠敌国的人，向敌人提供假情报。

死间的危险性非常大。譬如我方间谍传递假情报，诱使对方偷袭，这个情况下，我方间谍通常会作为向导同行，对方发现上当之后，我方间谍会被处死。甚至，死间会被我方士兵在乱军中杀死。

生间者，反报也。
**译文**：生间，是潜入敌国侦察后能返回报告敌情的人。

生间就是派出去的侦察人员，可以是一次性派出，也可以是常驻敌国，也可以是利用做生意、探亲访友的手段前往敌国。当然，生间是有很多条件的，一般人做不了。

孙子所说的这几种间谍，在当今世界上比比皆是，我们看好莱坞谍战题材的影片，就会发现孙子的先见之明。

故三军之事，莫亲于间，赏莫厚于间，事莫密于间。

**译文**：所以，对军队的事情，没有比亲近间谍更重要的，赏赐没有比给间谍更优厚的，需要保密的事也没有比间谍之事更需要守口如瓶的。

对自己的间谍要亲近要厚待，还要保密。保密不仅是为了不让事情泄露出去，也是为了保护间谍。其实，间谍历来都是独立于其他部门的，有专门人员负责，直接向主帅报告。一个国家必须有自己的情报部门。

## 精英做间谍

非圣贤不能用间，非仁义不能使间。

**译文**：非圣贤不能使用间谍，非仁义的人不能使用间谍。

培养间谍，首先要看这个人是不是做间谍的料。用我们现代话说，间谍需要两副面孔，需要强大的心理和洞察力，需要忠心耿耿不受诱惑。所以，要发现和培养一个好间谍是不容易的，要用好间谍是不容易的。

那么，为什么说"非圣贤不能用间，非仁义不能使间"呢？因为前者高度睿智，懂得怎样使用间谍；后者实际上是讲掌控间谍的技巧，要让间谍感受到自己受重视、受关怀、愿意卖命。因为间谍是独立行动，为了利益、情绪而叛敌是有可能的，所以如果不能让他们心甘情愿去卖命，他们就可能成为敌人的间谍，反过来为敌人做内奸。

非微妙不能得间之实。微哉微哉！无所不用间也。

**译文**：不是特别细致入微的人就不能正确判断情报的价值。微妙啊！微妙啊！到哪里都要使用间谍啊。

要懂得派出间谍搜集敌情，但是如何甄别情报、判断形势同样重要，中了敌人的反间计那就更糟糕。

卖什么吆喝什么，这是强调间谍的作用。间谍与士兵一样都是冒着生命危险的，区别是间谍的智力、独立行动的能力、演技要求更高，一个好的间谍是可遇不可求的。

间事未发而先闻者,间与所告者兼死。
**译文**:间谍要去做的事还没做就泄露了,间谍本人及泄密的人都要处死。

杀人灭口,以防事泄。好莱坞大片中就有很多这样的故事。嘴不严的人做不了间谍。

凡军之所欲击,城之所欲攻,人之所欲杀,必先知其守将、左右、谒者、门者、舍人之姓名,令吾间必索知之。
**译文**:凡是我军所要攻击的目标,要攻取的城邑,要消灭的敌人,必须事先知道守将、左右亲信、他的使者、他的看门人、他的门客等有关人员的姓名。这些都必须让我方间谍侦察清楚。

从理论上说,知道敌军守将的事情越多,就对他越了解,也就越容易找到他的弱点和对付他的方法。但是,这需要做很多工作,最好的办法不是派人去探听,而是收买他身边的人。所以,当你确定要攻击敌人城池的时候,就要派人去卧底,去接近他身边的人,了解各种情况。

必索敌间之来间我者,因而利之,导而舍之,故反间可得而用也。
**译文**:对于敌人派来侦察我们的间谍,可以利诱他们叛变,也可以误导他们再让他们回去,反间就可以为我所用了。

"舍",就是放他们走的意思。
这一段讲反间,实际上就是两种情况:一是收买,使之变成我们的间谍;一是误导他们,让他们回去送假情报。
鄢陵之战中,晋军故意放走楚军俘虏,让他们回去传递假消息,就是一个典型的案例。

因是而知之，故乡间、内间可得而使也；因是而知之，故死间为诳事，可使告敌。

**译文**：因此我们就知道，反间能做到，乡间和内间也可以做到。反间能做到，死间就能将假情报传给敌人。

从技术难度上来讲，反间是最大的。如果能做到反间，其余的几种也都能做到。

因是而知之，故生间可使如期。五间之事，主必知之，知之必在于反间，故反间不可不厚也。

**译文**：因此我们就知道，生间也可以做到如期回来报告。五种间谍的情报，国君一定要亲自了解，而了解这些情报关键在于反间。所以，必须厚待反间。

反间是最重要的，因为他们能影响敌方的判断。如果是对方的叛徒的话就更好，他们更能接触到深层的情报，也更得敌方的信任。所以，叛徒的危害是相当大的。要让反间为自己工作，就必须要格外厚待，收买人心。

昔殷之兴也，伊挚在夏；周之兴也，吕牙在殷。

**译文**：从前，殷商的兴起，是由于伊挚在夏朝帮他做间谍；周朝的兴起，是由于姜子牙侦察了商朝的情况。

孙子举了两个最著名的例子，说明朝代的更替与间谍大有关系。

故明君贤将，能以上智为间者，必成大功。此兵之要，三军之所恃而动也。

**译文**：所以，明智的国君和贤能的将帅，凡能任用最聪明的人当间谍的，就一定能成就大业。这是用兵作战的要点，三军要靠他们提供的情报来决定军事行动。

吴国能够灭楚,也是因为有伍子胥和伯嚭这两个楚国间谍。这样说来,如果你要想对付哪个国家,首先要找到这个国家的叛徒,最好是高级叛徒,这就等于找到了最好的间谍。比如,鄢之战中的伯州犁和苗贲皇。

敌人的叛徒怎么找?找当权者的敌人就好。

用间篇在这里就结束了。孙子提出了间谍的五种形式:乡间、内间、反间、死间、生间。

按照孙子的风格,既然这一章提出了用间并且在最后一段提了伊挚和姜子牙,暗指伍子胥和伯嚭,那么下一章就应该顺势展开,讨论吴军如何灭楚了。可惜的是,《孙子兵法》到此结束了。